ein Winterbuch

FRIEDENAUER PRESSE

Gustave Flaubert

Ivan Turgenev

BRIEFWECHSEL 1863–1880

Aus dem Französischen von
Eva Moldenhauer
Mit einem Vorwort von Walter Boehlich
Herausgegeben und kommentiert
von Peter Urban

Friedenauer Presse Berlin
1989

Inhalt

Vorwort	7
Die Briefe	17
Editorische Notiz	221
Kurze Chronologien	
Ivan Turgenev	226 — 256
Gustave Flaubert	227 — 257
Anmerkungen	259
Personenregister	305

Der Stachel der Poesie sitzt uns im Nacken

Wann und wo Flaubert und Turgenev einander zum ersten Male begegnet sind, wissen wir genau: am 28. Februar 1863 im Café Magny, in der rue Mazet. Einen Tag später eröffnet Turgenev den Briefwechsel, der sich über siebzehn Jahre hinziehen sollte, bis zu Flauberts Tod. Der Beginn ist förmlich, höflich, respektvoll und läßt nichts von der tiefen Zuneigung erkennen, die die beiden Männer bald füreinander empfanden, ein Schreiben, das ein paar ins Französische übersetzte Bücher Turgenevs begleitet, den Roman ›Rudin‹ und einen Band mit Erzählungen. Nachdem man einander persönlich kennengelernt hat, will man einander auch auf dem Wege über die Literatur kennenlernen — oder doch besser kennenlernen als bisher, denn natürlich kannten beide in gewissem Umfange, was der jeweils andere bis dahin geschrieben hatte.

Flaubert war einundvierzig, Turgenev vierundvierzig Jahre alt, beide auf der Höhe ihres Ruhmes. Hinter Flaubert lag der peinigende Prozeß, in dem seine ›Madame Bovary‹ der Unsittlichkeit verdächtigt worden war, was Turgenev nicht hinderte, sie für das bemerkenswerteste Werk der neuen französischen Schule zu halten. ›Salammbô‹ sollte noch im selben Jahre erscheinen. Hinter Turgenev lagen Gefängnis und Verbannung auf sein Gut. Drei seiner vier großen Romane sind bereits geschrieben: ›Rudin‹, ›Ein Adelsnest‹ und ›Väter und Söhne‹. Er hat Rußland den Rücken gekehrt und lebt meist in Paris. Sie haben also beide schlechte Erfahrungen mit ihrer Obrigkeit gemacht, reagieren allerdings sehr unterschiedlich darauf. Flaubert verachtet die Gesellschaft und das zeitgenössische Frankreich desto mehr, je älter er wird, Turgenev verliert nie seine Liebe zu

Rußland, sieht dessen Heil aber einzig in Reformen nach westeuropäischem Muster.

Zu politischen Menschen haben diese Erfahrungen die beiden Freunde freilich nicht gemacht. Gewiß war Turgenevs leidenschaftliche Erklärung gegen die Leibeigenschaft ein Stück Politik, und vielleicht war das auch sein kurzes Interesse für den Anarchismus, und ebenso verbirgt sich hinter Flauberts wildem Laizismus ein Stück Politik, aber es ist immer eine Politik der Emotionen, vordemokratisch sozusagen. Das schmutzige Geschäft, das die Politik zu sein pflegt, schreckt beide ab, sie sind sich einig in ihrem Haß auf Politik und vor allem auf die Politiker. Was sie wollen, ist Literatur, und für sie wollen sie jede erdenkliche Unabhängigkeit.

Der eine von ihnen, Turgenev, stellt alle seine vielfältigen Begabungen in den Dienst der Literatur, der eigenen wie fremder. Die Politik, die er tatsächlich betreibt, hört auf den Namen Literaturpolitik. Er ist vielsprachig, knüpft überall Verbindungen, findet in Deutschland in Varnhagen von Ense einen frühen Bewunderer und bisweilen Übersetzer, geht in Frankreich dazu über, unter fremder Beteiligung die eigenen Werke ins Französische zu übertragen, macht sich in England bekannt, faßt den Plan, Montaigne zu übersetzen, wie er Shakespeare und Byron übersetzt hatte, überträgt noch nach dem Manuskript zwei der ›Trois Contes‹ ins Russische und umgekehrt Gedichte von Puškin ins Französische, vermittelt, wo er nur kann, mit seiner leichten Hand. Nichts Vergleichbares bei Flaubert. Er bleibt immer Franzose, immer beim Französischen. Aber während Turgenev stets von Rußland handelt, stets die Geschichte seiner Zeit erzählt (von ganz wenigen Ausnahmen abgesehen), verläßt Flaubert immer wieder seine Zeit und seinen Ort, sowohl in seinen Romanen als auch in seinen Erzählungen.

Mit anderen Worten: es ist ein ungleiches Paar, dieses Paar von Riesen, wie Maupassant sie nannte. Trotzdem reimte sich mancherlei bei ihnen aufeinander. Geheiratet haben sie beide nie. Was Turgenev seine illegitime Tochter war, war Flaubert seine Nichte, für die er sich ökonomisch ruiniert hat; er muß Deauville verkaufen, so wie Turgenev seine Bildersammlung verkaufen muß. Gelegentlich stöhnen beide über ihre Finanzen, was nicht heißt, daß es ihnen wirklich schlecht gegangen wäre. Zum behaglichen Leben blieb ihnen immer genug, nur fand wenigstens Flaubert sein Leben alles andere als behaglich. Seine Beziehung zu Louise Colet war in die Brüche gegangen; ihr Platz ist nie mehr ersetzt worden. Turgenev hatte sich besser eingerichtet. Wenn er in Paris war, lebte er bei seiner Freundin Pauline Viardot (und deren Mann), die er seit 1843 verehrte und wohl nicht bloß verehrte. Da er aber ein leichtbewegtes Herz hatte, verliebte er sich später auch noch in deren Tochter Claudie. Alleinsein wie Flaubert konnte und wollte er nicht, und ohne Frauen konnte er schon gar nicht sein. Auch Flaubert nur ungern. Im Lauf der Jahre machten sie sich allerdings vor, daß sie über derlei längst hinaus seien, was nicht so ganz stimmte. Das Übermaß an Zärtlichkeit, über das sie verfügten, sparten sie, je länger je mehr, füreinander auf. Vor allem Flaubert. Der war sehr viel weniger unbekümmert und daher abhängiger, und es scheint, daß er Turgenev mehr brauchte als der ihn. Sie sahen einander oft in Paris, wo auch Flaubert eine Wohnung hatte, aber selten in Croisset, und gerade dort wollte Flaubert seinen Freund sehen, weil er ihn dort für sich allein hatte, dort wollte er ihn immer wieder haben, nicht für Stunden, sondern für Tage, nur wurde sehr selten etwas daraus. Meistens kam etwas dazwischen, Abhaltungen durch die Viardots oder ein Gichtanfall. Öfter jedenfalls als sechs Mal scheint Turgenev nicht nach Croisset gefahren zu sein, in siebzehn langen Jahren. Unter der Hand hat Flaubert mit einer Art Eifersucht darauf geantwortet. »Kamel«, »weiche Birne«, »Waschlappen«, das sind die Koseworte, mit denen er Turgenev bedenkt, und er kann auch fragen: »warum kann ich Ihnen nicht alle Blumen der Welt und des Lebens schicken«, wenn Turgenev an Schmerzen leidet. Dritten gegenüber aber stellt sich ein anderer Ton ein, da klagt er, daß der »Moskowiter« schon Lust hätte, ihn zu besuchen, er sich aber nicht gegen die Viardots durchsetzen könne: »Er ist vielleicht zu sehr von den Viardots in Anspruch genommen. Wie kann sich ein Mensch so weit erniedrigen?« »Eine so lange Sklaverei muß den begabtesten Menschen zum Dummkopf machen.« Die selbe Verzweiflung äußert sich dem Freund gegenüber in dem Satz: »Es ist idiotisch, sich so zu lieben, wie wir es tun, und sich so wenig zu sehen«. Keine Frage, Flaubert hat den alle Welt bezaubernden Turgenev geliebt, und seine Abwesenheit hat ihn leiden gemacht. Er brauchte ihn vor allem, um ihm aus seinen entstehenden Werken vorzulesen, sein Urteil zu hören, wohl auch, um sich von einem loben zu lassen, auf dessen Urteil er unendlich viel gab, von dem er sicher war, daß er ihn verstand, wo ihn die Kritik oft nicht mehr verstand. Und ebenso wenig ist es eine Frage, daß der vielreisende Turgenev, der den Weg nach England so wenig scheute wie den Weg nach Rußland oder Deutschland, den Weg nach Croisset scheute. Es war ihm unbequem, nicht nur der Viardots wegen. Warum bekam er seine Gichtanfälle immer gerade dann, wenn er diese kurze Reise machen sollte? Warum so viel seltener, wenn er weite Reisen machen wollte? Ganz offensichtlich liebte er große Gesellschaften mehr als kleine, war lieber im großen Kreise aller Welt Liebling als der einzige Gesprächspartner des mürrischen, bitteren Normannen, den er bewunderte, dem er das Leben zu erleichtern suchte, für den er Intrigen anzettelte, antichambrierte, für den er doch alles tat, was er tun konnte, bis auf die eine, einzige Sache, an der Flaubert mehr lag als an allem anderen sonst.

Diese beiden kauzigen lebenslänglichen Junggesellen, die sich mit fünfzig schon fühlen wie Greise, halten sich an ihrer Arbeit und aneinander fest. Uns kommt es vor, als übertrieben sie alles, ihre Leiden, ihre Sorgen, ihre Jahre, am Ende auch ihre Neigung, aber das, was sie zu Papier brachten, war ihre Wahrheit und ihre Wirklichkeit, Wahrheit und Wirklichkeit von zwei Schreibenden, deren Wahrheit und Wirklichkeit erst im Schreiben entstand. Lief ihnen manchmal die Feder weg und nötigte sie, sich unter vielen Vorbehalten und versteckt hinter vielen Figuren zu ihrer latenten Homoerotik zu bekennen? Die öffentliche Moral war eines der Ärgernisse, die beiden zu schaffen machte und die beide längst hinter sich gelassen hatten, in ihrer Dichtung wie in ihrem Leben. Irgendwo glimmte in Turgenevs Inneren immer noch der Funke des Anarchismus, er dachte mehr libertär als liberal und hatte sich deswegen für die Ehescheidung in Frankreich eingesetzt, während Flaubert die Autorität als solche haßte. Gerade weil sie sich älter fühlten, als sie waren, erlaubten sie sich, mehr zu gestehen als üblich.

So wurde nach und nach aus dem konventionellen Briefwechsel zweier großer Autoren ein Konvolut unverstellten, leichten Plauderns und Plapperns. Auf den ersten Blick sieht es aus, als hätten sie einander nie sonderlich viel zu sagen gehabt, außer ihrer Hochschätzung und ihrer Zuneigung. Sie reden, scheint es, ununterbrochen von Alltagsdingen, von den kleinen Freuden und ebenso kleinen Mißlichkeiten des Privatlebens, aber je genauer man hinschaut, desto deutlicher wird, daß

mehr als alles andere sie die Literatur verbindet. Was sie einander über die eigenen Werke sagen, ist bitter wenig und hat nichts mit dem zu tun, was Briefwechsel wie die zwischen Goethe und Schiller oder zwischen Keller und Storm kennzeichnet und manchmal schwer erträglich macht. Ihnen genügten Andeutungen, und mehr als über die Werke selbst sprachen sie über die unerträglichen Bedingungen ihrer Produktion, Flaubert heftiger und leidender als Turgenev. Wenn der eine klagt, er habe sich auf eine Arbeit eingelassen, die ihm widerstrebe, und sich alt, grau, trübe, nutzlos und dumm vorkommt, jammert der andere, sein endloser Roman widere ihn an, er werde seiner überdrüssig, er beginne ihn zu langweilen und zu beunruhigen, er habe sich in ein absurdes Unternehmen gestürzt, sein Buch erschlage ihn, richte ihn zugrunde, und man müsse verrückt sein, solche Werke in Angriff zu nehmen.
Ihre Qualen, fraglos, sind unser Entzücken. Hätten sie es sich leichter gemacht, wir hätten weniger zu genießen. Gleich schwer haben sie es sich jedoch nicht gemacht. Turgenev schrieb leichter, gab auch zu bedenken, daß Flaubert nichts verlöre, wenn er sich mit seinem Buch ein bißchen spute, aber Flaubert sputete sich nicht, sondern suchte weiter nach dem ›mot juste‹ (wie Turgenev nach dem charakterisierenden Adjektiv) und litt darunter, daß er alles wissen müßte, um dieses vermaledeite Buch (Bouvard und Pécuchet) zu schreiben. Er gab nicht nach, bis seine Prosa vollkommen war wie Baudelaires Poesie. Die moderne französische Prosa beginnt mit ihm, und etwas ähnliches mag für Turgenev und die russische Prosa gelten, wenn man den Slavisten Glauben schenkt.

»Wir sind«, heißt es schon sehr früh, »Maulwürfe, die ihre Gänge in die selbe Richtung graben«. Nennen wir diese Richtung in Ermanglung besserer Bezeichnungen ruhig poetischen Realismus; treffen tut das die Sache nicht. Immerhin waren die beiden so fixiert auf das, was sie taten und wollten, daß sie für anderes, es sei denn Älteres, wenig Verständnis aufbrachten. Sie sahen mit sich eine Epoche der Kunstprosa zu Ende gehen, nach der nichts mehr sein würde, wie sie es liebten. Die Literatur, die Kunst, die alles für sie bedeutete, würde diese Bedeutung nicht mehr haben. Ihre Mißachtung der Demokratie hängt damit zusammen. »Leute«, schreibt Flaubert, »die ausschließlich Künstler sind, sind überflüssig in einer Gesellschaft, in der die Plebs die Oberhand hat.« Was kommt, ist die Barbarei, die kein halbes Jahrhundert später ein anderer französischer Autor für notwendig hielt. Das Große wird gehaßt, die Literatur geringgeschätzt, während doch für sie die Literatur sakrosankt ist, Poesie und Stil ewige Elemente sind.

Klingt das nicht zu konservativ, zu hilflos, zu blind? Blind und hilflos waren Flaubert und Turgenev keineswegs. Die Lektüre von ›Krieg und Frieden‹ hat sie sofort hingerissen, und wenn sie auch Bedenken gegen Zola hatten, so hatten sie doch keine gegen Maupassant und übrigens auch nicht gegen George Sand. Einseitig sind Autoren nahezu immer, und zwar je konzentrierter auf die eigene Sache desto verschlossener gegen die fremde. Sie streiten für ihren Augenblick, der verweilen soll, ewig sein soll. Das taten auf ihre Weise auch Flaubert und Turgenev.

Sie machten sich vor, daß es Zeit sei, zu verschwinden, daß sie kein Mark mehr in den Knochen hätten, und wollten doch nicht krepieren, ohne »noch ein paar Kübel Scheiße« auf den Kopf ihrer Mitmenschen geschüttet zu haben. Kampflos jedenfalls wollten sie das Feld nicht räumen, Flaubert nicht, ohne das ganze Inventar menschlicher Dummheit ausgeschöpft zu haben. Über ›Bouvard und Pécuchet‹ ist er gestorben, dem Roman, von dem Turgenev sagte, er habe ihn umgebracht. Er seinerseits hat sich von diesem Fragment nicht bloß zu ›Punin und Baburin‹ anregen lassen, sondern schon lange vorher mit ›Rauch‹ sein Buch der Bitternis und Skepsis geschrieben. Sie blieben ja produktiv in den Jahren ihrer Freundschaft und bewunderten nicht nur einander, sondern nahmen bewußt oder unbewußt der eine vom andern allerlei auf. Gibt es nicht Berührungen zwischen Turgenevs ›Seltsamer Geschichte‹ und Flauberts ›Bouvard und Pécuchet‹? Oder Berührungen zwischen Flauberts ›Salammbô‹ und Turgenevs ›Lied von der triumphierenden Liebe‹? Sollten sie nichts von einander gelernt haben beim Vorlesen und Zuhören, bei der Arbeit an den Texten des anderen?

Doch, sie lernten von einander, kamen einander so nahe wie irgend möglich, bis der Kern berührt war, an dem sich nichts ändern ließ. Diesen Rest Fremdheit konnten sie ertragen; er blieb das, was sie für immer unterscheidet. Die Leichtheit, die Flauberts Prosa vorspiegeln kann, ist das Ergebnis maßloser Anstrengung; Turgenevs Leichtigkeit wirkt dagegen wie ein Stück Natur. So sind auch ihre Briefe, Turgenevs, der sich einer Fremdsprache bediente, fast makellos und gestochen, fast frei von Versehen, Flauberts mit schwerer Hand geschrieben, voller Besserungen und Bedenken.

Walter Boehlich

Gustave Flaubert — Ivan Turgenev

Briefwechsel 1863—1880

1 [Paris] Rue de Rivoli, 210
Sonntag [1. März 1863]

Sehr geehrter Herr Flaubert,
Gestatten Sie mir, Ihnen die zwei beiliegenden Bände zu überreichen; zwei weitere werde ich Ihnen in Ihre Wohnung in der Nähe von Rouen schicken — einige Zeit später — denn ich möchte Ihre Güte nicht über Gebühr beanspruchen. Es wäre sehr freundlich von Ihnen, wenn Sie wenigstens einen Teil des morgigen Montagabends bei mir verbringen würden (Rue de Rivoli, 210). Es werden ein paar Freunde dasein — unter anderem Madame Viardot, die begierig ist, Ihre Bekanntschaft zu machen. — Dies wäre eine Art, mein Bedauern ein wenig zu mindern, Ihnen so spät begegnet zu sein. — Einstweilen versichere ich Sie meiner aufrichtigen Sympathie.

I. Turgenev

2 Croisset bei Rouen
16. März [1863]

Lieber Herr Turgenev,
Wie dankbar bin ich Ihnen für das Geschenk, das Sie mir gemacht haben! Ich habe soeben Ihre beiden Bände gelesen und kann dem Verlangen nicht widerstehen, Ihnen zu sagen, daß ich davon entzückt bin.

Schon seit langem sind Sie für mich ein Meister. Aber je mehr ich Sie studiere, um so mehr verblüfft mich Ihr Talent. Ich bewundere diese ungestüme und zugleich verhaltene Art, diese Sympathie, die noch den geringsten Geschöpfen gilt und den Landschaften Leben gibt. Man sieht und man träumt.

So wie ich, wenn ich ›Don Quijote‹ lese, auf dem Rükken eines Pferdes auf einer staubweißen Straße reiten und im Schatten eines Felsens Oliven und rohe Zwiebeln essen möchte, so machen mir Ihre ›Szenen aus dem russischen Leben‹ Lust darauf, inmitten schneebedeckter Felder in einer Telega durchgerüttelt zu werden und die Wölfe heulen zu hören. Es entströmt Ihren Werken ein herber und lieblicher Duft, eine verzaubernde Traurigkeit, die bis in die Tiefe meiner Seele dringt.

Welche Kunst Sie besitzen! Welche Mischung aus Rührung, Ironie, Beobachtung und Farbe! Und wie gut das alles verknüpft ist! Wie schön Sie Ihre Wirkungen erzielen! Welch sichere Hand!

Während Sie über das *Besondere* schreiben, sind Sie doch allgemein. Wie viele Dinge, die ich selbst gefühlt, erlebt habe, fand ich bei Ihnen wieder! In den ›Drei Begegnungen‹ unter anderem, in ›Jakov Pasynkov‹, im ›Tagebuch eines überflüssigen Menschen‹ usw., überall.

Was aber bei Ihnen nicht genug gelobt wurde, ist das Herz, das heißt eine ständige Gemütsbewegung, ich weiß nicht welch tiefe und verborgene Empfindsamkeit.

Ich war sehr glücklich, vor zwei Wochen Ihre Bekanntschaft zu machen und Ihnen die Hand zu drücken. Was ich hiermit von neuem tue, kräftiger denn je, mit der Bitte, mir zu glauben, lieber Kollege, ganz der Ihre.

G. Flaubert

3 Paris, Rue de Rivoli, 210

19. März 1863

Lieber Herr Flaubert,
Ihr Brief hat mich im selben Maße erröten lassen, wie er mir Freude bereitet hat — und das will viel heißen. Derlei Lob macht stolz — und ich wünschte, ich hätte es verdient. Wie dem auch sei — ich bin sehr glücklich, Ihnen gefallen zu haben — und ich danke Ihnen, daß Sie es mir gesagt haben.

Ich schicke Ihnen ein Buch von mir, das gerade erschienen ist, ich bringe noch ein weiteres heraus, das ich Ihnen schicken werde, sobald es fertig ist. — Sie sehen, daß ich Sie nicht mehr schone.

Haben Sie nicht die Absicht, vor dem Sommer nach Paris zu kommen? Ich wäre so glücklich, meine Beziehungen zu Ihnen fortzusetzen, die unter einem solch guten Stern begonnen haben — und die — ich für meinen Teil bin mir dessen sicher — nichts Besseres verlangen, als sich zur aufrichtigsten Freundschaft zu entwickeln ...

Ich drücke Ihnen die Hand mit all der Freundschaft, die ich bereits empfinde — und sende Ihnen die herzlichsten Grüße.

I. Turgenev

4 [Croisset]

Dienstag abend [24. März 1863]

Mein lieber Kollege,

Sie haben mir einen sehr liebenswürdigen Brief geschrieben, und Sie sind zu bescheiden. — Denn ich habe soeben Ihr neues Buch gelesen. Ich habe Sie darin wiedergefunden — und *intensiver*, vortrefflicher denn je.

Was ich an Ihrem Talent über alles bewundere, ist die *Vornehmheit* — etwas Großartiges. Sie verstehen es, wahr zu sein ohne Banalität, gefühlvoll ohne Ziererei & komisch ohne die geringste Niedertracht. Ohne Theatercoups zu suchen, erzielen Sie allein durch eine *vollendete* Komposition tragische Wirkungen. Sie erwecken den Eindruck eines gutmütigen Menschen, & Sie sind sehr stark. »Das Fell des Fuchses zusammen mit dem des Löwen«, wie Montaigne sagt.

Die Geschichte von ›Elena‹ ist wunderschön; ich liebe diese Gestalt, auch die von Šubin & all die anderen. Wenn man Sie liest, sagt man sich: »Das habe ich selbst durchgemacht.« So glaube ich, daß die Seite 51 von niemandem so stark empfunden wird wie von mir. Welche Psychologie! — Aber ich müßte viele Zeilen schreiben, um all das auszudrücken, was ich denke.

Was Ihre ›Erste Liebe‹ betrifft, so verstehe ich sie um so besser, als es die Geschichte eines meiner engsten Freunde ist. Alle alten Romantiker (und ich bin einer von ihnen, ich, der ich mit einem Dolch unter dem Kopf geschlafen habe), sie alle müssen Ihnen dankbar sein für diese kleine Erzählung, die so viel über ihre Jugend sagt. Was für ein aufregendes Mädchen ist doch Zinočka! — Frauen zu erfinden ist eine Ihrer Stärken; sie sind ideal & real zugleich; sie haben die Anziehungskraft und den Heiligenschein. Aber was dieses Werk und sogar den ganzen Band beherrscht, sind die beiden Zeilen: »Ich empfand für meinen Vater keinerlei böses Gefühl. Im Gegenteil, er war in meinen Augen sozusagen noch gewachsen.« Das erscheint mir von erschrekkender Tiefe. Wird man es bemerken? Ich weiß es nicht. Für mich aber ist das erhaben.

Ja, lieber Kollege, auch ich hoffe, daß unsere Beziehungen hier nicht stehenbleiben & daß aus unserer Sympathie Freundschaft wird. Ich rechne damit & ich bin mir dessen sicher.

Bis dahin tausend Händedrücke

von Ihrem G. Flaubert

5 Paris, Rue de Rivoli, 210

6./18. April 1863

Mein lieber Kollege,

Ich brauche Ihnen, so hoffe ich, nicht zu sagen, wieviel Freude mir Ihr zweiter Brief gemacht hat — und mehr als Freude! — Wenn ich Ihnen nicht sofort geantwortet habe — so liegt es daran, daß ich mir eine Menge unangenehmer kleiner Geschichten vom Halse schaffen mußte, die mich mißmutig und träge zugleich machten. — Diese Widrigkeiten dauern noch an — aber mein Gewissen läßt mich nicht länger warten. — Ich rechnete und rechne noch immer mit Ihrer Nachsicht — und ich will Ihnen vor allem Dank sagen und Ihnen die Hand drücken.

Ich bin sehr glücklich über Ihren Beifall, und Sie dürfen überzeugt sein: ich weiß wohl, daß ein Künstler und ein wohlwollender Mensch wie Sie zwischen den Zeilen eines Buches eine Menge Dinge liest, für die er dem Autor großmütig dankt: aber das ist gleich. — Lob, das von Ihnen kommt, ist Goldes wert — und ich stecke es mit Stolz und Dankbarkeit ein.

Werden wir uns nicht im Laufe des Sommers sehen? Eine Stunde guter und offener Plauderei wiegt hundert Briefe auf. Ich verlasse Paris in acht Tagen, um mich in Baden niederzulassen. — Wollen Sie nicht dorthin kommen? Es gibt dort Bäume, wie ich sie nirgendwo gesehen habe — und ganz oben auf den Bergen. Es ist kraftvoll, jung — und es ist gleichzeitig poetisch und anmutig. Es tut den Augen und der Seele sehr wohl. Wenn man am Fuß eines dieser Riesen sitzt, ist es, als nähme man ihm ein wenig von seinem Saft — und das ist sehr gut und sehr nützlich. — Wirklich, kommen Sie nach Baden, und sei es nur für ein paar Tage. Sie werden von dort herrliche Farben für Ihre Palette mitnehmen.

Vor meiner Abreise erhalten Sie ein Buch von mir, das in Kürze erscheint. Ich stopfe Sie voll — aber das ist Ihre Schuld.

Tausend Grüße, bleiben Sie gesund, arbeiten Sie, und kommen Sie nach Baden.

Ganz der Ihre
I. Turgenev

6 Croisset bei Rouen
20. März [20. April 1863]

Stopfen Sie mich nur *voll*, lieber Kollege! Ich erwarte Ihr Buch mit Ungeduld, und ich werde es mit Genuß lesen, dessen bin ich sicher.

Auch ich hatte in der letzten Zeit einigen Ärger. Sie sehen, die Sympathie zwischen uns ist vollständig.

Ich glaube nicht, daß ich nach Baden fahren kann, weil ich in diesem Sommer mehrere unumgängliche Verpflichtungen habe. Wann werden Sie zurück sein? Und schicken Sie mir Ihre Anschrift.

Ich werde den ganzen Juni oder den ganzen August in Paris verbringen. Auf jeden Fall den nächsten Winter.

Tausend sehr lange und sehr feste Händedrücke von Ihrem

G. Flaubert

7 Baden, Thiergartenstraße 3
26. Mai 1868

Mein lieber Freund,
Ich danke Ihnen sehr, daß Sie die Idee hatten, mir zu schreiben. Ihr Brief hat mir sehr große Freude gemacht — weil er unsere Beziehungen erneuert hat — und weil er zeigte, daß mein Buch Ihnen gefallen hat.

Heutzutage gibt es keinen Künstler mehr, der nicht gleichzeitig ein Kritiker wäre. Der Künstler in Ihnen ist sehr groß — und Sie wissen, wie sehr ich ihn bewundere und liebe; — aber ich habe auch eine hohe Meinung von dem Kritiker und bin sehr glücklich über seinen Beifall. Ich weiß wohl, daß Ihre Freundschaft für mich damit zu tun hat: aber ich fühle, daß sich ein Meister vor mein Bild gestellt, es betrachtet und zufrieden mit dem Kopf genickt hat. — Nun, das hat mir Freude gemacht, ich wiederhole es.

Ich habe es sehr bedauert, Sie in Paris nicht gesehen zu haben — ich war nur drei Tage dort, und ich bedaure es noch mehr, daß Sie in diesem Jahr nicht nach Baden kommen. — Sie haben sich an Ihren Roman begeben — das ist gut — ich erwarte ihn mit größter Ungeduld — aber könnten Sie sich nicht ein paar Tage Ruhe gönnen — zum Nutzen Ihrer hiesigen Freunde? Seit ich Sie zum erstenmal gesehen habe — (Sie wissen, in einer Art Gasthaus am anderen Seine-Ufer) — habe ich große Sympathie zu Ihnen gefaßt — es gibt nur wenige Menschen, vor allem Franzosen, bei denen ich mich so ungestört wohl und gleichzeitig so angeregt fühle — mir scheint, daß ich wochenlang mit Ihnen plaudern könnte — und außerdem sind wir Maulwürfe, die ihre Gänge in dieselbe Richtung graben.

All das heißt, daß ich sehr froh wäre, Sie zu sehen. In zwei Wochen breche ich nach Rußland auf, aber ich bleibe nicht lange dort, Ende Juli werde ich zurück sein — und nach Paris fahren, um meine Tochter zu besuchen, die mich um diese Zeit wahrscheinlich zum Großvater gemacht haben wird. Ich werde Manns genug sein, Sie in Ihrem Haus aufzuspüren — wenn Sie da sind. — Oder kommen Sie nach Paris? Aber ich muß Sie sehen.

Inzwischen wünsche ich Ihnen viel Glück. — Die lebendige, menschliche Wahrheit, die Sie mit unermüdlicher Hartnäckigkeit verfolgen, läßt sich nur an guten Tagen einfangen. Sie hatten solche — Sie werden weitere haben — viele.

Bleiben Sie gesund; auch ich umarme Sie — in wahrhafter Freundschaft.

I. Turgenev

8 [Croisset, 28. Mai 1868]

Es ist beschlossen & *geschworen,* nicht wahr, mein lieber Freund? Wenn ich Ende Juli nicht in Paris bin, werden

Sie die Ergebenheit so weit treiben, eine Weile in meine Hütte zu kommen.

Sie haben sehr recht, mich zu lieben, denn ich liebe Sie sehr. *Ich sterbe vor Sehnsucht,* endlos mit Ihnen zu plaudern, & ich umarme Sie.

G. Flaubert

9 Paris, Boulevard du Temple, 42
25. Juli [1868]

Mein lieber Turgenev,
Hiermit will ich Sie nur an Ihr Versprechen erinnern. Sie wollten Ende Juli oder Anfang August in Paris sein. Was mich betrifft, so bin ich dort, und ich warte auf Sie.

Um Ihnen unnötige Wege zu ersparen, teile ich Ihnen mein Programm mit: vom 30. Juli (nächsten Donnerstag) bis zum 8. August bin ich in Saint-Gratien bei Prinzessin Mathilde. Dann komme ich für zwei Tage nach Paris zurück. Zwei weitere werde ich danach in Dieppe bei einer meiner Nichten verbringen. Dann kehre ich nach Croisset zurück, um mich wieder an meinen Schmöker zu setzen.

Wir *müssen* ein paar schöne Stunden miteinander verbringen.

Ich umarme Sie und wünsche Ihnen kühleres Wetter, als wir es in Paris haben, und bleibe ganz der Ihre.

G. Flaubert

10 Baden, Thiergartenstraße 3
Dienstag, 28. Juli 1868

Mein lieber Freund,
Es ist sehr freundlich von Ihnen, daß Sie an mich gedacht haben und mir, wie Sie sagen, Ihr Programm mitteilen. — Ich bin seit vier Tagen hier — aber leider

bin ich nicht allein aus Rußland zurückgekehrt: ich habe einen schönen Gichtanfall mitgebracht — der mich in Moskau erwischt hat und ein zweites Mal gleich nach meiner Ankunft in Baden. — So liege ich auf einer Chaiselongue mit all den unvermeidlichen Widrigkeiten — »indisches Kastanienöl« usw. usw . . .

Dennoch ist es weniger heftig als im vergangenen Jahr, und ich gebe die Hoffnung nicht auf, Mitte nächsten Monats meine Reise nach Frankreich anzutreten — und gemäß Ihrem *Programm* werde ich Sie in Ihrer *Höhle* aufspüren. Ich gestehe, daß ich ziemlich neugierig bin, sie kennenzulernen.

Ich habe Du Camp nicht gesehen — der hier sein soll: seit meiner Ankunft habe ich mein Zimmer nicht verlassen. In zwei oder drei Tagen werde ich vielleicht kleine Spazierfahrten unternehmen können.

Gehaben Sie sich wohl und arbeiten Sie mit Lust und Ruhe — das ist die beste Art. — Ich umarme Sie freundschaftlich.

Ihr I. Turgenev

11

Baden, Thiergartenstraße 3
Dienstag, 18. August 68

Mein lieber Freund,
Ich habe bis jetzt mit meiner Antwort auf Ihr liebes kleines Billet gezögert, weil ich immer noch hoffte, Ihnen gleichzeitig mein Kommen ankündigen zu können; aber meine verteufelte Gicht weigert sich hartnäckig, mich zu verlassen, und ich kann an eine längere Reise noch nicht denken. — Das ist ärgerlich — aber was tun? Ich komme, sobald ich kann; einstweilen umarme ich Sie und bitte Sie, Ihrer Frau Mutter, die ich gern kennenlernen würde, meine Hochachtung zu versichern.

Arbeiten Sie inzwischen tüchtig.

I. Turgenev

12 Croisset
Sonntag abend [23. August 1868]

Ich bin sehr ungehalten über Ihre Verspätung, mein lieber Turgenev, zum einen, weil ich Sie sehen möchte, und dann, weil ich weiß, daß Sie krank sind. Pflegen Sie sich! Werden Sie gesund! Die Gicht kommt in Anfällen, scheint mir? Wenn Ihr Anfall also vorüber ist, schreiben Sie mir »Ich komme«, und kommen Sie. Ich werde mich längere Zeit nicht von hier fortbewegen. Sie können sicher sein, mich zu finden.

Ich drücke Ihnen sehr fest beide Hände.

G. Flaubert

13 Croisset
Mittwoch [18. November 1868]

Ah! endlich! wir werden uns also ein wenig sehen, lieber Freund!

Ich rate Ihnen, den Schnellzug um 8 Uhr morgens zu nehmen, der um 10.40 Uhr in Rouen ankommt. In Rouen angekommen, werden Sie eine Droschke finden, die Sie in zwanzig Minuten nach Croisset bringt.

Abcr noch besser wäre, Sie antworteten mir sofort und sagten mir, um welche Uhrzeit Sie eintreffen. Ich werde Sie abholen. Denn ich habe das brennende Verlangen, Sie zu sehen und zu umarmen.

Also, bis Sonntag. Ich rechne unwiderruflich mit Ihnen. Doch bis dahin eine Zeile als Antwort, bitte. Mehr der Ihre denn je.

G. Flaubert

14 [Paris] Hôtel Byron, Rue Laffitte
Donnerstag [19. November 1868]

Sonntag fahre ich um 8 Uhr morgens mit dem Schnellzug ab, mein lieber Freund, und ich werde mich sehr freuen, Sie gleich am Bahnhof in die Arme zu schließen.

Bis Sonntag also und tausend Grüße.

I. Turgenev

15 Paris, Hôtel Byron, Rue Laffitte
Dienstag, 24. Nov. 68

Mein lieber Freund,
Der Käse ist soeben eingetroffen. Ich nehme ihn mit nach Baden, und bei jedem Bissen werden wir an Croisset und an den zauberhaften Tag denken, den ich dort verbracht habe. — Ich fühle entschieden, daß wir *uns* gegenseitig sehr sympathisch sind.

Wenn Ihr ganzer Roman so stark ist wie die Fragmente, die Sie mir daraus vorgelesen haben — werden Sie ein Meisterwerk geschaffen haben — das sage ich Ihnen.

Ich weiß nicht, ob Sie den *Schmöker* gelesen haben, den ich Ihnen schickte; stellen Sie ihn in jedem Fall auf eines der Regale Ihrer Bibliothek.

Übermitteln Sie Ihrer Frau Mutter meine Hochachtung — und lassen Sie mich Sie umarmen.

Ihr I. Turgenev

P.S. Meine Anschrift ist: Karlsruhe, postlagernd. Es wäre sehr freundlich von Ihnen, wenn Sie mir eine Photographie von sich schicken würden. — Hier eine von mir, die sehr unwirsch aussieht.
P.P.S. Finden Sie einen anderen Titel. ›Éducation sentimentale‹ ist schlecht.

16 Karlsruhe, Hôtel Prince Max
Montag, 25. Jan. 69

Immerhin brauche ich Nachricht von Ihnen, mein lieber Freund. Also — in zwei Worten: wo sind Sie — und was macht der Roman? — Ich schreibe Ihnen nach Croisset — und vielleicht sind Sie in Paris und atmen die Zeitläufte. — Jedenfalls — ich glaube nicht, daß Sie lange dort bleiben.

Ich habe Ihnen noch nicht für die Photographie gedankt, auf der Sie sehr militärisch und gut gekämmt aussehen — aber Sie sind es — und es tut immer gut, Sie zu sehen. — Warum lassen Sie nicht eine bessere machen?

Ich habe oft an Croisset gedacht, und ich sage mir, es ist ein gutes Nest, um darin Singvögel auszubrüten. Was mich betrifft, so habe ich fast nichts getan. Ich habe mich auf eine Arbeit eingelassen, die mir widerstrebt, und ich quäle mich elend damit ab. Ich kann nicht mehr zurück — aber wenn das fertig ist — werde ich ein großes Uff ausstoßen. Es sind so etwas wie Fragmente, literarische Erinnerungen, die ich meinem Verleger versprochen habe; ich habe auf diesem Gebiet noch nie gearbeitet — und es ist nicht spaßig. Oh, zwei Stunden lang Sainte-Beuve sein! Ich wüßte gern, ob ihm das viel Spaß macht.

Meine besten Grüße an Ihre werte Frau Mutter, die mir die beste Mama zu sein scheint, die man sich vorstellen kann, und einen guten und festen Händedruck für Sie.

Ihr I. Turgenev

P.S. Ich bin den ganzen Winter über hier, weil sich meine Freunde, die Viardots, hier aufhalten, Karlsruhe ist nicht sehr heiter — aber besser als sein Ruf. Ich komme gegen Ende März nach Paris zurück.

17 Croisset
2. Februar [1869]

Mein lieber Freund,

Ich bin noch immer in Croisset, — das heißt, ich bin gestern hierher zurückgekommen, nachdem ich die ganze letzte Woche in Paris verbracht habe, auf der Suche nach den törichtsten Auskünften, die man sich denken kann: Beerdigungen, Friedhöfe & Bestattungsunternehmen auf der einen Seite, Pfändungen und Gerichtsverfahren auf der anderen, usw. usw. Kurz, ich bin gerädert vor Müdigkeit & Überdruß. Mein endloser Roman widert mich an und erdrückt mich! — und ich bin noch mindestens vier Monate damit beschäftigt!

Ich *brenne darauf*, Ihre literarische Kritik zu sehen, denn die Ihrige wird die eines *Praktikers* sein, — ein wichtiger Punkt. Was mir an meinen Freunden Sainte-Beuve & Taine mißfällt, ist, daß sie die *Kunst* nicht genug berücksichtigen, das Werk an sich, die Komposition, den Stil, kurz alles, was das Schöne ausmacht.

Zur Zeit von La Harpe war man Grammatiker, jetzt ist man Historiker, das ist der ganze Unterschied. Mit Ihrer so ursprünglichen und intensiven Art des Fühlens wird Ihre Kritik Ihren Schöpfungen gleichkommen, dessen bin ich sicher.

Auch ich denke sehr oft an den Nachmittag, den Sie in meiner Hutte verbracht haben. Sie haben hier alle Welt betört, meine Mutter & meine Nichte sprechen oft von Ihnen & fragen nach Neuigkeiten über Sie.

Was mich betrifft, so wissen Sie, welche Zuneigung ich Ihnen vom ersten Augenblick an entgegenbrachte. Warum leben wir nicht im selben Land?

Ich werde gegen Ostern in Paris sein. — Kommen Sie nicht vorher dorthin!

Ich umarme Sie sehr fest.

G. Flaubert

18 Croisset

Mittwoch, 17. März [1869]

Mein lieber Freund,

Ich erinnere Sie an Ihr Versprechen, das heißt, ich rechne damit, Sie in der Woche nach Ostern in Paris zu sehen.

Ich rechne damit, am Tag vor Ostern dort einzutreffen. Und Sie? Antworten Sie mir eine Zeile, sobald Sie diese erhalten haben.

Ich umarme Sie, wie ich Sie liebe, das heißt sehr fest.

G. Flaubert

19 Karlsruhe, Hôtel Prince Max

Sonntag, 21. März 1869

Mein lieber Freund,

Ihr nach »Stuttgart oder Baden« adressierter Brief erreicht mich erst in diesem Augenblick. Ich beeile mich, Ihnen mitzuteilen, daß ich am *Mittwoch* nach Paris abreise — und daß ich am *Donnerstag* um 5 Uhr morgens dort ankomme. Ich steige im Hôtel Byron, Rue Laffitte, ab. — Ich bleibe eine Woche in Paris. Überflüssig zu sagen, wie froh ich sein werde, Sie zu sehen. Einstweilen umarme ich Sie mit all meiner Freundschaft.

I. Turgenev

P.S. Bringen Sie mich Ihrer Frau Mutter in Erinnerung.

20 Croisset

Donnerstag morgen [25. März 1869]

Wenn Sie am Sonntag nachmittag nichts Besseres vorhaben, besuchen Sie mich *Boulevard du Temple*, 42.

Ich werde am Samstag abend in Paris ankommen. Ich habe die Absicht, Montag bei den Hussons zu dinieren. Halten Sie auf jeden Fall den *Dienstag* für mich frei.

Ich freue mich bei dem Gedanken, Sie bald wiederzusehen. Einstweilen umarme ich Sie.

G. Flaubert

Schreiben Sie mir eine Zeile in den Boulevard du Temple, um mir Ihr Programm für die Woche mitzuteilen. Ich werde mich danach richten. Wie sehne ich mich danach, einen gemütlichen Plausch mit Ihnen zu halten!

21 Paris, Hôtel Byron, Rue Laffitte
Freitag [26. März 1869]

Lieber Freund,
Ich werde am Sonntag um *zwei* Uhr zu Ihnen kommen: paßt Ihnen das? — Wir müssen alle möglichen Dinge zusammen machen!

Ihr I. Turgenev

22 Paris, Hôtel Byron, Rue Laffitte
Samstag [27. März 1869]

Lieber Freund,
Ich schrieb Ihnen gestern, daß ich am Sonntag um 2 Uhr zu Ihnen käme; ich werde aber erst um 3 kommen können — *ganz pünktlich.*

Ihr I. Turgenev

23 Baden, Thiergartenstraße 3
Sonntag, 30. Jan. 70

Mein lieber Freund,
In der ersten Nummer einer russischen Zeitschrift, die in St. Petersburg erscheint — und die der ›Russische Bote‹ heißt (etwa eine russische ›Revue des Deux Mondes‹) — steht ein langer Artikel über Ihr Buch (es ist nur der erste Teil). — Man analysiert es im einzelnen und er-

zählt den ganzen Inhalt — sowohl der Autor wie sein Werk werden sehr gelobt; — dieser Artikel hat als Titel ›Die neue französische Gesellschaft‹. Ich sage Ihnen das alles, weil es Sie interessieren könnte, obwohl Sie im Augenblick ganz andere Sorgen haben.

Ich verlasse Baden in 4 oder 5 Tagen — ich werde zwei Monate in Weimar verbringen (meine Anschrift ist: Weimar, Hôtel de Russie, Großherzogtum Sachsen-Weimar), und ich werde durch Paris kommen, bevor ich im April nach Rußland zurückfahre.

Lassen Sie von sich hören. Arbeiten Sie tüchtig? Ihr ›Antoine‹ geht mir oft durch den Sinn. Gestern abend habe ich im Bett die Szene des »Intelligenzclubs« wieder gelesen, und der Spanier hat mich laut auflachen lassen.

Tausend Grüße an Madame Sand, an Du Camp und *tutti quanti*; — ich drücke Ihnen die Hand mit der ganzen Kraft meiner Freundschaft.

I. Turgenev

24 [Paris] Rue Murillo 4, Parc Monceau
14. Februar [1870]

Mein lieber Freund,
Es ist sehr gütig von Ihnen, mich auf eine Zeitung hinzuweisen, in der mein unseliges Buch gelobt wird! Denn ich ersticke nicht unter Rosen. Sie hatten auch von einer Berliner Zeitschrift gesprochen? Ich möchte ihren Titel wissen. Das alles natürlich für Lévy.

Ich finde (ich verhehle es Ihnen nicht), daß man ungerecht gegen mich war. Nichts ist dümmer als zu behaupten, man sei unverstanden. Trotzdem glaube ich das. *Habent sua fata libelli,* wie Horaz sagt — und Prudhomme.

Die Studien über den guten Herrn Antoine (über den Sie sich Gedanken machen) sind vierzehn Tage unterbrochen worden, die ich ausschließlich damit verbracht habe, eine Vorstellung im Odéon zugunsten des Denkmals für Bouilhet zu organisieren. Ich bin der Präsident der Subskriptionskommission, und ich mußte mich selbst in jeder Hinsicht mit der Sache befassen, um soviel Geld wie möglich zu bekommen. Zwei Wochen lang habe ich trotz einer starken Grippe in Paris Wege erledigt, sieben Stunden Droschke pro Tag! Und was für eine Nervenaufreibung! Alles ist gut abgelaufen, Gott sei Dank, und es ist vorbei!

Das Théâtre de la Gaîté hat sich an mich gewandt und um mein Märchenspiel ›Le Château des Cœurs‹ gebeten. Ich werde es vorlesen, sobald meine Kehle wieder frei ist.

Und Sie, lieber großer Freund, was machen Sie? Was träumen Sie? Was schreiben Sie? Wenn Sie wieder nach Paris kommen, richten Sie es so ein, daß Sie länger bleiben!

Die Augenblicke, die ich kürzlich mit Ihnen verbracht habe, waren die einzigen guten Stunden, die ich seit acht Monaten erlebt habe! Sie können sich meine geistige Einsamkeit nicht vorstellen! Deshalb stürze ich mich mit Begierde auf Sie, sobald Ihre Person sich zeigt.

Mein edles Vaterland wird immer stupider. Die allgemeine Dummheit wirkt sich auf die Individuen aus. Jeder begibt sich nach und nach auf das Niveau von allen.

Sie scheinen mir ein glücklicher Mensch zu sein — und ich würde Sie beneiden, wenn ich Sie nicht so gern hätte.

Ich umarme Sie
Ihr Gustave Flaubert

25 Weimar, Hôtel de Russie

20. Februar 70

Mein lieber Freund,

Der Aufsatz, den Julian Schmidt über die ›Éducation sentimentale‹ geschrieben hat, ist in den ›Preussischen Jahrbüchern‹ noch nicht erschienen — sobald er veröffentlicht wird, schicke ich ihn an Sie. — Wenn Ihnen daran gelegen ist, werde ich ihn bitten, Ihnen seinen Aufsatz über ›Madame Bovary‹ zu schicken. Er ist im letzten Jahr erschienen. — Die zweite Nummer des ›Europäischen Boten‹ (russisch), die ich soeben bekam, enthält den zweiten und letzten Teil des Artikels, von dem ich Ihnen erzählt habe — es ist eher eine sehr detaillierte Inhaltsangabe des Romans. — Allgemein ist man der Ansicht, daß die *Frau* einen zu großen Raum in Frédérics Leben einnimmt — und man fragt sich, ob alle jungen Franzosen so seien.

Ja, gewiß ist man ungerecht gegen Sie gewesen, aber jetzt ist der Augenblick, sich aufzuraffen und den Lesern ein Meisterwerk an den Kopf zu werfen. — Ihr ›Antoine‹ kann ein solcher Pflasterstein sein. — Verweilen Sie dabei nicht zu lange: das ist mein Refrain. — Man darf auch nicht vergessen, daß jeder an dem Maßstab gemessen wird, den er selbst gesetzt hat, und Sie tragen die Last Ihrer Vergangenheit. Sie haben Energie; »el hombre debe ser feroz« — sagt ein spanisches Sprichwort — und der Künstler schon gar. Hätte Ihr Buch nur ein Dutzend Leser von einigem Wert gepackt — es wäre schon genug. Sie verstehen, daß ich Ihnen all dies nicht sage, um Sie zu trösten, sondern um Sie anzuspornen.

Ich bin seit ungefähr zehn Tagen hier — und meine einzige Beschäftigung ist, mich zu wärmen. Die Häuser hier sind schlecht gebaut — und die Eisenöfen taugen nichts. Sie werden eine winzige Sache von mir in der März-Ausgabe der ›Revue des Deux Mondes‹ sehen. Es ist nichts Besonderes. — Ich arbeite an etwas »Konsequenterem«, das heißt, ich bereite mich aufs Arbeiten vor.

Ich werde nach Paris fahren, bevor ich nach Rußland zurückkehre; das wird gegen Ende April sein. — Ich bleibe gut zehn Tage — wir werden uns oft sehen.

Wenn Sie Madame Sand sehen, empfehlen Sie mich ihr sehr herzlich. Grüßen Sie auch Du Camp und die Familie Husson.

Ich umarme Sie und sage Ihnen: Mut! Sie sind schließlich Flaubert!

Ihr I. T.

26 [Paris]

Samstag abend, 30. Mai [1870]

Es schmerzt mich sehr, durch Ihren letzten Brief zu erfahren, daß wir uns in diesem Sommer nicht sehen werden, mein lieber Freund. Ich hatte auf Stunden vertrauter Gespräche mit Ihnen vor Ihrer Abreise nach Rußland gehofft. — Aber wie schwierig alles ist auf dieser Welt!

Der große Kummer, den ich diesen Winter gehabt habe, war der Tod meines engsten Freundes nach Bouilhet, eines braven Jungen, der mich wie ein Hund liebte und der Jules Duplan hieß. — Diese beiden Todesfälle, die mich Schlag auf Schlag trafen, haben mich niedergedrückt. — Fügen Sie den jammervollen Zustand von zwei anderen Freunden hinzu, zwei mir weniger nahestehenden Freunden zwar, die aber doch zu meiner unmittelbaren Umgebung gehörten, ich meine die Paralyse Feydeaus & den *Schwachsinn* von Jules de Goncourt. Das Ableben von Sainte-Beuve, Geldsorgen, der Mißerfolg meines Romans usw. usw., bis zum Rheumatismus meines Dienstboten (dessen, der Lassouche ähnlich sieht), das alles hat, wie Sie sehen, zu meiner Verstimmung beigetragen. Sie ist deshalb gewaltig.

Ich kann wohl sagen, daß das einzig Gute, das ich seit langem erlebt habe, Ihr letzter — zu kurzer — Besuch war. Warum leben wir so weit voneinander entfernt? Sie sind, glaube ich, der einzige Mensch, mit dem ich gern plaudere. Ich sehe niemanden mehr, der sich mit Kunst & Poesie befaßt. Das Plebiszit, der Sozialismus, die Internationale und anderer Unrat verstopfen alle Gehirne.

Ich fürchte, ich kann Ihrer Einladung in diesem Sommer nicht Folge leisten. Hier die Gründe: in vier oder fünf Tagen kehre ich nach Croisset zurück, wo ich unverzüglich das Vorwort zu dem Gedichtband von Bouilhet schreiben will. Das ist eine Angelegenheit von zwei oder drei Monaten. — Danach mache ich mich an ›Saint Antoine‹, der im Oktober durch die Proben zu ›Aïssé‹ unterbrochen wird. Sie werden mich gut zwei Monate in Anspruch nehmen. Somit habe ich bis Neujahr kaum sechs Wochen, die ich dem braven Eremiten widmen kann. Ich möchte nicht länger als zwei Jahre mit diesem Burschen beschäftigt sein. Sie sehen also, wie die Zeit mich drängt. — Ich muß mich so rasch wie möglich in dieses Werk vertiefen, denn ich werde seiner bereits überdrüssig. Ich habe zu viele Bücher hintereinander verschlungen, aber das geschah, um mich von meinen persönlichen Miseren abzulenken.

Lassen Sie von sich hören, wenn Sie bei sich zu Hause in Rußland sind. Und denken Sie oft an mich, denn ich denke oft an Sie, und ich umarme Sie *ex imo*.

G. Flaubert

Meine Mutter war, wie man sagt, sehr *gerührt* über Ihre freundlichen Grüße.

27 Croisset bei Rouen
1. Mai 1871

Ich erfahre soeben von dem Unglück, das Sie trifft, mein lieber Freund, und mein erster Gedanke gilt Ihnen. Ich liebe Sie zu sehr, als daß ich versuchte, Ihnen banale Sätze zu schreiben. Aber ich bin sehr traurig, und ich umarme Sie.

Was für ein Jahr! Was für ein Jahr! Wo sind Sie? Was wird aus Ihnen werden? Wo werden Sie jetzt leben? Was haben Sie für Pläne? Lassen Sie von sich hören, wenn Sie die Kraft dazu haben und wenn dieser Zettel Sie erreicht. Denn Sie wissen, daß ich Sie liebe und ganz der Ihre bin.

G. Flaubert

28 London, 16 Beaumont Street, Marylebone
6. Mai 1871

Zum Glück, mein lieber Freund, zum Glück ist die Nachricht völlig falsch! Madame Viardot, die ich täglich sehe, ist ebensowenig tot, wie sie nicht 54 Jahre alt ist. Wäre die Nachricht wahr gewesen, hätte ich Ihnen, glaube ich, nicht antworten können ... So aber kann ich Ihnen sagen, daß Ihr Brief mich tief gerührt hat. — Es ist sehr gut zu wissen, daß man einen wahren Freund hat — & ich danke Ihnen, daß Sie mir dieses Gefühl bewiesen haben.

Ich bin seit drei Wochen hier — das Ende des Winters und den Anfang des Frühjahrs habe ich in Rußland verbracht — ich bleibe bis zum 1. August — dann reise ich über Frankreich nach Baden. Ich werde in Paris Station machen — wenn es dann noch ein Paris gibt — und ich hoffe sehr, Sie zu sehen. — Vielleicht kommen Sie nach Baden, wo wir — für kurze Zeit — versteckt leben werden wie Maulwürfe in ihren Löchern — und Sie könnten sich mit uns darin verstecken. — Doch erst geben Sie mir Nachricht von sich. Haben Sie jemals den Brief erhalten, den ich Ihnen Anfang des Jahres geschrieben habe? — Was haben Sie während dieses ganzen schrecklichen Unwetters gemacht? Sind Sie die ganze Zeit in Croisset geblieben? — Haben Sie es trotz all Ihrer strengen Isolation und Konzentration geschafft, nicht geschüttelt zu werden — wie die Strohhalme, die sich auf so traurige Weise wirr und nutzlos in den offenen Scheunentoren im Kreise drehen? — Haben Sie gearbeitet — oder hat es Ihnen genügt, das Leben — leer und schwer — von einem Augenblick zum anderen hinzuschleppen? Ich bin kein Franzose — und dennoch, ich habe fast nichts anderes getan. — Ach, wir müssen schwere Augenblicke durchmachen — wir anderen, die *geborenen Zuschauer*. Was macht ›Antoine‹? — Er hat sich in meinem Geist festgesetzt.

Ich bin in England — nicht zum Vergnügen — sondern weil meine Freunde, die durch diesen Krieg fast ruiniert sind, hier versuchen, ein wenig Geld zu verdienen. Den Engländern geht es überall gut — aber sie alle — sogar die intelligentesten — führen ein sehr hartes Leben. Man muß sich daran gewöhnen, wie an ihr Klima. Und außerdem — wohin soll man gehen?

Was macht Madame Flaubert? Bringen Sie mich ihr in Erinnerung. Haben Sie irgendwelche Nachrichten von Du Camp? Er ist in dem Sturm verschwunden — wie so viele andere.

Schreiben Sie mir ein paar Zeilen. Nochmals Dank für Ihre Zuneigung. — Ich umarme Sie mit der ganzen Kraft der meinigen.

Ihr Freund I. Turgenev

P.S. Unnötig zu sagen, daß ich Ihren Brief erst heute bekommen habe.

29 London, 16 Beaumont Street, Marylebone
13. Juni 1871

Mein lieber Freund,
Wenn ich Ihnen nicht früher geantwortet habe, so liegt es daran, daß ich nicht den Mut dazu hatte. Die Ereignisse in Paris haben mich bestürzt. Ich habe geschwiegen, so wie man in der Eisenbahn schweigt, wenn man in einen Tunnel fährt: das höllische Getöse erfüllt einen und betäubt einem den Kopf. — Jetzt, da es fast aufgehört hat, möchte ich Ihnen sagen, daß ich Sie im August *ganz bestimmt* aufsuchen und mir ›Antoine‹ anhören werde. Das wird zwischen dem 15. und dem 20. sein. Ich bin eingeladen worden, Anfang August in Schottland das »grouse« zu jagen, — aber am 15. bin ich frei und werde auf dem Rückweg nach Baden in Paris — oder in Rouen haltmachen — ich meine in Croisset — wenn Sie da sind. — Ich freue mich zu hören, daß Sie bei der Hälfte Ihres Buches angelangt sind; Sie riskieren nichts, wenn Sie sich ein bißchen sputen: im Gegenteil. Ich werde mit weit offenen Ohren und Augen lauschen — ich bin fast sicher, daß es sehr schön ist.

Ich locke Sie nicht mehr nach Deutschland: ich verstehe Ihre Abneigung, es zu betreten. — Ich will Ihnen auch nicht alles sagen, was mir über Frankreich durch den Kopf geht: man müßte all das in wenigen Worten zusammenfassen können — und das ist mir unmöglich; wenn wir uns sehen, werden wir diese Frage in Ruhe und ausführlich bereden; das Ergebnis wird gewiß kein heiteres sein. — Ich weiß nicht, ob es Rußland anheimfällt, Sie zu rächen, wie Sie sagen; im Augenblick ist Deutschland sehr stark — und wird es wahrscheinlich bleiben, solange wir leben . . .

Geben Sie mir Nachricht von Du Camp, wenn Sie welche haben. Ich höre, Madame Husson sei verrückt geworden — und sei dann gestorben: stimmt das?

Ich erinnere mich, daß mein Schwimmlehrer (auch er ein Preuße) immerzu schrie: »Mund aus dem Wasser, schwere Noth! — Solange man den Mund aus dem Wasser hat, ist man ein Mann!«

Sie sind die ganze Zeit ein Mann geblieben, weil Sie arbeiten konnten: jetzt wird es leichter werden.

Danken Sie Madame Flaubert und Ihrer Nichte für ihre Grüße. — Was Sie betrifft, so umarme ich Sie — und auf Wiedersehen im August!

I. Turgenev

30 Croisset bei Rouen

Samstag, 17. Juni [1871]

Abgemacht, mein lieber Freund. Mit großer Ungeduld erwarte ich Sie hier zwischen dem 15. und dem 20. August. Die Zeit paßt mir. Im übrigen paßt mir jede Zeit. sofern ich Sie nur sehe.

Sie müssen mich für sehr albern halten mit meinem Haß auf Preußen? Ich verüble ihm vor allem dies: daß es mir die Gefühle eines Barbaren aus dem 12. Jahrhundert eingeflößt hat. Aber was daran ändern? Glauben Sie, daß sich zu einer anderen Zeit Literaten, *Doktoren,* wie Wilde benommen haben?

Ich habe die ganze letzte Woche in Paris verbracht. Es gibt etwas, was noch erbärmlicher ist als seine Ruinen, nämlich der *Geisteszustand* seiner Bewohner. Man segelt zwischen Kretinismus und Wahnsinn. Ich übertreibe nicht im mindesten.

Ah! wie gern würde ich nicht mehr an Frankreich denken, weder an meine Zeitgenossen, noch an die Menschheit! All das dreht mir vor Ekel den Magen um. Ich bin traurig bis ins Mark; und seit ich Paris wiedergesehen habe, fällt mir das Arbeiten sehr schwer.

Adieu, oder besser auf bald. In Erwartung dieses Vergnügens umarme ich Sie.

G. Flaubert

Ja, Madame Husson ist verrückt (Selbstmord-Monomanie)! Ich habe sie nicht gesehen, aber ich habe Du Camp gesehen, der mir auch »übergeschnappt« vorkam. Behalten Sie das natürlich für sich.

Vor achtzehn Monaten ist mir Frankreichs Irrsinn an zwei Symptomen deutlich geworden: 1. am Erfolg der ›Lanterne‹; 2. am Erfolg von Troppmann.

Es ist etwas Hysterisches im Brand von Paris. Ganz zu schweigen von den anderen Elementen, die ich zu kennen glaube.

31 [Paris] Rue Murillo 4, Parc Monceau
1. August [1871]

Mein lieber Freund,
Ich erinnere Sie an Ihr Versprechen, das heißt, *ich rechne* mit Ihnen zwischen dem 15. und dem 20. August dieses Monats in Croisset. Es wäre sehr liebenswürdig von Ihnen, wenn Sie mich wissen ließen, *an welchem Tag* ich Sie erwarten darf. Bis dahin umarme ich Sie sehr fest.
Ihr

G. Flaubert

Wieviel ich Ihnen zu erzählen habe, mein lieber Freund! Wie froh ich sein werde, Sie zu sehen! Wie gern möchte ich Ihnen den ersten Teil von ›Saint Antoine‹ vorlesen!

Richten Sie es so ein, mehrere Tage bei mir zu bleiben.

32 Paris, Rue Murillo 4, Parc Monceau
[Um den 5. August 1871]

Mein lieber Freund,
Entschuldigen Sie bitte, daß ich meine Frage wiederho-

le, aber ich muß schon jetzt wissen, wann ich das Vergnügen oder vielmehr das Glück haben werde, Sie in meiner Hütte für mich allein zu haben, weil ich hier in Paris viele Dinge erledigen muß und *Sie nicht verfehlen* will: es wäre eine zu große Enttäuschung.

Ihrem Versprechen gemäß erwarte ich Sie in Croisset zwischen dem 15. und dem 20. dieses Monats. Ich wünschte, Sie wären schon dort.

Also auf bald, lieber Freund, und ganz der Ihre

G. Flaubert

Eher um den 20. als um den 15., nicht wahr?

33 Paris, Rue Murillo 4, Parc Monceau

Sonntag, 13. [August 1871]

Mein lieber Freund,

Ich weiß, daß Sie am 15. aus London zurückkommen sollen. Bitte, antworten Sie mir *sofort* und sagen Sie mir, an welchem Tag ich Sie in Croisset erwarten darf. Ändern Sie Ihre Pläne nicht, aber kommen Sie nicht, ohne mich zu benachrichtigen.

Sollte ich nichts von Ihnen hören, erwarte ich Sie in meiner Hütte am *nächsten Samstag* den 18. Paßt Ihnen das? Jedenfalls verlasse ich Paris am Freitag morgen. Falls Sie schon am Donnerstag kommen wollen, unterrichten Sie mich: ich werde meine Rückkehr vorverlegen. Und richten Sie es so ein, einige Tage in Croisset zu bleiben. Mich dürstet sehr, Sie zu sehen; in Erwartung dieses Augenblickes umarme ich Sie.

G. Flaubert

Ich nehme an, Sie kommen über Dieppe zurück.

34 Allean House, Pitlochry (Schottland)
14. August 1871

Mein lieber Freund, Ihre beiden Billets haben mich hier eingeholt — im tiefsten Schottland, wo ich bei einem Freund das »grouse« jage. — Ich reise übermorgen, am 16., von hier ab; am 17. verlasse ich London und komme am *18.* in Paris an. — Ich wünschte, Sie wären an diesem Tag in Paris und ich müßte nicht nach Croisset fahren — denn meine Zeit ist furchtbar knapp. — In Paris werde ich im Hôtel Byron sein, 20, Rue Laffitte. — Richten Sie es so ein, daß ich bei meiner Ankunft eine Nachricht von Ihnen finde. — Sicherheitshalber schreibe ich diesen Brief noch einmal ab und schicke die Kopie nach Croisset.

Ich umarme Sie, und auf bald! — Halten Sie Ihren ›Antoine‹ bereit!

Ganz der Ihre I. Turgenev

35 Paris
Mittwoch morgen, 16. [August 1871]

Endlich habe ich Nachricht von Ihnen! — Aber hätten Sie sich nicht so lange auf der Jagd vergnügt, dann hätten der arme ›Saint Antoine‹ und sein Autor ein bißchen mehr Zeit.

Ich muß unbedingt noch heute aus Paris abreisen. Deshalb sind Sie gezwungen, nach Croisset zu kommen, wo ich Sie am *Samstag* erwarte? Es gibt mehrere Schnellzüge.

Aber ich hoffe sehr, daß Sie es trotz Ihren Geschäften nicht wie das letzte Mal machen, das heißt nicht nur einen Nachmittag bleiben!

Schicken Sie mir eine Zeile mit dem Telegraphen und sagen Sie mir, um wieviel Uhr ich Sie endlich sehen werde. Ganz der Ihre.

G. Flaubert

36 Croisset

Montag abend [21. August 1871]

Nein, mein lieber Freund, ich bin Ihnen nicht böse. — Aber ich war etwas enttäuscht, denn ich hatte mit Ihnen gerechnet — und ich verzeihe Ihnen unter der Bedingung, daß Sie mir im Oktober *mehrere* Tage schenken.

Der Gedanke, daß ich Sie in diesem Winter sehen werde, wie es mir beliebt, entzückt mich wie die Aussicht auf eine Oase. Der Vergleich stimmt.

Wenn Sie wüßten, wie einsam ich bin!

Mit wem jetzt plaudern? Wer in unserem erbärmlichen Land »kümmert sich noch um Literatur«? Vielleicht ein einziger Mensch? — Ich! — Wrack einer entschwundenen Welt, altes Fossil der Romantik! Sie werden mich wiederbeleben, Sie werden mir wohltun.

Meine Mutter dankt Ihnen für Ihre Grüße. Meine Nichte sendet Ihnen die ihrigen. Ich umarme Sie sehr fest.

G. Flaubert

37 Baden-Baden, Villa Viardot

18. Nov. 1871

Mein lieber Freund,

Nach allen möglichen Miseren und Verzögerungen, die ein neuerlicher Gichtanfall verursachte, und geschäftlichen Angelegenheiten, die fast so schlimm sind wie die Gicht — reise ich morgen nach Paris ab, ich komme am Montag dort an — wenn mir nichts zustößt — und ich sehe Sie am Dienstag — da ich annehme, daß Sie dort sein werden — und ich schicke Ihnen diesen Brief Rue Murillo. — Also auf bald, auf morgen nach diesem Brief — ich umarme Sie.

Ihr I. Turgenev

38 [Paris, 25. November 1871]

Mein lieber Freund,
Ich bin seit *Montag* hier — aber *genau am Tag* meiner Ankunft hat mich *wieder* ein Gichtanfall gepackt (ich hoffe, es ist der letzte) — und ich gehe heute zum erstenmal aus dem Haus, aber Ihre Treppe kann ich noch nicht hinaufsteigen. — *Ich komme morgen um 1 Uhr* — und ich werde es bestimmt bis zu Ihnen schaffen. — Ich wollte Ihnen schreiben und Sie bitten, hierher zu kommen — aber ich bin in einem Haus (dem der Viardots), in dem noch ein wahres Chaos herrscht, und dann war ich wütend, im Bett zu liegen. — Also, bis morgen — ich freue mich sehr, Sie zu sehen.

Ich wohne Rue de Douai, 48 — aber kommen nicht Sie, ich werde kommen.

Ihr I. Turgenev

39 [Paris] 48, Rue de Douai
10 Uhr morgens [26. November 1871]

Mein lieber Freund,
Ich glaubte, heute bei Ihnen vorbeikommen zu können — aber ich sehe, daß mir das unmöglich ist — ich werde morgen pünktlich bei Ihnen sein.

Nicht, daß das Leben immer schwerer wäre — aber es wird immer schwerer, irgend etwas zu *unternehmen*. Das Leben wächst einem über den Kopf, wie Gras.

Bis morgen.

Ihr alter treuer I. Turgenev

40 [Paris]
Montag, 9 Uhr morgens [27. November 1871]

Mein lieber Freund,
Als ich Ihnen schrieb, daß es schwer werde, irgend etwas

zu unternehmen, ahnte ich nicht, ein so wahres Wort zu sagen. — In der vergangenen Nacht ist der Knöchel meines kranken Fußes plötzlich angeschwollen, und jetzt kann ich weder einen Stiefel anziehen noch den Fuß auf den Boden setzen. So muß ›Antoine‹ verschoben werden — es ist wirklich Pech — es sei denn, Sie möchten selbst mit dem Manuskript herkommen, oder wir warten ein paar Tage — derartige Anfälle dauern kaum länger als 48 Stunden.

Sie sehen mich also sehr beschämt, und ich drücke Ihnen enttäuscht die Hand.

Ihr alter I. Turgenev

41 [Paris]

Dienstag 11.30 Uhr [28. November 1871]

Mein lieber Freund,

Folgendes ist passiert! — Ein Onkel von mir, Nikolaj Turgenev, ein vortrefflicher und ehrenwerter Mann, ist kürzlich in Paris gestorben — und soeben erhielt ich eine Depesche aus Petersburg mit der Bitte, einen Nachruf zu schreiben — und er soll vor morgen abend abgeschickt werden. Ich habe eingewilligt — und so bin ich an diese Arbeit gefesselt. Der gute Antoine wird daher so freundlich sein müssen, bis übermorgen zu warten — denn morgen muß ich meinen Artikel zur Familie T[urgenev] bringen, die in Bougival wohnt, um Auskünfte zu bekommen, usw. usw. Also — bis Donnerstag!

Ihr Billet von vorgestern wurde nicht von Ihrem Dienstboten überbracht. Er hat sich wahrscheinlich in der Hausnummer geirrt. Die Nummer 48 der Rue de Douai befindet sich an der Ecke der Place Vintimille.

Tausend Grüße

I. Turgenev

42 Paris, 48, Rue de Douai
Freitag, 19. Jan. 72

Meine Gicht hat mich wieder losgelassen, mein lieber Freund — es tut mir leid wegen all dieser dummen Widrigkeiten — und daß ich Ihnen so viel unnötigen Ärger bereitet habe, aber — verdammt nochmal! es muß doch besser werden.

Welchen Tag wünschen Sie *Dienstag*
Mittwoch
oder *Samstag*

in der nächsten Woche? Und wenn ich nicht gestorben bin (wie die ›Times‹ behauptet) — lasse ich mich lieber zu Ihnen tragen als . . .

Also! ich erwarte Ihre Antwort.

Ihr I. Turgenev

43 [Paris, 10. Februar 1872]

Mein lieber großer Turgenev,
Halten Sie sich für den nächsten *Freitag* bereit, bei einer mir befreundeten schönen Dame zu dinieren — wo Sie Leute finden werden, die Sie bewundern: Théophile Gautier, Renan, de Goncourt, usw.

Ich rechne noch immer mit einem kleinen Besuch von Ihnen, morgen gegen 4 Uhr. Ganz der Ihre.

G. Flaubert

44 Paris, 48, Rue de Douai
Montag [12. Februar 1872]

Mein lieber Freund,
Ich bemerke soeben, daß Ihre Einladung für den Freitag ist; — Madame Viardot hat freitags ihre musikalische Soirée, bei der ich nicht fehlen darf. Ich will Ihnen nur

sagen, daß ich um 1/4 vor zehn zu Hause sein muß. Ich hoffe, das stört Ihre Pläne nicht.

Tausend Grüße

Ihr alter I. Turgenev

45 [Paris]

Mittwoch morgen [14. Februar 1872]

Mein lieber Großer,

Beiliegend ein Billet der Prinzessin Mathilde, die mich fragt, 1. ob ich glaube, daß Sie sich an sie erinnern, und 2. ob Sie zu ihr zum Abendessen kommen möchten. Diese beiden Fragen habe ich kühn mit »ja« beantwortet. — Außerdem habe ich ihr Ihre Adresse gegeben, um die sie bat.

Was Freitag betrifft, so hat sich nichts geändert. Sie werden ein wenig früher aufbrechen, das ist alles.

Ich hole Sie um 6 Uhr ab.

Ganz der Ihre,

G. Flaubert

46 [Paris]

Donnerstag [22. Februar 1872?]

Mein alter Flaubert, ich vergaß, Sie gestern zu bitten, weder Viardot noch in seiner Gegenwart zu sagen, daß ich bei der Prinzessin diniert habe; — er hat einen großen Haß auf das Kaiserreich — (ich werde Ihnen einmal erzählen, warum), und er wäre betrübt, wenn er wüßte, daß ich bei seinen *Feinden* verkehre. Madame V. weiß, wo ich gewesen bin. — Man erwartet Sie heute abend. Nur ich werde dasein.

Auf Wiedersehen

Ihr treuer I. T.

47 Croisset
Dienstag [16. April 1872]

Mein lieber Freund,
Ich bin noch zu gebrochen, um Ihnen ausführlich zu schreiben.

Ich möchte Ihnen nur für Ihren guten Brief danken.

Wann verlassen Sie Paris? Wann kommen Sie zurück?

Ich weiß noch nichts über *meine Angelegenheiten*, & ich kann keine Zukunftspläne machen. Vorläufig bleibe ich in Croisset, das jetzt meiner Nichte gehört (die Sie kennen).

Danken Sie Herrn Viardot für die Zusendung seines Bandes. Sobald ich den Kopf frei habe, werde ich ihn lesen.

Gute Reise & kommen Sie schnell wieder. Ich rechne damit, Sie im Juli zu sehen, wie es ausgemacht war.

Ich umarme Sie sehr fest.

Ihr G. Flaubert

48 Croisset
5. Juni 72

Mein lieber Freund,
Hier meine Pläne für den Sommer.

Nächste Woche fahre ich nach Paris. Am 23. werde ich in Vendôme sein, zur Enthüllung der Statue von Ronsard. Der Bürgermeister hat mich eingeladen zu kommen & ich werde hinfahren, um eine Stadt zu sehen, wo man noch an die Literatur denkt. Ich hatte sogar daran gedacht, für den Anlaß *eine Rede* zu schreiben, die ich im Freien gehalten hätte, vor dem Volk!!! Es wäre eine schöne Gelegenheit gewesen, das moderne *Flegeltum* zu beschimpfen und zu preisen, was wir lieben. Aber um so etwas gehörig zu schreiben, fehlen mir Schwung & Kraft.

Im Juli bringe ich wahrscheinlich meine Nichte nach Luchon, da ihr Gatte sie nicht begleiten kann. Somit können wir uns vor Mitte August nicht sehen. Um diese Zeit werde ich in Paris sein, und ich rechne damit, Sie hierher zu bringen, um Sie ein wenig in der Umgebung herumzuführen und Ihnen das Ende von ›Saint Antoine‹ vorzulesen, der mich zu langweilen und vor allem zu beunruhigen beginnt. Ich fürchte, es ist alles reiner Schwulst.

Meine Angelegenheiten sind mir über die Maßen lästig gewesen. Geht es Ihnen wie mir? Ich lasse mich lieber berauben, als daß ich mich verteidige, nicht aus Selbstlosigkeit, sondern aus Widerwillen, aus Überdruß. Wenn es um Gelddinge geht, bekomme ich eine Art rasenden Ekel, der an Wahnsinn grenzt. Ich meine das sehr ernst.

Ich habe inmitten all dieser Schändlichkeiten an Sie gedacht, und zwar deshalb: Man hat in der Hinterlassenschaft meines Vaters eine Schuldforderung von über vierzehntausend Francs gefunden, die Ihrem Freund zugesprochen wurden, eine Summe, von deren Existenz ich nichts wußte und die ein lieber Vetter unterschlagen hatte, der mit unseren Angelegenheiten betraut war. Sofort kam mir der Gedanke an eine Reise nach Rußland: dieser kleine Überschuß würde es mir erlauben, dort mit Ihnen spazierenzugehen. Aber ich glaube, ich werde nie einen Pfennig davon zu sehen bekommen.

Ah, lieber Freund, wie gern würde ich mich neben Ihnen auf den großen Heuhaufen ausstrecken! Das würde meine traurige, ungemein ermüdete Person erfrischen. Ich lese Plutarch wieder, & dann ... was noch? Das ist alles.

Nichts Neues »am Horizont«. Eine sehr schöne Rede von Dupanloup zur Verherrlichung des Humanismus. Bemerkenswert.

Adieu, lieber alter Turgenev. Bleiben Sie gesund und munter, — denken Sie an mich und kommen Sie zu uns zurück.

Ihr G. Flaubert, der sie umarmt.

49

Moskau
26. Juni 1872

Mein lieber Freund,
Sie haben mir Ihre Pläne für den Sommer geschickt — hier die meinigen:

N.B.: Im Augenblick befinde ich mich in Moskau, geplagt von einem häßlichen Gichtanfall, der mich an mein Sofa fesselt. — Darauf war ich nach dem heftigen Anfall vom vergangenen Oktober nicht gefaßt — das kommt zu häufig vor und man beglückwünscht mich zu oft (»Garantie für Langlebigkeit« usw. usw.). — Zum Glück ist der Anfall nicht sehr stark, und ich kann hoffen, die Hauptstadt aller Reußen Sonntag oder Montag zu verlassen. Heute ist Mittwoch.

Ich werde wie ein Pfeil nach Paris fliegen, dann von dort in die Touraine zu meiner Tochter, die dabei ist, mich zum Großvater zu machen; — dann von dort nach Valéry-sur-Somme, wo ich meine alten Freunde, die Viardots, wiedersehe. — Ich flaniere, ich arbeite, wenn ich kann, dann gehe ich nach Paris, um dort einen gewissen Flaubert zu treffen, den ich sehr liebe und mit dem ich entweder zu ihm nach Croisset oder zu Madame Sand nach Nohant fahren werde, die uns anscheinend dort sehen will. — Und ab Oktober dann — Paris. — Voilà!

Mein lieber Freund, das Alter ist eine große fahle Wolke, die sich über die Zukunft, die Gegenwart und sogar über die Vergangenheit breitet, welche sie trübt, indem sie ihre Erinnerungen rissig macht. (Ich fürchte, das ist sehr schlechtes Französisch — aber das macht nichts.) Man muß sich gegen diese Wolke wehren! Mir scheint, Sie tun das nicht genügend. Ich glaube in der Tat, daß eine Reise nach Rußland uns beiden gut täte. — Ich habe gerade vier ganze Tage zwar nicht auf einem Heuhaufen verbracht — aber in den Alleen eines alten ländlichen Gartens voller rustikaler Düfte, voller Erdbeeren, Vögel, Sonnenstrahlen und Schatten, die einen so verschlafen wie die anderen — und zweihundert Morgen wogenden Roggens rundherum!

Es war herrlich! Man verharrt regungslos in einer Art würdevollen, unermeßlichen — und stupiden — Empfindung, die dem Leben des Tieres wie Gottes ähnelt. Man verläßt den Ort, als hätte man ich weiß nicht was für ein starkes Bad genommen. Und dann nimmt man den gewohnten Schlendrian wieder auf.

Saint Antoine darf den Mut nicht verlieren. Er soll kühn bis ans Ziel gehen!

Ich weiß, daß Sie bei Madame Viardot an einer schönen musikalischen Soirée teilgenommen haben. — Das Publikum scheint zufrieden gewesen zu sein.

Sie sagen mir nichts über mein Gemälde. — Mißfällt es Ihnen — oder haben Sie es gar nicht gesehen?

Adieu und auf Wiedersehen, mein lieber Freund . . . Halten wir den Kopf hoch, bevor die Fluten ihn überspülen.

Ich umarme Sie herzlich.

Ihr I. Turgenev

50 Saint-Valéry-sur-Somme, Maison Ruhaut
Dienstag, 30. Juli 1872

Wo sind Sie im Augenblick, mein lieber Freund, und was machen Sie bis zum Winter? Schreiben Sie mir eine Zeile, ich bitte Sie. — Was mich betrifft — so bin ich seit vierzehn Tagen in dem kleinen Loch, aus dem ich Ihnen schreibe — und es ginge mir hier ausgezeichnet, wenn die verfluchte Gicht nicht wäre, die mich hartnäkkiger festhält denn je. Sie hat mich vor sechs Wochen in Moskau erwischt — und läßt mich nicht los. Ich hatte drei oder vier Rückfälle, ich ging auf Krücken — dann mit zwei Stöcken — mit einem — und jetzt kann ich mich schon wieder fast kaum bewegen. Das Alter ist eine garstige Sache — ungeachtet des Herrn Cicero.

Ich bin hier mit der Familie Viardot — ich habe ein sehr freundliches Zimmer, wo nichts mich am Arbeiten hindert ... Aber es kommt nicht! — Es ist Rost auf dem Getriebe.

Und ›Antoine‹ — was macht er? Geben Sie mir Nachricht von ihm.

Diese Anleihe von 9, 12, 15 Milliarden wirkt auf mich wie eine große Artilleriesalve. Ihr verteufelten Franzosen seid geboren, die Welt in Erstaunen zu setzen — auf die eine oder die andere Weise.

Seit dem 18. bin ich Großvater; meine Tochter hat ein Mädchen zur Welt gebracht, das man Jeanne genannt hat — und zu deren Taufe ich Ende August fahre. Ich werde zweimal durch Paris kommen. Sollten Sie um diese Zeit in Croisset sein, könnte ich gut einen Abstecher bis zu Ihnen machen.

Also — bleiben Sie gesund und auf Wiedersehen! Ich schüttele Ihnen kräftig die Hand.

Ihr I. Turgenev

51 Bagnères-de-Luchon
Montag, 5. August [1872]

Mein lieber Turgenev,
Ich werde am nächsten Freitag wieder in Paris sein; & drei oder vier Tage später in Croisset, *wo ich Sie erwarte*.

In den ersten Septembertagen muß ich verreisen. Kommen Sie also nicht nach dem 25., nicht später.

Ich muß Ihnen den Schluß von ›Saint Antoine‹ vorlesen (den ich, wie ich fürchte, wohl verpfuscht habe) — & Ihnen eine Menge Dinge erzählen. — Auch ich fühle mich nicht in Schwung! Ich bin in einem »Zustand der Dürre«, wie die Mystiker sagen. Mir fehlt die »Gnade«.

Es plaudert sich schlecht in Paris. Der Straßenlärm & die Nähe der Anderen rauben einem jede Ruhe. Kommen Sie daher in meine Hütte. Wir werden dort völlig allein sein & einen hübschen Plausch halten.

Wollen Sie bitte Madame Viardot von mir grüßen? Und Sie umarme ich.

Ihr G. Flaubert

Lassen Sie es sich nicht einfallen, Ihre Gicht zu behandeln, — armer lieber Freund. Alle Arzneien sind gefährlich. Es gibt nur eine, der ich Vertrauen schenke, & sie ist grauenhaft. Ich werde sie Ihnen nennen. Meinen Segen auf den Kopf von Mademoiselle Jeanne.

52 Croisset

Donnerstag [29. August 1872]

Ich habe seit vierzehn Tagen hier auf Sie gewartet, mein lieber Freund. Kein Turgenev! & keine Briefe! Hatten Sie wieder einen Gichtanfall?

Sie sollten herkommen, wenn Sie zur Taufe Ihres Enkels fahren oder von dort zurückkehren.

Ich muß wegen *meiner Angelegenheiten* bis ungefähr zum 20. September herumreisen. Ich werde durch Paris kommen. Schreiben Sie mir daher in die Rue Murillo, 4, damit ich Ihren Brief schneller habe. Der, den ich Ihnen nach Saint-Valéry geschickt habe, ist vielleicht verlorengegangen.

Wie viele Dinge ich Ihnen zu sagen habe!

& wie ich mich danach sehne, Sie zu umarmen!

Ihr G. Flaubert

Ich *rechne* hier mit Ihnen Ende Oktober. Richten Sie es so ein, daß Sie lange hier bleiben können. Ich werde Ihnen drollige Dinge zeigen.

53 Paris

13. September [1872]

Ich hätte Sie gern begleitet, mein lieber Freund, und mit Ihnen die Reise nach Nohant gemacht. Aber ich muß zurück nach Croisset.

Ich erwarte Sie dort um den 10. oder 12. Oktober, wie Sie es mir ankündigen. Richten Sie es so ein, daß Sie lange hier bleiben können.

Ich muß Ihnen sehr ausführlich den Plan zu einem Buch vortragen, & Sie sehen & über eine Menge Dinge reden.

Ich werde um den 20. wieder in Croisset sein und mich nicht von der Stelle rühren.

Ich umarme Sie.

Ihr G. Flaubert

Ehrerbietige Grüße an Madame Viardot.

Wie Sie mich dauern, daß Sie ununterbrochen leiden, armer lieber Freund! Lassen Sie hin und wieder von sich hören.

Was für eine reizende Literatur, der ›Homme-Femme!‹ Oh! . . .

54 Paris, 48, Rue de Douai
Montag, 7. Oktober 1872

Mein lieber Freund,
Wehe dem, der mich zu meiner Gicht beglückwünschen würde mit der Bemerkung, das sei eine Garantie für Langlebigkeit, usw. usw. — er liefe Gefahr, Grobheiten zu hören. — Stellen Sie sich vor, seit mehr als vierzehn Tagen bin ich in Paris — und genau am Tag meiner Ankunft hatte ich schon wieder einen Rückfall (der achte oder neunte, ich zähle sie nicht mehr!) — und ich muß eine Woche im Bett bleiben, ohne mich rühren zu können! Vergangenen Donnerstag mache ich eine übermenschliche Anstrengung — ich fahre nach Nohant — die ganze Familie Viardot war dort — ich bleibe einen Tag — ich komme zurück — und da bin ich erneut in mein Zimmer eingesperrt, elendiglich hinkend, und kann nicht absehen, wann das enden wird! . . . Einerlei: ich bin glücklich, daß ich in Nohant war und Madame Sand bei sich zu Hause gesehen habe, sie ist wirklich die beste und liebenswürdigste Frau, die man sich nur erträumen kann! — Und ihre ganze Umgebung ist bezaubernd.

Jetzt muß ich nach Croisset fahren. Aber wann? — Eben das kann ich nicht mit Bestimmtheit sagen. — Ich weiß, daß ich fahren werde, sobald ich mich ein bißchen ausgeruht habe — sehr wahrscheinlich Anfang nächster Woche. — Ich werde Sie vorher benachrichtigen. Ich habe den größten Wunsch, Sie zu sehen, mit Ihnen zu plaudern und den Schluß des ›Antoine‹ zu hören — und dann scheint es ja noch andere Pläne zu geben . . . Also müssen wir plaudern, schwatzen — es ist unbedingt notwendig.

Einstweilen umarme ich Sie und sage Ihnen — auf Wiedersehen.

Ihr I. Turgenev

55 [Croisset]
Samstag abend, 19. [Oktober 1872]

Nun? Was macht die Gicht? Ist sie es, armer lieber Freund, die Sie daran hindert zu kommen?

Ich habe Angst, daß es Ihnen schlechter geht.

Darf man noch mit Ihnen rechnen? Und wann werde ich Sie sehen? Seit Anfang der Woche erwarte ich Sie von einem Tag zum anderen.

Auf bald, nicht wahr?

& ganz der Ihre.

G. Flaubert

56 Paris, 48, Rue de Douai
21. Oktober 1872

Mein lieber Freund,

Ich habe auf Ihren ersten Brief nicht sofort geantwortet, weil ich in der Lage sein wollte, Ihnen zu sagen, wann ich zu Ihnen komme. — Heute meine ich endlich, hoffen zu dürfen, daß die Gicht mich verläßt und daß ich am Montag oder Dienstag nächster Woche nach Croisset fahren kann. — Bevor ich Sie aufsuche, muß ich in die Nähe von Châteaudun zu meiner Tochter fahren, die mich mit einer Enkelin beschenkt hat, die ich noch nicht gesehen habe. Auf jeden Fall werde ich Ihnen einen Tag vor meiner Abreise ein Billet schicken.

Ich brauche Ihnen nicht zu sagen, wie sehr ich mir wünsche, Sie zu sehen.

Einstweilen umarme ich Sie freundschaftlich.

Ihr I. Turgenev

57 Croisset
Mittwoch [23. Oktober 1872]

Armer lieber Freund,
Wie Sie mich dauern, daß Sie ununterbrochen leiden! Physischer Schmerz, »was man auch sagt«, ist das Schlimmste auf der Welt, da er unsere Freiheit behindert. Diejenigen, die ihn ertragen, ohne zu klagen, fühlen ihn nicht, oder sie lügen.

Sobald er Sie verlassen hat, sobald Sie in einen Zug steigen können, — kommen Sie her und richten Sie es so ein, mir ein paar Tage zu widmen. Wenn das Wetter schön ist, zeige ich Ihnen in der Umgebung ein paar amüsante Dinge, — und vor allem werden wir plaudern!

Ich rate Ihnen, den Nachmittagsschnellzug zu nehmen, der um 12 Uhr 55 in Paris abfährt. Schreiben Sie mir, und ich komme Ihnen entgegen.

Ich rechne mit Ihnen gegen Anfang nächster Woche, wie Sie mir ankündigen.

Ihr alter, Sie liebender

G.Flaubert

58 Paris, 48, Rue de Douai
Sonntag, 27. Okt. 1872

Lieber Freund,
Am *Donnerstag* habe ich meine Tochter besucht; mit großer Mühe bin ich am *Freitag* zurückgekommen — die ganze Nacht von Freitag auf Samstag habe ich vor Schmerzen *gebrüllt* — heute habe ich keine Schmerzen mehr — aber mein Knie ist dicker als mein Kopf, und so bin ich für mindestens zwei Wochen im Bett. Es ist mein *elfter* Gichtanfall! — Sie müssen zugeben, daß ich ausgesuchtes Glück habe.

Daher habe ich geschworen, mich bis zum Frühjahr nicht mehr vom Fleck zu rühren — bis ich zur Kur nach Karlsbad fahre. — Pfui Teufel! Das Leben wird zu häßlich — mich ekelt richtig davor.

Wenn Sie mich sehen wollen, müssen Sie nach Paris kommen. — Kommen Sie am 9. November — es ist mein Geburtstag — und ich habe Madame Viardots Töchtern schon lange versprochen, an diesem Tag eine kleine Tanzveranstaltung für sie zu geben — obwohl es, wie die Dinge liegen, für mich kaum einen Grund gibt, mich darüber zu freuen, an diesem Tag geboren worden zu sein. Jedenfalls wird man unten tanzen — und wir werden oben plaudern, und ich werde dem Schluß von ›Antoine‹ lauschen (wenn Sie ihn mitbringen — denn das interessiert mich trotz all meinem Ärger und Verdruß).

Schreiben Sie mir kurz; ich bin sehr entmutigt — aber ich umarme Sie herzlich.

Ihr I. Turgenev

59 [Croisset]

Mittwoch abend [30. Oktober 1872]

Wie Sie mich dauern, armer lieber Freund! Ich brauchte nicht erst zu wissen, daß Sie sehr krank sind, um traurig zu sein. Der Tod meines alten Théo hat mich zermalmt. Seit drei Jahren sterben alle meine Freunde einer nach dem anderen, ohne Unterbrechung! Ich kenne jetzt nur noch einen *einzigen* Menschen auf der Welt, mit dem ich plaudern kann, und das sind Sie. Also müssen Sie sich pflegen und mich nicht im Stich lassen wie die anderen.

Théo ist gestorben, vergiftet von der modernen *Schuftigkeit.* Leute, die so ausschließlich Künstler sind wie er, sind überflüssig in einer Gesellschaft, in der die Plebs herrscht. Das habe ich gestern Madame Sand geschrieben, die sehr gütig ist, aber zu gütig, zu andächtig, zu demokratisch und evangelisch.

Mir geht es wie Ihnen, auch wenn ich nicht die Gicht habe. Das Dasein beginnt mich gewaltig anzuwidern. Voltaire hat es als einen kalten Scherz definiert. Ich finde es zu kalt & nicht scherzhaft genug, ich versuche es zu umgehen, soweit ich kann; ich lese etwa neun bis zehn Stunden am Tag. Gleichviel, ein bißchen Zerstreuung hin und wieder täte mir gut. Aber welche Zerstreuung wählen?

Ihr Besuch, mit dem ich rechnete, wäre eine köstliche Zerstreuung gewesen — mehr noch, eine Art Glück, — & gewiß das einzige glückliche Ereignis in meinem Jahr. Und krach! Sie leiden in Ihrem Bett wie ein Verdammter.

Sie werden mich Anfang Dezember in Paris sehen. Lassen Sie bis dahin von sich hören, & wenn Sie sich imstande fühlen zu kommen, kommen Sie. Sie sind immer willkommen bei Ihrem

G. Flaubert,
der sie umarmt.

60 Paris, 48, Rue de Douai
Freitag, 8. Nov. 1872

Mein lieber Freund,
Seit einiger Zeit schreiben wir uns sehr traurige Briefe — das riecht nach Krankheit, nach Tod — es ist nicht unsere Schuld — aber man muß versuchen, sich ein wenig aufzurütteln. Ich habe Gautier kaum gekannt — erinnern Sie sich an unser Abendessen bei Ihnen? — aber ich war sehr betrübt, als ich von seinem Tod erfuhr — und ich habe gleich an Sie gedacht; ich wußte, daß Sie ihn liebten. — Madame Sand spricht von Ihnen in einem

kleinen Billet, das Sie mir gerade schrieb; sie ist beunruhigt, Sie in schwarzen Gedanken zu sehen, und bittet mich, Sie auf andere, fröhlichere zu bringen ... Ich weiß nicht, was ich Ihnen sagen soll — aber ich weiß, daß ein gutes, langes Gespräch uns beiden wohltäte. Nun! Und wie soll es zu diesem Gespräch kommen? Meine verfluchte Gicht scheint ihre Krallen zu lösen, aber an Bewegung ist nicht einmal zu denken: ich gehe umher — hinkend — ohne Stock — aber ich habe meine beiden Zimmer noch nicht verlassen. Ich muß also hier auf Ihr Kommen warten.

Warum beunruhigen Sie sich so über die *Plebs,* wie Sie sagen? Sie herrscht nur über diejenigen, die ihr Joch akzeptieren. In diesem Fall kann man sagen: »etiam si omnes, ego non.« Und dann: gehört Alexandre Dumas der Jüngere — der »Schuft« (um Ihren Ausdruck zu gebrauchen) — zur Plebs? Und Monsieur Sardou und Monsieur Offenbach und Monsieur Vacquerie und alle die anderen — gehören sie zur Plebs? Allerdings stinken sie mächtig. Die Plebs stinkt auch — aber sie stinkt nach dem Wort von Cambronne; die anderen — sind Fäulnis. Und dann, so lange es jemand auf der Welt gibt, der Sie liebt und der mit Ihnen sympathisiert ...

Nein, mein Freund; nicht das ist in unserem Alter schwer zu ertragen; es ist das *»taedium vitae«* im allgemeinen; es ist der Überdruß und der Ekel vor allem Menschenwerk; es ist nicht die Politik, die letztlich nur ein Spiel ist; es ist die Traurigkeit des fünfzigsten Lebensjahres. Und darin bewundere ich Madame Sand: welche Ruhe, welche Einfachheit, welch ein Interesse an jeder Sache, welche Güte! Wenn man, um all das zu haben, ein wenig weihevoll, demokratisch, ja sogar evangelisch sein muß — nun ja! — akzeptieren wir diese Auswüchse.

Sie müssen nach Paris kommen und ›Antoine‹ mitbringen — und dann Pläne machen — die Welt erobern! Wir mögen noch so skeptisch, kritisch, verbraucht und müde sein — der Stachel der Poesie sitzt uns im Nacken — und man muß bis ans Ziel gehen, vor allem, wenn man sich beim Anblick eines Gefährten aufmuntern kann, dem es ebenso geht.

Ich lese diesen allegorisch-metaphorischen Brief nicht noch einmal durch; ich weiß nicht genau, was ich geschrieben habe — ich weiß, daß ich Sie umarme und Ihnen sage: auf bald.

Ihr I. Turgenev

61 [Croisset]

Mittwoch, 13. [November 1872]

Ihr letzter Brief hat mich gerührt, mein guter Turgenev. Danke für Ihre Aufmunterungen. Aber leider ist mein Übel, wie ich fürchte, unheilbar. Außer meinen persönlichen Gründen für den Kummer (der Tod fast aller, die ich liebte, innerhalb von drei Jahren) *erdrückt mich der Zustand der Gesellschaft.* — Ja! es ist so. Es mag dumm sein, aber es ist so.

Die allgemeine Dummheit ertränkt mich. Seit 1870 bin ich Patriot geworden. Als ich mein Land krepieren sah, spürte ich, daß ich es liebte. Preußen kann seine Gewehre auseinandernehmen. Es bedarf seiner nicht, um uns umzubringen.

Die Bourgeoisie ist derartig verwirrt, daß sie nicht einmal mehr den Instinkt hat, sich zu verteidigen. — Und was nach ihr kommt, wird noch schlimmer sein! Ich empfinde die Trauer, die die römischen Patrizier im 4. Jahrhundert empfanden. Ich fühle eine heillose Barbarei aus dem Boden aufsteigen. — Ich hoffe, krepiert zu sein, bevor sie alles mit sich gerissen hat. Aber einstweilen ist es nicht lustig. Nie haben geistige Interessen weniger gezählt. Nie waren der Haß auf alles Große, die Geringschätzung des Schönen, der Abscheu vor der Literatur so offenkundig.

Ich habe immer versucht, in einem Elfenbeinturm zu leben; aber ein Meer von Scheiße schlägt an seine Mauern, genug, ihn zum Einsturz zu bringen. Es geht nicht um Politik, sondern um den *geistigen Zustand* Frankreichs. Haben Sie das Zirkular Simons über eine Reform des öffentlichen Unterrichts gelesen? Der den körperlichen Übungen gewidmete Abschnitt ist länger als der über die französische Literatur. Das ist ein bezeichnendes kleines Symptom.

Kurz, mein lieber Freund, wenn Sie nicht in Paris wohnten, würde ich die Wohnung, die ich dort gemietet habe, unverzüglich dem Eigentümer zurückgeben. Die Hoffnung, Sie manchmal dort zu sehen, ist die einzige Erwägung, die mich veranlaßt, sie zu behalten.

Ich kann mit niemandem mehr reden, wer es auch sei, ohne in Zorn zu geraten. & alles, was ich an Zeitgenössischem lese, läßt mich in die Luft gehen. Reizender Zustand! — was mich nicht daran hindert, einen Schmöker vorzubereiten, in dem ich versuchen werde, meine Galle zu verspritzen. Ich möchte gern mit Ihnen darüber reden. Ich lasse mich also nicht unterkriegen, wie Sie sehen. Würde ich nicht arbeiten, dann brauchte ich nur noch mit einem Stein um den Hals kopfüber in den Fluß zu springen. — 1870 hat viele Leute wahnsinnig gemacht, oder blöde, oder *rasend*. Ich gehöre zu der letzten Kategorie. So steht es mit mir.

Die treffliche Madame Sand ist wahrscheinlich verärgert über meine schlechte Laune? Ich höre nichts mehr von ihr. Wann wird ihr Stück gespielt? Ist es nicht Anfang Dezember? Um diese Zeit hoffe ich, Ihnen einen Besuch abzustatten.

Versuchen Sie bis dahin, Ihre Gicht zu ertragen, armer lieber Freund; & glauben Sie mir, daß ich Sie liebe. Ihr

G. Flaubert

62 Paris, 48, Rue de Douai
Mittwoch, 11. Dez. 72

Nun! Jetzt ist es bald Mitte Dezember — und kein Flaubert. Leider bin ich nicht wie Mohammed — ich kann nicht zum Berg gehen — ich kann überhaupt nicht gehen — denn seit vierzehn Tagen verlasse ich das Zimmer nicht — und Gott weiß, wie lange das noch dauern wird! — Meine Gicht ist mindestens so obstinat wie die Nationalversammlung von Versailles — und ich glaube, sie wird noch dauern, wenn letztere sich aufgelöst hat — oder aufgelöst worden ist. — Also — eine kleine Anstrengung — und kommen Sie nach Paris. — Schreiben Sie mir in jedem Fall, ob Sie die Absicht haben, es zu tun — und *wann*? — Niemand kommt — es ist trostlos — auch Madame Sand bleibt ziemlich lange in Nohant. Aber ich verzweifle nicht und sage Ihnen: auf Wiedersehen. Einstweilen umarme ich Sie.

Ihr I. Turgenev

63 [Croisset]
[12. Dezember 1872]

Mein lieber Freund,
Zuerst hatte ich vor, Anfang dieses Monats zwei Wochen in Paris zu verbringen, dann bis Ende Januar hierher zurückzukehren. Aber im Augenblick ist mir das Herumreisen in der Eisenbahn widerwärtig; & um mir dieses Hin & Her zu ersparen, habe ich es vorgezogen, *meine Angelegenheiten* sofort zum Abschluß zu bringen!!

und den Zeitpunkt meiner Wintersaison zu verschieben. — Also werden Sie mich nicht vor dem 15. Januar sehen. — Wenn ich Sie umarmt habe, werde ich Madame Sand aufsuchen, die mir nicht den Eindruck erweckt, als wolle sie in diesem Winter nach Paris kommen, weil man ihr Stück nicht spielen wird. — Die Zensur hat es verboten. Ich finde das ungeheuerlich! — Ah! es geht uns gut! Aber wo wird diese Flut der öffentlichen Dummheit enden? . . .

Armer lieber Freund, wie sehr es mich bestürzt, Sie immer noch leidend zu wissen! Sie scheinen sich gehörig zu langweilen? Meine Gesellschaft wäre im Augenblick nicht sehr erheiternd! Ich bin eher düster gestimmt.

Ich habe große Lust, lange mit Ihnen zu plaudern! — & besonders über das Buch, das ich vorhabe. Es wird mir eine Menge Lektüre abverlangen. Aber wenn ich meine Galle verspritzt habe, werde ich vielleicht ruhiger sein.

›Le Nouvelliste de Rouen‹ hat Anfang November Ihren ›König Lear der Steppe‹ abgedruckt. Es war eine Artigkeit des Chefredakteurs, der wußte, daß Sie um diese Zeit zu mir kommen sollten.

In ungefähr sechs Wochen werden wir uns also endlich sehen.

Tibissimi. G. Flaubert

12. Dezember, mein Geburtstag. Ihr Freund ist jetzt 51 Jahre alt und wünscht nicht, diese Zahl verdoppelt zu sehen, entgegen den Wünschen, wie sie immer in den Sauf liedern ausgedrückt werden, die man auf Hochzeiten singt:

Mögen wir in hundert Jahren
noch fröhlich wiederholen
Liebt Liebste } *ter*
Liebt Liebste }

›Liebste‹ ist der Name der jungen Person, von der es heißt, der Autor (der Mitglied der Truppe ist) habe von ihr »sehr profitiert«. Charmant! Charmant!

64 [Paris]

Mittwoch abend [15. Januar 1873]

Mein lieber Freund,

Sie hören nichts von mir, weil ich eine scheußliche Grippe habe.

Ich bin gerade in der Phase des *Hustens,* der für andere unerträglichsten.

Wie lange wird das noch dauern? Große Frage! Sobald ich wiederhergestellt bin, besuche ich Sie.

Wie wunderschön ist ›Čertopchanovs Ende‹! Ich kann es kaum erwarten, mit Ihnen darüber zu plaudern.

Ihr alter

G. Flaubert

der nicht um Badinguet weint, obwohl es zum *guten Ton* gehört.

65 [Paris]

[2. Hälfte Januar 1873?]

Ich habe bis zum letzten Augenblick gewartet, aber man muß es hinnehmen. Sie werden mich heute abend nicht sehen. Mein Gehuste würde Sie am Essen hindern. Hundert Pulsschläge in der Minute, Heiserkeit usw., kurz, eine gewaltige Grippe.

Entschuldigen Sie mich bei den Freunden.

G. Flaubert

Ich bin so schlapp, daß es mir schwerfällt, Ihnen dieses Billet zu schreiben.

66 [Paris]

Donnerstag abend, 10 Uhr [30. Januar 1873?]

Mein lieber Freund,

Madame Commanville, meine Nichte, wohnt Rue de Clichy, 77.

Es ist mir immer noch unmöglich, Ihnen zu sagen, wann ich Ihnen ›Saint Antoine‹ werde vorlesen können, und nicht etwa, weil mir die Lust dazu fehlte, denn im Augenblick sind Sie für mich das *einzige menschliche Wesen,* das ich schätze! der einzige Schriftsteller, den es gibt, der einzige Freund, der mir bleibt!

Aber mein Kehlkopf ist zu beschädigt, um mehrere Stunden hintereinander gehörig brüllen zu können.

Etwas anderes. Wenn Sie mit mir nach Nohant kommen, wäre es dann nicht besser zu warten, bis wir in Nohant sind, da ich ›Saint Antoine‹ Mme Sand vorlesen muß? Andernfalls würden Sie die Sache dreimal über sich ergehen lassen, was mir ein bißchen viel vorkommt.

Sobald ich das Haus verlassen kann, werde ich zu Ihnen gehen. Versuchen Sie in jedem Fall, am nächsten Sonntag nachmittag zu mir zu kommen.

Ganz der Ihre. *Ex imo.*

G. Flaubert

67 [Paris]

Dienstag [4. März 1873]

Mein lieber Freund,

Kennen Sie Madame *Ernesta Grisi,* Théos frühere Geliebte & die Mutter seiner Kinder? Wahrscheinlich nicht? Gleichviel! hier der Gefallen, um den ich Sie für sie bitte.

Am Sonntag hat sie mich aufgesucht, um mir mitzuteilen, daß sie am 19. dieses Monats ein Konzert gibt, um ein wenig Geld zu bekommen; denn sie leidet große Not;

— und sie bat mich, Madame Viardot zu ersuchen, dort zu singen.

Ich habe geantwortet, daß ich mit Madame Viardot nicht genug bekannt sei, um sie mit einer solchen Bitte zu behelligen. Ich mache mich nicht gern umsonst mißliebig.

Wenn ich jedoch sicher wäre, daß Madame Viardot meine Bitte nicht zurückwiese, würde ich sie ihr vortragen. Versuchen Sie daher geschickt herauszubekommen, ob sie dieser guten Tat zustimmen würde? und lassen Sie es mich wissen.

Ich rechnete am Sonntag mit Ihnen, entweder bei mir oder in dem »unmentionable« Haus. Werde ich Sie morgen abend dort sehen?

Auf jeden Fall bis bald; nicht wahr?

Ihr alter G. Flaubert

68 [Paris] 48, Rue de Douai

Mittwoch morgen [5. März 1873?]

Mein lieber Freund,

Ich habe mit Madame V. über den Wunsch von Madame E. Grisi gesprochen. Leider ist es unmöglich. Madame V. hat es sich zur Regel gemacht, nicht vor Privatleuten zu singen — sie erhält so viele Bitten, daß, wenn sie einmal einwilligt — es keinen Grund mehr gibt, sie anderen abzuschlagen. — Sie bedauert es sehr, daß sie nichts tun kann, vor allem diesmal. — Als sie jünger war, wäre es möglich gewesen — aber jetzt muß sie sich notgedrungen sehr schonen. — Das, mein guter Freund, ist die exakte Wahrheit.

Bestimmt werde ich am Sonntag kommen, vielleicht früher — wahrscheinlich gehe ich heute abend zu Prinzessin Mathilde.

Tausend Grüße von Ihrem

I. Turgenev

69 [Nohant]
Montag abend, 4 Uhr [14. April 1873]

Mein lieber Freund,
Wir warten auf Sie. Man hofft kaum noch, Sie zu sehen. Ich behaupte, daß Sie kommen. Das bleibt die Frage!

Am Bahnhof von Châteauroux finden Sie, wenn Sie aus dem Zug steigen, Mietdroschken. Nehmen Sie eine. Es gibt zwar auch die Postkutsche, aber Ihre Größe wird die Benutzung dieser Schachtel nicht zulassen.

Ich habe noch immer vor, am Samstag von hier abzureisen.

Kommen Sie. Sonst sind Sie ein Mann ohne Ehre und ohne Wort.

Ihr alter G. Flaubert umarmt Sie

70 Croisset
Donnerstag [29. Mai 1873]

Ich habe vorgestern Ihr neues Buch erhalten, mein lieber Freund. — Ich sage Ihnen nichts darüber, weil ich es noch nicht gelesen habe. Wenn ich mich in meinem ersten Akt ein wenig zurechtgefunden habe, werde ich mich daranmachen. Geben Sie mir Ihre Adresse in Karlsbad, damit ich Ihnen schreiben kann.

Ich arbeite wie ein Wilder am ›Sexe faible‹, im Grunde eine elende Schinderei! Ich glaube jedoch, daß es mir gelingen wird, etwas daraus zu machen.

Hier ist ein Hundewetter, & ich bin noch nicht in meinem Garten gewesen. Ich beschäftige mich auch damit, mein armes Haus aufzufrischen, damit es würdig ist, Sie zu empfangen, wenn Sie nach Ihrer Rückkehr hierher kommen, um sich 1. den ›Sexe faible‹ und das

›Märchenspiel‹ anzuhören und 2. meine Umgebung ein bißchen anzusehen.

Ich umarme Sie.

Ihr alter G. Flaubert

Legen Sie mich Madame Viardot zu Füßen.

71 Croisset bei Rouen
Samstag [31. Mai 1873]

Ich konnte nicht an mich halten, lieber Freund. Ich habe Ihr Buch aufgeschlagen, obwohl ich mir Enthaltsamkeit geschworen hatte, & ich habe es verschlungen.

Was für ein phantastischer Bursche Sie sind! Ich spreche nicht vom ›König Lear der Steppe‹, den ich kannte, sondern von ›Poch, poch, poch‹ & vor allem von der ›Unglücklichen‹. Ich weiß nicht, ob Sie sich je als größerer Dichter und größerer Psychologe gezeigt haben. Es ist wunderbar, ein Meisterwerk. Und was für eine Kunst! Was für ein maliziöses Schema hinter dieser scheinbaren Offenheit!

Folgendes bleibt mir im Kopf.

In ›Poch, poch, poch‹ die Gestalt von Teglev, dem verhängnisvollen Mann, ebenso affektiert wie naiv! (Sein Brief! Sein Album!) — & dieser Nebel, in dem man ihn sucht! Die Kälte kriecht einem in die Knochen. Wie man alles sieht! Oder besser, wie man es spürt! Das Geheimnis bleibt die ganze Zeit in der Schwebe, so, daß es fast Angst macht. Dann kommt auf ganz natürliche Weise die Erklärung & erleichtert.

Die erste Ihrer Erzählungen hat mir am wenigsten gefallen. Das zweite Bild: die Regenlandschaft, hingegen ist sehr kraftvoll; aber ich glaube, Sie hätten das Ganze etwas länger machen sollen. Ist es nicht ein bißchen kurz? Ich sage vielleicht eine Dummheit.

Aber ich bin sicher, keine zu sagen, wenn ich versichere, daß ›Eine Unglückliche‹ ein Werk ersten Ranges ist! Der junge Mann, der klebrig ist & Angst hat, sich zu kompromittieren, der Jude mit seiner Familie, der junge Viktor — und vor allem *sie*, Ihre Unglückliche, haben mich entzückt. Ich stieß in meinem Sessel Freudenschreie aus. Wie gut es tut, etwas zu bewundern!

Die Beschreibung der Art und Weise, wie Suzanne Klavier spielt, das Porträt ihres Vaters, der alte Edelmann, usw. usw. Was soll ich Ihnen sagen? Sie verblüffen mich, das ist alles. Solche Dinge analysiert man nicht.

Hier ein Satz (warten Sie, ich hole das Buch), er ist auf Seite 269: »... und wie diese leuchtenden Punkte, die in der Dunkelheit zuckten, so spürte ich, wie durch meine eigene Finsternis unbekannte, jähe Lichter zogen«, — den ich ein Rarissimum an Richtigkeit und Schönheit finde.

Und wie klug, vom Standpunkt des Interesses, daß Sie keine Einzelheiten über ihre Beziehungen zu ihrem zweiten Liebhaber gegeben haben, der natürlich ihr einziger Liebhaber gewesen ist. Dadurch, daß die letzten Blätter des Manuskripts herausgerissen sind, bleibt sie in der Erinnerung des Lesers rein.

Was jedoch alles übertrifft, ist die Beerdigung, die Kinder, die man zur Leiche emporhebt! — & das Besäufnis am Schluß. Enorm, mein lieber Freund, enorm!

Ich stecke im Augenblick nicht in so hoher Literatur. Ich arbeite am ›Sexe faible‹. Ich brauche dafür noch einen Monat oder drei Wochen, mehr nicht. Freilich, meine Tage sind lang, & ich schufte wie ein Wilder ohne Unterbrechung.

Wo sind Sie jetzt?

Geben Sie mir Nachricht von Madame Viardot.

Ich umarme Sie sehr fest. Ihr

G. Flaubert, der Sie liebt.

72 Paris, 48, Rue de Douai
Mittwoch, 4. Juni 73

Mein lieber Freund,
Wenn Sie glauben, daß ich nicht stolz bin wie ein Pfau auf all das, was Sie mir in Ihrem Brief sagen!! — Es ist einer, den ich hüten werde wie einen Schatz. Wahrhaftig, ich sage es Ihnen, Sie haben mir eine sehr große Freude gemacht — und ich bin glücklich zu sehen, daß auch ich Ihnen eine gemacht habe. Ich drücke Ihnen kräftig die Hand.

Sie haben recht, wenn Sie die erste Erzählung (›Eine seltsame Geschichte‹) für zu kurz halten. Es wären hier sehr viel größere Entwicklungen nötig gewesen — es sind psychologische Zustände, die man nicht nur andeuten darf. Aber die Faulheit!

Ich bin noch hier — aber ich reise morgen ab. Ich werde Ihnen aus Wien schreiben und sicherlich aus Karlsbad.

Arbeiten Sie — nein, das braucht man Ihnen nicht zu sagen — Sie sind fleißig wie eine Ameise — aber bleiben Sie gesund und erwarten Sie mich Anfang August in Croisset.

Die ganze Familie ist wohlauf und läßt Sie herzlich grüßen.

Ich umarme Sie sehr kräftig und bin für immer
Ihr alter I. Turgenev

P.S. Man wird Ihnen meinen anderen Band schicken, sobald er erschienen sein wird. Ich habe ein wenig Angst um diesen Band.

73 Croisset
Donnerstag, 10. Juli [1873]

Mein lieber Freund,
Wo sind Sie, und wie geht es Ihnen? Madame Sand

schrieb mir, Sie seien gestürzt und hätten sich das Bein verletzt. Mehr weiß ich nicht. Befreien Sie mich von der Sorge und lassen Sie von sich hören.

Sie wissen, daß ich mich auf Ihr Versprechen verlasse, das heißt, daß ich Sie Anfang August hier erwarte. Ich sage ganz zu Anfang, denn um den 8. oder 10. werde ich bis Ende des Monats verreisen.

Ich umarme Sie.

Ihr alter G. Flaubert

74 Croisset

31. Juli [1873]

Ah! endlich! Ich habe Nachricht von meinem guten alten Turgenev! und er schickt mir von sich ein Buch, das mir einen seltenen Tag verspricht.

Aber es ist folgendes, mein lieber Freund: ich muß am nächsten *Dienstag* oder spätestens am Mittwoch von hier abreisen. Doch da mir daran liegt, Sie *lange Zeit* bei mir zu haben, 1. weil ich Ihnen eine Menge vorzulesen habe, und 2. weil ich Sie in der Umgebung spazierenführen will, ist es mir lieber, Sie kämen Anfang September. Jetzt könnten Sie nicht lange genug bleiben — um meinen Durst zu stillen.

Madame Sand hat mich mit Ihrem Sturz beunruhigt. Aber ich sehe, daß alles gut ist: um so besser. Erhalten Sie sich bei guter Gesundheit für alle, die Sie lieben & die Sie ungern leiden sehen.

Am nächsten Samstag erwarte ich Herrn Carvalho — und am Sonntag wird Raoul-Duval hier sein. Wir wären nicht ungestört. — Doch wenn Sie im September nicht kommen können, kommen Sie sofort; denn wenig ist besser als gar nicht. Aber lieber wäre mir September.

Ich stecke in einer dramatischen Phase, denn ich habe ›Le Sexe faible‹ geschrieben und außerdem den Plan zu einer großen politischen Komödie mit dem Titel ›Le Candidat‹, — was mich nicht daran hinderte, in meiner Lektüre für meine beiden Biedermänner fortzufahren.

Ich werde nach Dieppe fahren, nach Trouville, dann nach Paris und in die Umgebung.

Schicken Sie mir ein paar Zeilen, um mir Ihre Pläne mitzuteilen.

Sagen Sie den Viardots alles Freundliche, was Sie nur denken können. Was Sie betrifft, mein guter Alter, so umarme ich Sie so fest wie nur möglich.

G. Flaubert

der sich auf sein Sofa legen & sich mit den ›Frühlingsfluten‹ verlustieren wird!

75 [Croisset]

Samstag, 2. [August 1873]

Ich bin es schon wieder, mein Guter!

Ich möchte Ihnen sagen, daß ich die ›Frühlingsfluten‹ gelesen & ›Čertopchanovs Ende‹ wieder gelesen habe, von dem ich den zweiten Teil noch nicht kannte.

Die ›Frühlingsfluten‹ haben mich nicht so aufgewühlt wie ›Eine Unglückliche‹; aber ich war davon verwirrt, in Tränen, und irgendwie entspannt. Das ist die Geschichte von uns allen! leider! Das macht einen über sich selbst erröten. Was für ein Mann ist doch mein Freund Turgenev! Was für ein Mann!

Das Innere der Konditorei, entzückend, entzückend! Und der Spaziergang zu zweien am Morgen, wenn sie sich auf einer Bank unterhalten. — Pantaleone, der Pudel — Äneas! & der Schluß, der sanfte & jammervolle Schluß! Ah, was für ein Liebesroman, wenn es denn einer ist. Sie wissen viel über das Leben, mein lieber Freund, und Sie wissen zu sagen, was Sie wissen, was viel seltener ist.

Ich wäre gern Rhetoriklehrer, um Ihre Bücher zu erklären! Übrigens würde ich sie gar nicht erklären! Wie auch immer, ich glaube, daß ich sogar einem Idioten einige Kunstfertigkeiten, die mich verblüffen, begreiflich machen könnte. Zum Beispiel: den Kontrast zwischen Ihren beiden Frauen in ›Frühlingsfluten‹ & der ihrer Umgebung.

Zur Beschreibung Ihres letzten Werkes finde ich kein anderes Wort als dieses, das ganz dumm ist: *bezaubernd*. Aber geben Sie ihm seine wahre Bedeutung, die tief ist. Es erfüllt das Herz mit Liebe. Man lächelt & man möchte weinen.

Der Anfang des ›Čertopchanov‹ ist sehr drollig. Diese blödsinnige Wut beleuchtet den Charakter sehr gut. Diese Erzählung gewinnt bei der zweiten Lektüre, wie alle guten Bücher.

Ich rechne mit Ihnen also um den 10. September. — Wir werden uns zusammen nicht langweilen.

Grüße an die Freunde. — & Ihnen, mein lieber Alter, meine innigste Zärtlichkeit.

G. Flaubert

76 Bougival (Seine-et-Oise), Maison Halgan
Mittwoch, 6. August 73

Sie sagen mir zu gute Dinge, mein lieber Freund; — sie lassen mich vor Freude erröten — und vor Verwirrung. — Aber ganz gleich — es ist sehr angenehm — und die alten Lateiner hatten recht, wenn sie sagten: »laudari a laudato viro«.

Ich bin sehr froh und sehr stolz, meinem alten Flaubert — und dem Autor des ›Antoine‹ — Vergnügen bereitet zu haben. Und es ist sehr freundlich von ihm, mir all das zu sagen.

Mein Brief trifft Sie vielleicht nicht in Croisset an —

aber das ist gleich: er muß abgehen. — Am 10. September komme ich — und wir werden uns nicht langweilen — o nein!

Wissen Sie, daß unsere ganze Bande (ich spreche von meinen hiesigen Freunden, die Ihnen tausend Grüße senden) Ende September nach Nohant fährt — um dort mindestens eine Woche zu verbringen! — Wenn Sie auch kämen — das wäre ein Triumph!

Es herrscht eine abscheuliche Hitze — trotz geschlossenen Fensterläden zerfließe ich fast. Schreiben ist etwas Heldenhaftes — unter solchen Bedingungen — deshalb werden Sie mir gestatten, Sie auf beide Wangen zu küssen und Ihnen zu sagen: auf Wiedersehen und noch einmal danke.

Ihr alter treuer I. Turgenev

77

[Paris]
Montag 25. [August 1873]

Mein guter alter Turgenev,
Ich bin schon seit einigen Tagen in Paris, aber so beschäftigt, daß es mir unmöglich ist, Sie, wie ich es wollte, in Bougival zu besuchen.

Sie sind es, der mich wie vereinbart in Croisset besuchen wird. Meine Nichte schrieb mir heute morgen, daß sie damit rechnet, Sie in Dieppe zu sehen. Also, mein Guter, treffen Sie Ihre Vorkehrungen.

Ich möchte Ihnen mehrere Sachen vorlesen — & Sie ein bißchen spazierenführen. Das alles wird Sie ein paar Tage kosten. Richten Sie es so ein, lange bei mir zu bleiben.

Es ist doch der *10. September*, an dem Sie auftauchen werden, nicht wahr?

Ich umarme Sie.

Ihr G. Flaubert

Sie können mir in dieser Woche nach Paris antworten. Danach fahre ich nach Saint-Gratien, dann in die Umgebung von Rambouillet wegen ›B. et P.‹ — am 7. oder 8. bin ich wieder in Croisset, & hier werde ich Sie ungeduldig erwarten.

78 Bougival (Seine-et-Oise), Maison Halgan
Donnerstag, 28. August 1873

Mein lieber Freund,
Tot oder lebendig, ich werde zu Ihnen nach Croisset kommen — aber folgendes widerfährt mir.

Vor zwei Jahren habe ich in England die Bekanntschaft eines sehr liebenswerten jungen Mannes namens Bullock gemacht, der einen sehr reichen Onkel hatte, einen alten General im Ruhestand namens Hall. Dieser General besaß:

die schönste Rebhuhnjagd von ganz England!!! — nichts als das. Aber er war ein Sonderling, der allein auf die Jagd ging und nur seinen Neffen einlud — hin und wieder. — Und nun stirbt er und hinterläßt sein Vermögen, seinen Namen und seine *Jagd* seinem Neffen; und da erinnert sich der Neffe an mich und lädt mich ein, zwischen dem 9. und 14. September zu ihm zu kommen, um Berge von Rebhühnern zu erlegen! — Trotz meiner unbändigen Jagdleidenschaft, der einzigen Leidenschaft, die mir bleibt — habe ich mich an mein Versprechen erinnert — und antwortete ... ausweichend; zumal ich nicht weiß, ob meine Gicht mir derartige Seitensprünge erlauben wird und ob es für einen alten Graubart wie mich nicht schändlich ist, zweimal über die Meere zu fahren, um Blei in Rebhühner zu schießen? — Tatsache ist, daß ich unentschlossen bin — und darum, damit mir wohler ist, bitte ich Sie, meine Ankunft in Croisset um 5 Tage zu verschieben — das heißt am 15.

statt am 10. zu kommen. — Es ist mehr als wahrscheinlich, daß ich nicht nach England fahren werde — aber so wäre ich ruhiger. Einverstanden, nicht wahr?

Am Samstag muß ich geschäftlich nach Paris fahren. Punkt zwölf Uhr mittag werde ich im Café Riche sein, um dort zu Mittag zu essen. — Wenn Sie hinkommen können — bravo! — Wenn nicht — dann weiß ich, daß Sie dieser kleinen Verzögerung ohne allzu große Entrüstung zustimmen.

Einstweilen wünsche ich Ihnen Gesundheit und gute Laune — und ich umarme Sie.

Ihr I. Turgenev

79 [Croisset]

Donnerstag [25. September 1873]

Ah! endlich!!!

Also *erwarte ich Sie nächste Woche,* jedoch unter der Bedingung, daß Sie nicht zu rasch wieder weggehen. Treffen Sie die nötige Vorsorge.

Auch ich habe Ihnen viele Dinge zu erzählen.

Wir werden sehen, ob »Gautier d'Aulnay ein Mann ohne Glauben & ohne Ehre ist« (›Tour de Nesle‹).

Ich umarme Sie, *brennend* vor Ungeduld.

Ihr G. Flaubert

80 [Paris] 48, Rue de Douai

Mittwoch, 19. Nov. 73

Nun, lieber Freund, seit gestern abend haben Sie die Militärdiktatur. Sie sind, wie gesagt wurde, Macmahonianer. Ich meinte immer, es sei besser, einfach Franzose zu sein; aber ich kann mich irren.

Das einzig Gute an alledem ist, daß nichts mehr Sie

daran hindern sollte, ›Antoine‹ zu veröffentlichen, da man uns den Frieden verspricht, den Wiederaufschwung der Geschäfte, und zwar für 7 Jahre. Ich war vorgestern in Versailles und bin angewidert und betrübt zurückgekommen.

Zum Teufel mit der Politik! Ich freue mich sehr zu sehen, daß Sie tüchtig arbeiten und daß Ihre Komödie mit Riesenschritten vorankommt. Die von Sardou (die ich übrigens nicht gesehen habe) macht viel Lärm um nichts. Ich glaube nicht, daß sie die 200 Aufführungen von ›Rabagas‹ haben wird. Die Ihrige könnte früher soweit sein.

Meine Gesundheit ist wiederhergestellt, ich werde ein bißchen von einem nervösen Husten geplagt, aber irgend etwas muß man ja haben.

Ich verlasse Paris nicht vor Ende Januar. Auf bald, hoffe ich. Allen geht es gut.

Ich umarme Sie

Ihr alter I. Turgenev

81 [Croisset]

Mittwoch abend, 3. Dezember [1873]

Ich habe ›Le Candidat‹ abgeschlossen! Carvalho kam am Sonntag, um ihn sich vorlesen zu lassen, & am 20. dieses Monats gehe ich in die Proben.

Aber ... aber ... Kurzum, mein lieber Alter, ich bin irgendwie beunruhigt und im voraus verärgert über alles, was ich erleiden werde. Machen Sie nie Theater! Ein Tag, wie ich ihn am Sonntag erlebt habe, ist mit nichts zu vergleichen. Ich habe nicht so robuste Nerven, um in diesen Kreisen leben zu können.

Kurz, Sie werden mich in weniger als vierzehn Tagen sehen. Reisen Sie also nicht so schnell ab. Wollen Sie sich allen Ernstes mitten in der Kälte auf den Weg nach Rußland machen? (falls die Kälte eine Mitte haben kann.)

Nach nochmaliger Lektüre Ihres Briefes vom 19. November sehe ich, daß Sie »unsere Gestade« nicht vor Ende Januar verlassen wollen. — Um so besser. Wir werden Zeit haben, uns ein wenig zu sehen. — Ich bin sehr ungeduldig, Ihnen mein Stück vorzulesen.

Carvalho wünscht, daß ich Grobheiten einflechte, Tiraden gegen ... ich weiß nicht was, die kleinen Zeitungen zum Beispiel, — was ich entschieden abgelehnt habe, weil ich das für zu einfach, niederträchtig und unästhetisch halte, meiner unwürdig, um es deutlich zu sagen.

Der brave Carvalho, der an Leute gewöhnt ist, die ihre Arbeit weniger gewissenhaft verrichten als der Schuster die seinige, hat keinen Funken Verständnis für meine Empfindlichkeiten. Ich bin sicher, daß er in dem Glauben von hier weggefahren ist, ich sei zu drei Vierteln verrückt. In der Tat, ich bin nicht »vernünftig«; ich mache es nicht »wie alle Welt«! Daher Verblüffung & Skandal.

Oh, die Handlung! Sobald ich mich damit befasse, muß ich dafür büßen. Und dann gibt es eine Maxime von Epiktet, die man sich in Erinnerung rufen sollte: »Wenn du gefallen willst, bist du verloren.«

Wenn Sie nichts Besseres zu tun haben, schicken Sie mir ein Autograph. Das wäre sehr freundlich von Ihnen.

Ich umarme Sie, wie ich Sie liebe, das heißt mit aller Kraft.

Ihr G. Flaubert

Meine Nichte ist mit ihrem Gatten in Schweden. Um Neujahr wird sie in Paris sein.

Ehrerbietige Grüße an Ihre Familie.

82 Paris, 48, Rue de Douai
Samstag, 6. Dez. 73

Mein lieber Freund,
Wenn ich Ihnen nicht sofort geantwortet habe — so liegt es daran, daß ich drei Tage weg war — bei meiner Tochter. — Ich bin sehr froh zu erfahren, daß Sie mit Ihrem Stück fertig sind — und wundere mich über all die Winkelzüge Carvalhos überhaupt nicht. Sie werden noch andere erleben — und Sie müssen schon jetzt *»Ihre Nerven stählen«* — wie die Deutschen sagen — eben weil sich Ihr Stück von allem unterscheidet, was bisher gemacht worden ist. Es kommt nur darauf an, all diese Geburtswehen so ruhig wie möglich durchzustehen.

Ich freue mich sehr, Sie bald zu sehen — ich verlasse Paris erst in zwei Monaten — oder noch später.

Ich habe ›Oncle Sam‹ noch nicht gesehen — aber ich habe ›Monsieur Alphonse‹ von Dumas gesehen. Es ist eine *kraftvoll gebaute* Sache — und alles in allem sehr beachtlich und packend, obwohl es darin die Rolle eines elfjährigen Mädchens gibt, bei der einem übel wird — und obwohl man darin Sätzen begegnet wie:

»O menschliches Herz, tief wie der Himmel, geheimnisvoll wie das Meer (oder der Tod!)« — oder:

»Geschöpf Gottes, bebendes Wesen, woher soll ich die Kraft nehmen, dich zu strafen?« — oder:

»Womit war Gottes Güte befaßt, als sie diesen Menschen schuf?«

Ist das albern genug?

Hier geht es allen gut; ich habe an Madame Commanvilles Tür geklopft und erfahren, daß sie in Stockholm ist. Man muß doch nach Paris zurückkehren!

Auf bald — nicht wahr? Ich umarme Sie.

Ihr alter I. Turgenev

83 [Paris]
[8. März 1874?]

Mein guter Alter,
Die Premiere findet am Mittwoch statt, und die Generalprobe am Dienstag um halb eins.

Bisher habe ich noch keine Loge für Sie. (Oh, was für eine Geschichte mit den Plätzen!) Aber ich habe *drei* Orchestersessel. Meine Nichte hat nur eine Loge im zweiten Rang.

Ich habe 228 Francs dafür hingelegt; und die Menschen, die ich liebe, werden keine oder nur schlechte Plätze haben.

G. Flaubert

84 Berlin, Hôtel de St. Pétersburg
Sonntag, 17. Mai 1874

Mein lieber Freund,
Ich schicke Ihnen einen Artikel, der soeben in der ›Nationalzeitung‹ über ›Antoine‹ erschienen ist. K. Frenzel hat ihn geschrieben — und im ganzen genommen ist er recht beifällig. Aber weshalb hat man die von mir erbetenen Exemplare nicht an Julian Schmidt, den ersten Literaturkritiker Deutschlands, und an Ludwig Pietsch, den wichtigsten Feuilletonisten, geschickt? Ich hatte sie doch auf meiner Liste angegeben — ich bin *absolut sicher*. Lassen Sie diese Unterlassung schnellstens korrigieren. — Ich nenne noch einmal die Adressen:

Dr. Julian Schmidt, Kurfürstenstraße 70, Berlin.

Ludwig Pietsch, Landgrafenstraße 8, Berlin.

Ich habe beide gesehen — und beide beklagten sich darüber, nichts bekommen zu haben.

Ich schreibe Ihnen diesen Brief noch nach Paris, da ich annehme, daß Sie noch dort sind: aber sollten Sie nicht mehr dort sein, so wird man ihn Ihnen nachsenden.

Ich reise heute abend nach Petersburg — ich werde übermorgen dort dinieren, falls mir nichts zustößt. — Meine Anschrift in St. Petersburg ist *Hotel Demuth.*

Ich umarme Sie herzlich.

Ihr alter I. Turgenev

85

Croisset
1. Juni [1874]

Mein guter Alter,
Ich habe die Dummheit begangen, Ihren Brief aus Berlin zu verlieren, in dem Sie mir Ihre Anschrift in Petersburg gaben, so daß dieser Sie über Madame Viardot erreichen wird, der ich ihn schicke.

Wie viele Kilometer trennen uns! Aber das Sprichwort ist richtig: »fern den Augen, nah dem Herzen«. Den Beweis dafür bekam ich durch die Aufmerksamkeit, die Sie mir erwiesen, indem Sie mir ein liebenswürdiges Feuilleton über ›Saint Antoine‹ schickten.

Ich kann es kaum erwarten, von Ihnen zu hören. Wenn Sie Zeit haben, schreiben Sie mir ausführlich.

Was mich betrifft, mein Guter, hier mein Programm: gegen Ende des Monats werde ich für etwa zwanzig Tage zur Erfrischung auf den Rigi fahren. — Einige Tage werde ich in Paris verbringen; dann komme ich hierher zurück und setze mich an meinen Roman, der mich immer mehr zittern läßt. — Je mehr ich darüber nachdenke, um so mehr wächst mein Schrecken.

Da Perrin ›Le Sexe faible‹ nicht haben wollte, habe ich es zum Odéon gebracht, von dem ich bis jetzt noch keine Antwort habe. Im Grunde pfeife ich darauf, denn meine Philosophie über das Theater steht fest.

Ich habe soeben, am heutigen Tag, in einem Zug den letzten Roman von Zola gelesen, ›La Conquête de Plassans‹, und ich bin noch ganz benommen davon. Es ist stark. Es ist besser als ›Le Ventre de Paris‹. Gegen Ende gibt es zwei oder drei prachtvolle Stellen. Madame Sand hat mir die ›Sœur Jeanne‹ geschickt, mit der ich morgen beginnen werde. Aber ich lese so viel (für meinen Schmöker), daß meine armen Augen zu ermüden beginnen. Man müßte alles wissen für dieses vermaledeite Buch.

Haben Sie in St. Petersburg die Auskunft erhalten, die Sie für das Ihrige haben wollten? Was mich betrifft, so war es mir wieder einmal nicht möglich, den Ort zu finden, wo ich das Haus meiner beiden Biedermänner hinsetzen soll! — In etwa vierzehn Tagen werde ich einen kleinen Ausflug in die Basse-Normandie machen, einzig zu diesem Zweck! Werde ich dann glücklicher sein? *Es läuft nicht gut!* Bisweilen kommt es mir vor, als sei ich leer. Ich empfinde, was die Mystiker den Zustand der Dürre nennen. Mir fehlt das Vertrauen. — Erstes Zeichen des Verfalls. Ah! könnte man doch seine alte Haut ablegen wie die Schlangen, sein Ich erneuern, sich verjüngen!

Wie ist das Wetter bei Ihnen? Hier ist es sehr heiß, & den Parisern hängt die Zunge heraus. Der Sommer ist eine Jahreszeit, die nicht der Komik entbehrt. Warum? Ich habe keine Ahnung. Aber so ist es.

Und die Gicht? Und der Magen? & der Rest? was tun Sie damit?

Meine Nichte, die sich zur Zeit in Croisset aufhält, läßt Sie herzlich grüßen. In etwa zehn Tagen fährt sie nach Schweden. Die Reise nach Rußland ist noch ungewiß.

Adieu, mein lieber & guter Alter. Bleiben Sie fröhlich und gesund. Ich umarme Sie zärtlich.

Ihr G. Flaubert

Schicken Sie mir Ihren nächsten Brief nach Croisset, bis ungefähr zum 20. Juni. — Und vergessen Sie in Ihren Plänen nicht, daß Sie mir versprochen haben, in diesem

Herbst zu kommen und *mindestens* vierzehn Tage hier zu verbringen.

Charpentier versicherte, daß er Exemplare von ›Saint Antoine‹ »*an sämtliche* von Herrn Turgenev genannten Adressen« geschickt habe.

86 Spasskoe, Stadt Mcensk, Gouvernement Orel
Mittwoch, 17./5. Juni 1874

Mein lieber Freund,
Ich schreibe Ihnen aus der Tiefe meiner Einöde, wo ich heute morgen eingetroffen bin und wo ich Ihren Brief vom 1. Juni finde. Er hat lange gebraucht — wie Sie sehen — aber es ist nicht seine Schuld, auch nicht die von Madame Viardot. Ich dachte nicht, so lange in Petersburg und in Moskau zu bleiben — und ich hatte eine Route — oder vielmehr einen Zeitplan angegeben, der sich als unzutreffend erweist. — Ärgerlich ist, daß Sie ab dem 20. — das heißt ab übermorgen — nicht mehr in Croisset sein werden — und daß dieser Brief Ihnen nachjagen muß. Er wird Sie einholen, dessen bin ich sicher — trotzdem lähmt es meine Feder ein wenig.

Ich schreibe Ihnen nicht zum erstenmal von hier — und Sie kennen den Ort: es ist grün, golden, weit, eintönig, sanft, altmodisch und schrecklich reglos. — Eine patriarchalische Langeweile, langsam und einhüllend. — Wenn ich arbeiten kann, bleibe ich einige Wochen hier; wenn nicht, fliege ich wie ein Pfeil nach Karlsbad — und von da nach Paris. Mein Aufenthalt in Rußland war jedenfalls nicht nutzlos; ich habe — mehr oder weniger — gefunden, was ich suchte; — freilich bin ich weniger — viel weniger — anspruchsvoll als Sie; Sie sind es zu sehr. — Sind Sie mit Zolas Roman zufrieden? Ich habe ihm geschrieben; ich habe seine Angelegenheit für die Zukunft geregelt — es ist nicht viel, — aber besser als nichts. Er wird in Rußland weiterhin viel gelesen — und übersetzt: soeben ist seine ›Curée‹ herausgekommen.

›Antoine‹ ist entschieden nicht für das breite Publikum: die gewöhnlichen Leser weichen entsetzt zurück — sogar in Rußland. — Ich hielt meine Landsleute nicht für so affektiert. Um so schlimmer für sie! Aber ›Antoine‹ ist — trotz allem — ein Buch, das bleiben wird.

Ich habe Ihnen viele Dinge zu erzählen, die Sie zum Lachen bringen werden — wenn ich zurückgekommen und in Ihrer Studierstube in Croisset sein werde. — Es gibt sehr wunderliche — und interessante — Dinge in meiner »cara patria«. Im Augenblick hat mir ein leichter Exzeß an Milcherzeugnissen — dem ich mich in der Hoffnung hingeben zu dürfen glaubte, die Heimatluft würde alles heilen — ungemein heftige Bauchschmerzen beschert!! Ich glaube, daß man sie sogar an der Form der Briefe und Wörter spüren muß, die ich schreibe . . . Das ist weder wunderlich noch interessant — vermaledeiter Magen!

Und was für eine vermaledeite Politik im Augenblick!!? — Nicht wahr? was meinen Sie dazu? Weder Sie noch ich sprechen gern darüber — aber wie soll man nicht zumindest ein Oh! oder Ah! ausstoßen.

Ich denke mit Vergnügen an den Augenblick, wo wir unsere netten kleinen Abendessen für ausgepfiffene Theaterautoren wieder aufnehmen können. — Einstweilen, wenn dieser Brief Sie hoch oben auf irgendeinem Gletscher des Rigi antrifft, erfrischen Sie sich kräftig!

Wenn Sie Ihrer reizenden Nichte schreiben, grüßen Sie sie herzlich von mir. Ich ahne schon, daß ich sie in Rußland nicht sehen werde.

Studie eines Landsmannes von hinten gesehen (am 16. Juni bei 16 Grad [Réaumur] Hitze):

Worauf (nicht auf diesen Hintern) ich Sie küsse und Ihnen sage: auf Wiedersehen.

Ihr alter I. Turgenev

87 Karltbad, Rigi, Schweiz
Donnerstag, 2. Juli 1874

Auch mir ist es heiß, und ich bin Ihnen insofern überlegen oder unterlegen, als ich mich auf gigantische Weise langweile. Ich bin aus Gehorsam hierhergekommen, weil *man* mir gesagt hat, daß die reine Gebirgsluft mich entröten und meine Nerven beruhigen würde. Amen. Aber bisher spüre ich nur eine unendliche Öde, die von der Einsamkeit und der Untätigkeit herrührt; außerdem bin ich kein *Mensch für die Natur*: ihre »Wunder« bewegen mich weniger als die der Kunst. Sie erdrückt mich, ohne mir einen einzigen »großen Gedanken« einzugeben. Ich habe Lust, innerlich zu ihr zu sagen: »Es ist schön; vorhin bin ich aus dir herausgetreten; in ein paar Minuten werde ich in dich zurückkehren; laß mich in Ruhe, ich verlange nach anderen Zerstreuungen.«

Die Alpen stehen im übrigen in einem Mißverhältnis zu unserem Individuum. Zu groß, um uns nützlich zu sein. Nun haben sie zum drittenmal eine unangenehme Wirkung auf mich. Ich hoffe, es ist das letzte Mal. Und dann meine Gesellschaft, mein lieber Alter, diese Herren Ausländer, die im Hotel wohnen! alles Deutsche oder Engländer mit Stöcken und Ferngläsern. Gestern war ich versucht, drei Kälber zu umarmen, die ich auf einer Alm traf, aus Menschenfreundlichkeit und Mitteilungsbedürfnis.

Meine Reise hat schlecht angefangen, denn ich habe mir in Luzern von einem dortigen Künstler einen Zahn ziehen lassen. Acht Tage vor meinem Aufbruch in die Schweiz habe ich eine Rundreise durch die Departements Orne und Calvados gemacht und habe endlich den Ort gefunden, wo ich meine beiden Biedermänner unterbringen werde. Ich kann es kaum erwarten, mich an diesen Schmöker zu setzen, der mir im voraus grauenhafte Angst macht.

Sie sprechen von ›Saint Antoine‹ und sagen mir, daß das breite Publikum nicht für ihn ist. Ich wußte es im voraus, aber ich glaubte, vom Elitepublikum besser verstanden zu werden. Ohne Drumont und den kleinen Pelletan hätte ich keinen lobenden Artikel gehabt. Auch aus Deutschland sehe ich keinen kommen. Seis drum, in Gottes Namen! Was getan ist, ist getan; und außerdem, da Sie dieses Werk mögen, bin ich belohnt. Der große Erfolg hat mich seit ›Salammbô‹ verlassen. Was mir auf der Seele liegt, ist der Mißerfolg der ›Éducation sentimentale‹. Daß man dieses Buch nicht verstanden hat, erstaunt mich.

Ich habe am letzten Donnerstag den guten Zola gesehen, der mir Nachricht von Ihnen gegeben hat (denn Ihr Brief vom 17. hat mich erst am Tag darauf in Paris eingeholt). Außer Ihnen und mir hat niemand mit ihm über die ›Conquête de Plassans‹ gesprochen, und er hat keinen einzigen Artikel, weder dafür noch dagegen, bekommen. Die Zeit ist hart für die Musen. Paris kam mir übrigens noch dümmer und platter vor denn je. So gleichgültig uns beiden die Politik auch ist, wir können nicht umhin, darüber zu stöhnen, und sei es nur aus physischem Ekel.

Ah, mein lieber guter alter Turgenev, wie sehr möchte ich, daß es Herbst wäre, damit ich Sie für gute vierzehn Tage bei mir in Croisset hätte! Sie bringen Ihre Arbeit mit, und ich zeige Ihnen die ersten Seiten von ›Bouvard et Pécuchet‹, die bis dahin, hoffen wirs, fertig sind; und dann werde ich Sie anhören.

Wo sind Sie zur Zeit, in Rußland oder in Karlsbad? Himmlisch wäre, wenn Sie über den Rigi nach Frankreich zurückkehrten. Aber die Decius sind nicht mehr von dieser Welt. Ich widerstehe dem Wunsch, wieder über den See zu fahren, den Sankt Gotthard zu überqueren und den Monat in Venedig zu beenden. Dort würde ich mich wenigstens amüsieren.

Meine Nichte muß im Augenblick nördlich von Stockholm sein, sie beabsichtigt, Ende Juli wieder nach Dieppe zurückzukehren.

Um mich zu beschäftigen, will ich versuchen, zwei noch recht dunkle Themen zu ergründen. Aber ich kenne mich, hier werde ich absolut nichts tun. Man müßte zwanzig sein und mit der Geliebten in dieser Landschaft spazierengehen. Die Chalets, die sich im Wasser spiegeln, sind Liebesnester. Wie man *sie* hier ans Herz drücken würde am Rand der Abgründe! Welche Ergüsse, im Gras ausgestreckt, beim Rauschen der Wasserfälle, das Blau im Herzen und über dem Haupt! Aber das alles ist nicht mehr für uns, mein Alter, und war es auch immer sehr wenig für mich.

Ich wiederhole, daß es grauenhaft heiß ist; die auf dem Gipfel mit Schnee bedeckten Berge sind blendend hell. Phoebus verschießt all seine Pfeile. Die in ihre Zimmer eingesperrten Reisenden schwitzen und trinken. Wieviel man in Helvetien ißt und trinkt, ist erschrekkend. Überall Büffets, überall »Restaurations«! Die Bedienten von Karltbad sind tadellos gekleidet: schwarzer Frack ab 7 Uhr morgens; und da sie sehr zahlreich sind, hat man den Eindruck, als würde man von einem Volk von Notaren oder von zahlreichen Gästen einer Beerdigung bedient: man denkt an seine eigene, das ist lustig.

Schreiben Sie mir oft und ausführlich: Ihre Briefe sind für mich der »Wassertropfen in der Wüste«.

Um den 25. beabsichtige ich, die Schweiz zu verlassen; sicher bleibe ich ein paar Tage in Paris.

Adieu, lieber großer Freund, ich umarme Sie aus Leibeskräften.

Ihr G. Flaubert

88 Moskau, Boulevard Prečistenskij
Sonntag, 12. Juli/30. Juni 1874

Mein lieber Freund,

Ich habe Ihren Brief vom Rigi bekommen, als ich mich gerade, mühsam auf zwei Krücken gestützt, in einen Wagen schleppte, um das Dorf zu verlassen und hierher zu fahren. Ich habe mir nichts gebrochen, wie Sie vermuten könnten; aber die *Heimatluft*, die den Marseillern so wohltut, hat mir wieder einen Gichtanfall beschert — diesmal an *beiden Füßen*; — hat mich vierzehn Tage ans Bett gefesselt, — und hat mich noch nicht wieder losgelassen. — Zu sagen, daß ich dadurch das Leben in Rosa getaucht sehe — oder in Azurblau (ich denke an Ihren Traum unter dem Schweizer Himmel) — wäre eine grobe Lüge. Gebrechen, langsamer und kalter Widerwille, qualvolle Zuckungen nutzloser Erinnerungen — das, mein guter Alter, sind die Aussichten, die sich dem Mann bieten, der die Fünfzig überschritten hat. — Und über und hinter allem — die Resignation — die SCHEUSSLICHE Resignation, diese Vorbereitung des Todes ...

Genug! Ich will versuchen, so schnell ich kann nach Karlsbad zu eilen, nicht nach dem Karlsbad, wo Sie sich zu Tode langweilen, sondern nach K. in Böhmen, wo ich fünf Wochen bleiben werde. — Und spätestens im Herbst sehen wir uns. Im Augenblick will ich keine Pläne machen — vor allem keine angenehmen Pläne — aus Angst, mir selber die *jettatura* zuzuziehen.

Sie sehen nicht so aus, als amüsierten Sie sich auf jenen erhabenen Gipfeln, die Haller und Rousseau besingen! — Man muß es zugeben: das Volk, das am beständigsten im Angesicht dieser Erhabenheiten lebt — ich meine die Schweizer — ist das auf plumpeste Weise langweilige und unbegabteste Volk, das ich kenne. — »Woher kommt diese Anomalie?« würde ein Philosoph fragen. — Oder vielleicht ist es gar keine Anomalie? — Wie denken Bouvard und Pécuchet darüber?

Ich bin entzückt, daß Sie endlich einen *Ort* — oder besser *den* Ort gefunden haben. — Aber je mehr ich darüber nachdenke, um so mehr scheint mir, daß es ein Thema ist, das *presto* behandelt werden sollte — nach der Manier von Swift, von Voltaire. Sie wissen, daß das schon immer meine Meinung gewesen ist. Das Szenario, das Sie mir erzählt haben, scheint bezaubernd und lustig zu sein. Wenn Sie das breittreten, wenn Sie zu gelehrt sind . . .

Wie dem auch sei, Sie kneten den Teig.

Zolas ›Conquête de Plassans‹ ist in einer russischen Zeitung übersetzt und gekürzt worden. — Später wird man es in extenso übersetzen. Man mag es in Rußland.

Wie wäre es, wenn Sie Ihren Rigi-Gletscher dazu benutzten, etwas Leidenschaftliches, Brennendes, Glühendes zu erfinden? Hm? — Das ist doch eine Idee!

Aber vor allem — erfrischen Sie sich selber. Unglücklicherweise ist es so, daß bei einigen Naturen die Langeweile das Blut aufpeitscht und erhitzt. — Kehren Sie blaß und einfarbig zu uns zurück, wie ein Vers von Lamartine.

Ich habe gute Nachrichten von meinen Freunden aus Paris und Bougival. — Das beruhigt das Blut.

Apropos Politik ...

Sie werden einen schönen unrühmlichen Säbel haben, einen Polizeisäbel, der Sie sieben Jahre lang regieren wird. Und Sie werden sehen, daß er am Ende ganz allein regiert, ohne Kammern.

Das erinnert mich daran, daß ich auf dem Land (wo ich eine sehr gute Bibliothek habe) in der Sammlung mit dem Titel ›Choix des rapports ... prononcés à la tribune française depuis 1789 jusqu'à 1825‹ Robespierres Rede gelesen habe über die Frage: Soll Ludwig XVI. abgeurteilt werden? — Sie erschien mir wunderschön! — Später, gegen Ende seiner Karriere, ist Robespierre schal geworden: er hat sich dem Gefühl und den emotionalen, hochtrabenden Phrasen verschrieben. Aber er hatte seine guten Seiten, dieser Bursche!

Auf Wiedersehen, mein Freund, wahrscheinlich in Croisset im September — beide wohlauf — hoffen wir es!

Ich umarme Sie.

Ihr alter I. Turgenev

P.S. Sind Sie sicher, daß Sie sich in Karlsbald befinden? Sie schreiben zweimal Karltbad; — aber das ist ein unmöglicher Name. — Ich werde auf der Adresse einen Vermerk machen.

89 Dieppe

Mittwoch, 29. Juli [1874]

Mein guter alter Turgenev,

Ich bin am Freitag, übermorgen, wieder in Croisset; und am Samstag, dem 1. August, fange ich endlich ›Bouvard et Pécuchet‹ an. Ich habe es mir geschworen. Es gibt kein Zurück mehr. Aber was für eine Angst ich habe! Was für Todesängste! Mir scheint, daß ich mich für eine sehr weite Reise in unbekannte Gegenden einschiffen — & aus ihnen nicht zurückkehren werde.

Trotz der unendlichen Achtung, die ich vor Ihrem kritischen Verstand habe (denn bei Ihnen ist der Beurteilende vom gleichen Niveau wie der Produzierende, was nicht wenig bedeutet), bin ich keineswegs Ihrer Meinung über die Art und Weise, in der dieses Thema angefaßt werden muß. Wenn es kurz behandelt wird, konzis & leicht, ergibt es eine mehr oder weniger geistreiche Phantasie, aber ohne Tragweite & ohne Wahrscheinlichkeit, während, wenn ich es detailliert darstelle & entwickle, — ich den Eindruck erwecke, als glaubte ich an meine Geschichte — und so kann man etwas Ernsthaftes & sogar Erschreckendes daraus machen. Die große Gefahr ist Eintönigkeit & Langeweile. Und genau das erschreckt mich . . .

Aber schließlich wird immer noch Zeit sein, zu komprimieren und zu verkürzen. Im übrigen ist es mir unmöglich, etwas Kurzes zu schreiben. Ich kann eine Idee nicht darlegen, ohne bis ans Äußerste zu gehen.

Eine andere Geschichte. Erinnern Sie sich an ein Stück von mir und Bouilhet, ›Le Sexe faible‹? Nun: nachdem es vom Vaudeville angenommen & von mir noch einmal durchgesehen worden war, denn das Vaudeville wollte es nicht mehr; nachdem es dann von Perrin als indezent abgelehnt und von Duquesnel als »von Anfang bis Ende zu überarbeiten« befunden worden war, findet es das Théâtre de Cluny nun »ausgezeichnet«, und der Direktor dieser subalternen Bühne rechnet mit »einem großen finanziellen Erfolg«. Bewundern Sie den Widerspruch all dieser Beurteilungen! Was halten Sie von all diesen Dummköpfen, all diesen erfahrenen Schlaubergern? & versuchen Sie, aus deren Meinung eine praktische Schlußfolgerung zu ziehen! & wenn man bedenkt, daß Madame Sand diesen Herren glaubt und auf ihre Ratschläge hört! — Wie dem auch sei, besagtes Stück wird nach dem von Zola gespielt, wahrscheinlich im November. Mitte Oktober fangen die Proben an. — Damit verliere ich 2 Monate — und ernte vielleicht erneut Beschimpfungen. Aber das ist mir zutiefst egal. — Der kleinste Satz von ›B. et P.‹ macht mir mehr Sorgen als das ganze ›Sexe faible‹.

Ihr letzter Brief scheint mir melancholiös? Wenn ich mich gehen ließe, könnte ich Ihnen dasselbe antworten. Denn auch ich bin entsetzlich verärgert — über alles, & vor allem über meine eigene Person. Bisweilen kommt es mir vor, als würde ich idiotisch, als hätte ich keinen einzigen Einfall mehr & mein Schädel wäre leer wie ein Krug ohne Bier. Mein Aufenthalt (oder besser meine schmutzige Untätigkeit) auf dem Rigi hat mich verblödet. Man sollte sich niemals ausruhen; denn sobald man nichts mehr tut, denkt man über sich nach — und von dem Augenblick an ist man krank oder hält sich für krank, was das gleiche bedeutet.

Und Sie, mein armer Alter, was macht die Gicht? Da Karlsbad Ihnen im letzten Jahr sehr gutgetan hat, warum sollte es in diesem Jahr nicht ebenso sein?

Wenn Sie Anfang September zurückkommen, ist es möglich, daß ich Sie in Paris sehe, denn ich werde vielleicht um diese Zeit zwei oder drei Tage dort verbringen. Jedenfalls rechne ich mit Ihnen in diesem Herbst in Croisset. Mein Schmöker wird in Gang gekommen sein, & wir können gründlich darüber plaudern.

Die Politik wird unverständlich vor Dummheit. Ich glaube nicht an die Auflösung der Kammer. — Apropos Politik — ich habe in Genf etwas Merkwürdiges gesehen: die Schenke des alten Gaillard, Schuster & Ex-General der Kommune . . . Ich werde sie Ihnen beschreiben. Es ist *eine ganze Welt,* die Welt, wie die Demokratie sie erträumt — & wie ich sie, Gott sei Dank, nie sehen werde. Was vielleicht die nächsten zwei oder drei Jahrhunderte im Vordergrund stehen wird, kann einen Menschen von Geschmack zum Kotzen bringen. Es ist Zeit zu verschwinden.

Adieu, mein guter lieber Alter. Lassen Sie von sich hören & kommen Sie geheilt zurück.

Ich umarme Sie kräftig.

Ihr G. Flaubert

90 Croisset

Dienstag, 22. [September 1874]

Geben Sie mir Nachricht von sich, mein lieber Alter. Schon seit einem Monat habe ich nichts mehr von Ihnen gehört! & ich habe Angst, daß Sie zu krank sind, um mir zu schreiben.

Was mich betrifft, so hatte ich einige Tage lang einen heftigen Durchfall, den ich mit Wismut & Laudanum kuriert habe.

Und ich habe wieder Vertrauen zu ›Bouvard et Pécuchet‹ gefaßt. Es läuft besser. Ich glaube, den Ton gefunden zu haben. Bald werde ich mit dem 1. Kapitel fertig sein.

Die Proben zum ›Sexe faible‹ beginnen wahrscheinlich in einem Monat. Ich werde also in dieser Zeit für den ganzen Winter nach Paris kommen; aber bis dahin möchte ich die Einleitung zu meinen Biedermännern fertig haben.

Da Sie ein Leser von Buloz' Blatt sind — haben Sie die ›Histoire d'un diamant‹ von P. de Musset genossen? Was für ein Werk! Ich fordere Sie heraus, ein gleiches zu schreiben!

Ich empfehle Ihnen, ins Vestibül des Photographen Nadar zu gehen (near Old England). Dort sehen Sie die Photographie von Alexandre Dumas in Lebensgröße und gleich daneben die Terrakotta-Büste desselben Dumas. Man kündigt von ihm ein Vorwort zu ›Manon Lescaut‹ und ein Vorwort zu ›Paul et Virginie‹ an! & wenn man bedenkt, daß er nicht ahnt, wie komisch er ist!

Haben Sie Nachricht von Madame Sand? Sie schreibt mir nicht mehr.

Ich umarme Sie.

Ihr alter G. Flaubert

91 Croisset

Donnerstag, 8. [Oktober 1874]

Mein lieber Alter,

Dank für Ihre Sendung. Das sind die Aufmerksamkeiten eines Freundes. »Hieran erkenne ich dich, Marguerite.«

Danken Sie Herrn Lindau in meinem Namen, er ist sehr liebenswürdig. Wenn meine Nichte in etwa einer Woche hier ist, lasse ich mir seine Artikel übersetzen.

Was ›Salammbô‹ betrifft, so sollte man Herrn Lindau und seinem Verleger sagen, daß dieses Buch gleich nach seinem Erscheinen ins Deutsche übersetzt worden ist, von Madame? (Ich weiß ihren Namen nicht mehr.) Es ist eine Freundin von Madame Cornu, die Frau eines Lehrers in Jena, glaube ich? — & ich kann diesen Band nicht finden, er hat einen gelben Einband.

Wenn ich von dieser Seite ein paar Moneten bekäme, würde es mich freuen. Ich lasse Ihnen da alle Freiheit.

Ich warte auf ein Zeichen des Cluny, um Croisset zu verlassen.

›Bouvard et Pécuchet‹ sind soeben in ihrem Landhaus eingetroffen! ich werde das erste Kapitel Ende nächster

Woche fertig haben. Die Theaterangelegenheiten, die mich übrigens sehr wenig bekümmern, werden mich zwar stören, aber ich komme so bald wie möglich hierher zurück.

Auf bald. Ich umarme Sie.

G. Flaubert

Gefallen Ihnen die innerbonapartistischen Kämpfe, der Streit zwischen den Jeromisten & den Loulousianern? Ist das nicht eine Farce? — Ich habe den brennenden Wunsch, ein Stück über Bazaines Flucht zu schreiben. Aber der Sinn für Komik ist tot! In früheren Zeiten hätte diese Geschichte Lachkrämpfe hervorgerufen; sie ist fast unbemerkt geblieben. O Barbaren! wie Monsieur Voltaire sagte.

92 [Paris]
Mittwoch, 3 Uhr [25. November 1874]

Was ist denn los? Sind Sie kränker? Warum sehe ich Sie nicht? Warum höre ich nichts von Ihnen?

Zola und Daudet wollen unser Liebesmahl neu organisieren. Aber dazu brauchen wir unseren großen Turgenev.

Ich habe ›Le Sexe faible‹ vom Cluny zurückgezogen, und es wird jetzt im Gymnase aufgeführt. Ich warte auf die Antwort von Montigny.

Sagen Sie mir doch, was Sie treiben.

Ihr G. Flaubert

93 [Paris, Januar 1875?]

Mein lieber Freund,

In diesem Sommer haben mir Madame Viardot und ihre ganze Familie verraten, wie sehr sie den Cidre mögen.

Daher erlaube ich mir, Ihnen ein Faß davon zu offerieren, das aus Croisset kommt.

Émile, der besagtes Getränk begleitet, wird Ihnen sagen, was Sie damit tun müssen.

Wie geht es Ihnen? Mir geht es schlecht: ich fühle mich krank, ohne daß ich einem Organ die Schuld geben kann, und ich bin zum Krepieren traurig.

Ich umarme Sie.

G. Flaubert

94 [Paris?]

Donnerstag [18. März 1875?]

Ich dachte, ein paar *wirkliche* Neuigkeiten von meinem alten Turgenev zu erhalten, das heißt eine gigantische Epistel, als Entschädigung für sein langes Schweigen seit nunmehr bald einem halben Jahr. Aber nein! er vergißt mich, das ist nicht nett.

Ich selbst habe ihm nichts zu berichten. Mein Leben ist immer weniger fröhlich. Es ist sogar furchtbar traurig, und ich arbeite wie sechsunddreißig Millionen Neger.

Dessenungeachtet umarme ich besagten Alten zärtlich.

Sein

G. Flaubert

95 [Paris]

Montag abend [22. März 1875?]

Mein lieber Freund,

Ich denke, daß ich morgen bei Madame Commanville diniere. Holen Sie mich daher um 9 Uhr dort ab, dann gehen wir gemeinsam zu Vater Hugo. Antworten Sie mir, damit ich weiß, ob ich auf Sie warten soll. Nein! das lohnt nicht. Ich werde bis halb zehn auf Sie warten.

Ihr G. Flaubert

96 [Paris]

[Montag, 12. April 1875]

Die Sache findet morgen um viertel nach neun statt, Quai Voltaire 3, bei Monsieur Leloir, Maler. Es ist in einem Atelier, ganz oben, im letzten Stock.

Kommen Sie *trotzdem*. Ich habe die Probe gesehen. Es wird großartig. Sie werden sich mächtig amüsieren.

Bis morgen. Ihr

G. Flaubert

97 Croisset

Samstag abend, 3. Juli [1875]

Ich bin bestürzt, Sie leidend zu wissen, mein lieber guter Alter! Was mich betrifft, so läuft es nicht gut! Überhaupt nicht! ›B. et P.‹ sind steckengeblieben. Ich habe mich in ein absurdes Unternehmen gestürzt, das merke ich jetzt, & ich habe Angst, nicht weiterzukommen. Ich glaube, ich bin *ausgelaugt*? & dann, um Ihnen die Wahrheit zu sagen, habe ich in diesem Augenblick die größten Kümmernisse (in meinem Haus), Geldsorgen der schwersten Art. Mein armer Kopf schmerzt, als hätte man mir Stockschläge versetzt. Die Gegenwart ist nicht lustig, & die Zukunft schreckt mich.

Ich bin zu jeder Arbeit unfähig, es ist möglich, daß ich gegen Mitte August zwei Monate in Gesellschaft von G. Pouchet in Concarneau verbringe. Ich werde Fische züchten & Krebse essen

Ich müßte ein Jahr lang schlafen können. Ich bin vom Dasein erschöpft. So sieht es aus.

Sobald Sie in Bougival sind, schicken Sie mir eine Zeile, um mir zu sagen, wie Sie die Reise überstanden haben. Meine Nichte, die bei mir ist, läßt Sie grüßen.

Ihr alter G. Flaubert
umarmt Sie.

98 [Croisset]

30. Juli [1875]

Mein letzter Brief war »düster«, sagen Sie, lieber Freund. Aber ich habe Grund, düster zu sein, denn ich muß Ihnen die Wahrheit sagen: mein Neffe Commanville ist *vollkommen* ruiniert!

Und ich selbst werde mich sehr beeinträchtigt finden?

Was mich dabei zur Verzweiflung bringt, ist die Lage meiner armen Nichte! Mein (väterliches) Herz leidet grausam. Es beginnen traurige Zeiten: Geldmangel, Demütigung, zerrüttete Existenz. Es kommt alles zusammen, — & mein Gehirn ist vernichtet. Ich fühle mich unfähig, irgend etwas zu tun. Ich werde mich davon nicht mehr erholen, mein lieber Freund! Ich bin ins Mark getroffen!

Was für Tage wir verbringen! Da ich nicht will, daß Sie sie teilen, verschiebe ich den Besuch, den Sie mir in Ihrem gestrigen Brief versprechen, auf später. Wir können Sie jetzt nicht empfangen! — Und Gott weiß doch, daß mir eine Umarmung meines alten Turgenev das Herz erleichtern würde!

Ich weiß noch nicht, ob ich nach Concarneau fahren werde. Jedenfalls nicht vor einem Monat oder sechs Wochen!

Schon seit sehr langem habe ich Madame Sand nicht mehr geschrieben. Nun, sagen Sie ihr, daß ich mehr denn je an sie denke. Aber ich habe nicht die Kraft, ihr zu schreiben.

Wir werden unsere Scherben zusammenlesen müssen. Das wird lange dauern. Was wird uns bleiben? Nicht viel! Das ist das Klarste. — Allerdings hoffe ich, Croisset behalten zu können. — Aber die schönen Tage sind zu Ende, & in Aussicht habe ich nur ein klägliches Alter!

Das beste wäre, ich würde krepieren. — Mein Egoismus ist so groß, daß ich nicht von Ihnen spreche! Ich merke es. Warum habe ich nicht Ihre Leiden! & die meinen wünsche ich niemandem.

Lassen Sie von sich hören und lieben Sie stets

Ihren G. Flaubert

99 [Croisset]

Dienstag abend [10. August 1875]

Nein, mein guter Alter, *kommen Sie nicht!* Es wäre zu traurig für Sie & für mich.

Ich bitte Sie, Madame Sand alles zu sagen, was Sie wissen.

Im Augenblick ist die Lage völlig verzweifelt, — & ich sehe nicht, daß die Zukunft sehr viel schöner sein wird!

Mich hat ein *tödlicher* Schlag getroffen. Bleibt die Frage, wie lange ich daran krepiere.

Ich umarme Sie mit allen Kräften, die mir bleiben.

Ihr G. Flaubert

100 [Croisset]

Sonntag [12. September 1875]

Seien Sie mir nicht böse, mein lieber Freund, daß ich Ihnen lange nicht geschrieben habe. Mein Leben ist so *grauenhaft*, daß ich physisch zermalmt bin.

Morgen reise ich nach Deauville, wo ich mein letztes Stück Land verkaufen werde. Damit wird der Bankrott meines Neffen, glaube ich, abgewendet. — Ende der Woche bin ich dann in *Concarneau*. & von dort gebe ich Ihnen Nachricht.

Ich denke sehr an Sie & umarme Sie.

Ihr alter G. Flaubert

101 Concarneau (Finistère), Hôtel Sergent
Sonntag, 3. Oktober [1875]

Wie geht es Ihnen, mein großer Turgenev? Und wie geht es Ihren Freunden?

Was mich betrifft, so werde ich ein bißchen ruhiger. Das heißt nicht, daß ich fröhlich wäre, aber mein Kummer ist weniger heftig; und da der Bankrott meines armen Neffen endgültig abgewendet worden ist, bin ich weniger bedrückt. Bleibt die Frage, wie wir jetzt leben werden und ob ich einige Scherben meines Vermögens werde retten können. Trotz allen Überlegungen, die ich angestellt habe, und allen Entschlüssen, die ich fassen werde, fühle ich, daß ich erledigt bin, mein Guter! Ich habe einen starken Schlag auf den Kopf erhalten, der mir das Hirn zermalmt hat, das ist die Wahrheit.

Ich habe ›B. et P.‹ aufgegeben, da ich nicht mehr damit zurechtkam (werde ich es später wieder aufnehmen? große Frage); und um mich mit irgend etwas zu beschäftigen, will ich versuchen, eine kleine Erzählung zu schreiben, eine Legende, die auf die Glasfenster der Kathedrale von Rouen gemalt ist. Sie wird sehr kurz sein, etwa dreißig Seiten höchstens. Das begeistert mich überhaupt nicht, ich tue es nur, um mich zu beschäftigen und um zu sehen, ob ich noch in der Lage bin, einen Satz zu schreiben, — woran ich zweifle.

Ich stehe um neun Uhr auf, ich schlage mir den Bauch mit Hummer voll, ich halte einen Mittagsschlaf auf meinem Bett, ich gehe am Meer spazieren, und ich gehe um zehn Uhr schlafen. Ich lese nichts. Ich lebe wie eine Auster. Hin und wieder seziert mein Gefährte Georges Pouchet vor mir einen Fisch oder eine Molluske. Das ist alles. Und ich denke an die Vergangenheit, an meine Kindheit, an meine Jugend, an alles, was nicht mehr wiederkehren wird. Ich wälze mich in einer grenzenlosen Melancholie; und am nächsten Tag beginnt alles von vorn. Wenn sich der Geist nicht auf natürliche Weise der Zukunft zuwendet, ist man ein Greis geworden. So steht es mit mir.

Unter anderen Umständen hätte mich die Gegend, in der ich mich befinde, bezaubert. Doch ist der Anblick der Natur für unruhige Naturen nicht so gut, wie man sagt. Er verstärkt in uns nur das Gefühl unserer Nichtigkeit und unserer Ohnmacht.

Ich bemerke, daß mein Brief nicht sehr beschwingt ist. Gleichviel, er beweist Ihnen, daß ich an Sie denke.

Was macht die Gesundheit? Und diese Gicht? Sie sind im Augenblick wohl wieder in Paris? Schreiben Sie mir ausführlich. Es würde mir Freude machen.

Ich umarme Sie.

Ihr alter zerstörter G. Flaubert

102 Bougival, Les Frênes
Montag, 11. Okt. 75

Der Anblick Ihrer Handschrift, mein guter alter Flaubert, hat mir die größte Freude gemacht — und die Lektüre Ihres Briefes noch mehr: Sie tauchen aus dem Wasser auf — und Sie machen — fast hätte ich gesagt literarische Pläne!! — Jedenfalls spielen Sie mit dem Gedanken, daß Sie arbeiten werden. Das ist gut — und ich bin sicher, daß Sie uns *dreißig* Seiten schenken werden —

Les Frênes
Freitag, 15. Okt. 75

So weit war ich mit meinem Brief, mein lieber Freund, als etwas dazwischen kam und ihn unterbrach — und nun finde ich ihn zu meiner Überraschung in meiner Schreibmappe: ich glaubte, er sei schon lange abgeschickt. Ich heiße mich einen großen Esel — und fahre fort.

Ich sagte, daß ich mich über die Idee der *dreißig* Seiten sehr freue. Auch ich habe meinem russischen Verleger soeben eine Erzählung von 30 Seiten (2 Druckbogen) für den *26.* November versprochen — letzter Termin! — und ich habe noch nicht das erste Wort im Kopf. — Da mein großer Roman ein wenig auf die lange Bank geschoben wurde — noch mehr als ›B. et P.‹ — verlangt mein Verleger mit Adlergeschrei etwas von mir! — und so habe ich mich verpflichtet. — Sehen wir, wer von uns beiden als erster fertig ist.

Leider, ja! Wir sind beide alt — mein lieber Freund; — es ist unbestreitbar — versuchen wir wenigstens, uns wie Alte zu amüsieren. — Apropos — haben Sie in der ›République Française‹ (vom 10. und 11.) ein Feuilleton mit dem Titel ›Le Suicide d'un enfant‹ gelesen — und unterzeichnet: X? — Das hat mich frappiert. Es ist offenkundig, daß der Mann, der das geschrieben hat, zu Ihrer Schule gehört; wenn er jung ist — hat er Zukunft. Versuchen Sie, sich diese Sache zu besorgen, und sagen Sie mir Ihre Meinung.

Hier geht es allen gut. — Was mich betrifft, so bin ich sehr heftig von einer Zystitis geplagt worden — ich glaube, das heißt so — einer Entzündung der Harnblase; ich hatte zwei schlimme Nächte — ich bin drei Tage im Bett geblieben — jetzt ist es fast verschwunden. — Das sind die kleinen »Mementos« — jene Visitenkarten, die Madame la Mort uns schickt, damit wir sie nicht vergessen.

Wir bleiben noch bis zum 1. November hier; das Wetter ist mild, grau, feucht — nicht unangenehm. — Ich werde in diesem Jahr nicht in meinem neuen Haus wohnen können — aber ich komme hin und wieder hierher, ich schreibe hier meine Briefe, wie diesen zum Beispiel. Es brennt ein gutes Feuer im Kamin — und trotzdem ist mir kalt im Rücken.

Es ist auch ein sehr hübsches Feuilleton von Madame Sand in ›Le Temps‹ erschienen (geschrieben 1829! — als sie 25 Jahre alt war) — Sie müssen es gelesen haben. Zola hat in seiner russischen Zeitschrift einen prächtigen Artikel über die Gebrüder Goncourt geschrieben. — Das wird dafür sorgen, daß man ihre Romane übersetzt.

Lassen Sie mich das — wahrscheinliche — Datum Ihrer Rückkehr nach Croisset wissen. — Sie werden nicht mehr lange am Meer bleiben, denke ich? und trotz allem nach Paris zurückkehren? Ihre Freunde haben vor, sich um Sie zu scharen, um Sie zu wärmen.

Grüßen Sie inzwischen Madame Commanville herzlich von mir. — Was Sie betrifft, so umarme ich Sie — und bin

Ihr alter treuer I. Turgenev

103 [Concarneau]

Donnerstag [21. Oktober 1875]

Bei Gott! Sie werden Ihre dreißig Seiten fertig haben, bevor ich bei der zehnten bin. Denn trotz meinen Vorsätzen und den unerhörten Willensanstrengungen komme ich kaum voran. Ich habe Rückfälle von Entmutigung, mein guter Alter, Anfälle von Müdigkeit, bei denen es mir vorkommt, als würde ich draufgehen. Es ist die Verdauung aller Kelche der Bitternis, die ich in den letzten sechs Monaten geschluckt habe. Ah! es waren viele! es waren viele! Was die Zukunft betrifft, so will ich nicht mehr daran denken (aber ich denke daran). Vielleicht wird sie weniger schlimm sein, als ich glaube? Jedenfalls erholt man sich von so etwas nicht mehr; und im Grunde bin ich sehr krank. Ich hoffe, zu einigem Anstand zu gelangen, das heißt den anderen nicht unerträglich zu werden; aber das ist alles.

Auf Ihre Empfehlung habe ich ›Le Suicide d'un enfant‹ gelesen. Ich weiß nicht, was ich davon halten soll. Zweifellos ist es kraftvoll, aber der *Stil* ist sehr unzulänglich. Obwohl es nicht an energischen Federstrichen fehlt, finde ich, daß man die Personen nicht deutlich sieht. Der Held, der Selbstmörder, ist zu grotesk. Der Autor hat etwas Wesentliches vergessen, nämlich die Angst, die Kindern eine Leiche einjagt. Trotz allem ist dieses kleine Werk sehr beachtlich. Es erinnert an Zola.

In meinen Augenblicken der Untätigkeit, und sie sind zahlreich (denn da es oft regnet, muß ich ganze Tage im Zimmer meiner Herberge verbringen, vor meinem Kamin), lese ich Saint-Simon und wieder einmal die Erzählungen von Monsieur Voltaire, dann ›Le Siècle‹ und ›Le Temps‹ und ›Le Phare de la Loire‹; denn hier sind die Leute radikal und Freidenker. Ich sehe meinem Gefährten zu, wie er Fische seziert. Das alles vertreibt mir die Zeit, erfüllt jedoch mein Herz nicht mit Jubel. Ah! wie würde ein bißchen Glück mir guttun!

Immerhin gibt es Dinge, die mich trösten. Neulich hat man in Quimper einen Bürger aus Brest zur Zwangsarbeit verurteilt, weil er seine drei Töchter und seinen sechzehnjährigen Sohn vergewaltigt hat. Was für ein Temperament! Wir sind zu solchen Zeichen von Gesundheit gewiß nicht fähig.

Ich fahre in der ersten Novemberwoche von hier direkt nach Paris zurück.

Meine Nichte hat unsere neue Wohnung bezogen (denn jetzt werde ich bei ihr leben), 240, Rue du Faubourg Saint-Honoré.

Also auf bald, mein geliebter Alter.

Ihr G. F., der Sie umarmt.

104 [Paris]

Samstag abend, 9 Uhr [5. Februar 1876]

Mein lieber Freund,
Sie können keinen Anspruch mehr auf die Reputation eines RUHIGEN ALTEN HERRN erheben, aber sehr wohl auf den Titel ZERSTREUTER JÜNGLING. Denn Sie hatten mir versprochen, mir heute morgen eine Zeile aus Ihrer illustren Feder zu schicken, um mir zu sagen, ob das Abendessen von Montag stattfindet. Daudet wartet seit Mittwoch auf eine Antwort von mir. Können Sie übermorgen zu diesem brüderlichen Mahl kommen? Und darf ich morgen mit Ihnen rechnen?

Ihr alter G. Flaubert

Wenn Sie morgen meinen Salon beehren, mache ich Sie mit einer berühmten und *spaßigen* Person bekannt.

Gestern habe ich ›Flamarande‹ und ›Les deux Frères‹ gelesen. Ich bin darüber tief betrübt.

105 [Paris]

Dienstag abend [2. Mai 1876]

Oh! ich bin nicht prüde! Ich lasse mich nicht bitten: ich akzeptiere. Also bis Freitag, zwischen halb sieben und sieben werde ich zur Stelle sein, mein lieber Alter.

Warum sind Sie am Sonntag nicht gekommen? Unser Winter geht dem Ende entgegen. Wir müssen uns öfter sehen.

Es gibt im Salon zwei oder drei sehr gerühmte Bilder, die mich aufbringen. Wir werden darüber sprechen.

Ich glaube, daß Jeokhanan (übersetzen Sie: Johannes der Täufer) kommen wird. Aber ich muß meine brave Frau zu Ende bringen, und ich bin kaum im ersten Drittel.

Adieu. Bis Freitag. Ihr

G. Flaubert

106 [Paris]
[20. Mai 1876]

Madame Brainne, 141 Avenue Malakoff (Porte Maillot), im ersten Stock über dem Zwischengeschoß, heute Samstag Punkt sieben.

Aber, o leichtsinniger Mensch, ich habe Ihnen das alles am letzten Sonntag eigenhändig auf Ihre Spielkarten geschrieben.

Ihr

G. F.

Ich habe die Nacht damit verbracht, das neue Buch von Renan zu lesen, das mich bezaubert hat.

107 Spasskoe, Stadt Mcensk (Gouvernement Orel)
Sonntag, 18. Juni 1876

Mein lieber Freund,

Seit heute morgen bin ich in meinem Patmos — und traurig wie eine Nachtmütze. — (Haben Sie bemerkt, daß dies der Augenblick zu sein pflegt, da man an seine besten Freunde schreibt?) Es herrscht eine Hitze von *32 Grad Réaumur* im Schatten — und dabei ist — *dank den 9 Grad unter 0*, die wir am 21. Mai hatten — das ganze Grün im Garten von kleinen welken Blättern gesprenkelt, die entfernt an Kinderleichen denken lassen — und meine alten Linden spenden nur einen mageren und kümmerlichen Schatten, der schmerzlich anzusehen ist. — Fügen Sie dem hinzu, daß mein Bruder, der mich erwarten sollte, um für mich sehr wichtige Geldangelegenheiten zu regeln, vor fünf Tagen nach Karlsbad abgereist ist; daß ich glaube, die Gicht zu bekommen (was mir — vor zwei Jahren — zur selben Zeit und am selben Ort widerfahren ist); daß ich zu der fast absoluten Gewißheit gelangt bin, daß mein Verwalter mich bestiehlt — und daß ich mich seiner nicht werde entledigen können — und Sie sehen die Situation! Der Tod von Madame Sand hat auch mir viel — viel Kummer bereitet. Ich weiß, daß Sie zur Beerdigung nach Nohant gefahren sind — und ich, der ich ein Beileidstelegramm im Namen des russischen Publikums schicken wollte, bin durch eine Art lächerlicher Bescheidenheit abgehalten worden, aus Furcht vor dem ›*Figaro*‹, vor der Reklame — Dummheiten also! Das russische Publikum gehört zu denen, auf die Madame Sand den größten Einfluß gehabt hat — und das hätte gesagt werden müssen, bei Gott — und ich hatte das Recht dazu — nach allem. — Aber so ist das!!

Arme liebe Madame Sand! — Sie hat uns beide geliebt — Sie vor allem — und das war natürlich. Was für ein goldenes Herz sie hatte! Wie weit war sie von jedem kleinlichen, engherzigen, falschen Gefühl entfernt — was für ein tapferer Mensch war sie und was für eine gute Frau! Jetzt ist all das — da unten in dem schrecklichen, unersättlichen, stummen, stupiden Loch — das nicht einmal weiß, wen es verschlingt!

Nun — es läßt sich nichts ändern, versuchen wir, das Kinn über Wasser zu halten.

Ich schreibe Ihnen nach Croisset — ich nehme an, daß Sie dort sind — haben Sie sich wieder an die Arbeit begeben? — Wenn ich hier nichts tue — dann heißt das, daß es mit mir zu Ende ist. — Es herrscht hier eine unvorstellbare Stille; — kein einziger Nachbar im Umkreis von zwanzig Kilometern — alles erstarrt in Reglosigkeit! — Das Haus ist miserabel — aber nicht zu warm — und die Möbel sind gut. Ein Schreibtisch — wunderschön — und ein Sessel mit doppeltem Schilfboden! Zum Beispiel — es gibt hier ein gefährliches Sofa — sobald man darauf sitzt — schläft man ein. Ich will versuchen, es zu meiden. — Ich werde mit der Fertigstellung von ›Saint Julien‹ beginnen.

Vor mir in einer Ecke des Zimmers hängt ein altes byzantinisches Heiligenbild, ganz schwarz, in silbernem Rahmen, nichts als ein riesiges düsteres und strenges Gesicht — es verdrießt mich ein wenig — aber ich kann es nicht entfernen lassen — mein Diener würde mich für einen Heiden halten — und damit ist hier nicht zu spaßen.

Schreiben Sie mir ein paar fröhlichere Zeilen als diese hier. — Ich umarme Sie und bin

Ihr alter Freund I. Turgenev

P.S. Wissen Sie, daß mir der Tscherkesse Hassan, der Minister paarweise tötet wie Rebhühner, einen gewissen Respekt einflößt?

P.P.S. Meine besten Grüße an Ihre Nichte und an ihren Gatten.

108 Croisset

Sonntag abend, 25. Juni [1876]

Wie habe ich mich gestern morgen auf Ihren Brief gestürzt, mein lieber guter Alter, als ich Ihre Handschrift erkannte! Denn ich fing an, mich heftig nach Ihnen zu sehnen! — Also, wenn wir uns umarmt haben, werden wir plaudern.

Es verdrießt mich, daß Sie Geldsorgen haben und sich um Ihre Gesundheit ängstigen. Hoffen wir, daß Sie sich irren und daß die Gicht Sie in Ruhe läßt.

Der Tod der armen Mutter Sand hat mich unendlich geschmerzt. — Auf ihrer Beerdigung habe ich geweint wie ein Kalb, & sogar zweimal: das erste Mal, als ich ihre Enkelin Aurore umarmte (deren Augen an jenem Tag den ihren so ähnlich sahen, daß es wie eine Auferstehung war), und das zweite Mal, als ihr Sarg an mir vorbeikam. Es gab da schöne Geschichten! Um die »öffentliche Meinung« nicht zu verletzen, hat man sie —

das ewige & abscheuliche *man* — in die Kirche getragen. Ich werde Ihnen die Einzelheiten dieser Niedertracht erzählen. Mein Herz war schwer, und ich hatte wirklich Lust, Adrien Marx umzubringen. Sein bloßer Anblick hat mich daran gehindert, am Abend in Châteauroux zu essen.

Oh! die Tyrannei des ›Figaro‹! Was für eine öffentliche Pest! Ich ersticke vor Wut, wenn ich an diese Kerle denke.

Meine Reisebegleiter, Renan & Prinz Napoléon, waren reizend, letzterer von vollkommenem Takt und Anstand, & er hat klar gesehen, von Anfang an, besser als wir beide.

Sie trauern zu Recht um unsere Freundin, denn sie liebte Sie sehr & nannte Sie immer nur »den guten Turgenev«, wenn sie von Ihnen sprach. Aber warum sie beklagen? Nichts hat ihr gefehlt, — und sie wird eine sehr große Gestalt bleiben.

Die braven Landbewohner weinten sehr an ihrem Grab. Auf diesem kleinen Dorffriedhof stand man bis zu den Knöcheln im Schlamm. Ein sanfter Regen fiel. Ihre Beerdigung war wie ein Kapitel aus einem ihrer Bücher.

Achtundvierzig Stunden später war ich wieder in meinem Croisset, wo ich mich *erstaunlich wohl* befinde! Ich genieße das Grün, die Bäume und die Stille auf eine ganz neue Weise! Ich habe die kalten Bäder wieder aufgenommen (eine grausame Hydrotherapie) & ich arbeite wie ein Wilder.

Meine ›Histoire d'un cœur simple‹ ist sicherlich Ende August fertig. — Danach fange ich mit ›Hérodias‹ an! Aber wie schwer das ist! Herrgott, wie schwer das ist! Je mehr ich vorankomme, um so mehr merke ich es. Mir scheint, daß die französische Prosa zu einer *Schönheit* gelangen kann, von der man sich keine Vorstellung macht.

Finden Sie nicht, daß unsere Freunde sich wenig um die Schönheit kümmern? & dabei gibt es nichts Wichtigeres auf der Welt!

Und Sie? Arbeiten Sie? & kommt ›Saint Julien‹ voran? Es ist ganz dumm, was ich Ihnen jetzt sage, aber ich habe den Wunsch, das auf russisch gedruckt zu sehen; ganz abgesehen davon, daß eine Übersetzung von Ihnen »die stolze Schwäche meines Herzens kitzelt«, das einzige, worin ich Agamemnon ähnlich bin.

Als Sie aus Paris abgereist sind, hatten Sie das neue Buch von Renan noch nicht gelesen? Mir erscheint es bezaubernd. »Bezaubernd« ist das richtige Wort. Sind Sie meiner Meinung? Im übrigen weiß ich seit vierzehn Tagen überhaupt nicht, was in der Welt passiert, da ich kein einziges Mal eine Zeitung gelesen habe. Fromentin hat mir sein Buch über ›Les maîtres d'autrefois‹ geschickt. Da ich die holländische Malerei sehr wenig kenne, ist es für mich von geringerem Interesse als für Sie. Es ist klug, aber zu lang, zu lang! Taine scheint mir einen großen Einfluß auf besagten Fromentin auszuüben. — Ah, ich vergaß! der Dichter Mallarmé (der Autor des ›Faune‹) hat mir ein Buch geschenkt, das er herausgibt: ›Vathek‹, ein orientalisches Märchen, das Ende des vorigen Jahrhunderts von einem Engländer in französischer Sprache geschrieben wurde. — Das ist amüsant.

Ich verliere mich in Träumereien (& in Sehnsüchten), wenn ich daran denke, daß dieses Blatt Papier zu Ihnen reisen wird, in Ihr Haus — das ich nie kennenlernen werde! — & es erbost mich, daß ich kein deutliches Bild von Ihrer Umgebung habe.

Wenn es bei Ihnen heiß ist, hier ist es nicht kalt. Ich verbringe den ganzen Tag hinter geschlossenen Jalousien ausschließlich mit mir selbst. Bei den Mahlzeiten ist meine einzige Zerstreuung der Anblick meines treuen Émile & meines Windhunds.

Meine Nichte, der ich Ihre Grüße ausrichten werde, fährt Ende des Monats mit Ihrem Gatten nach Eaux-Bonnes, & ich werde mich erst Ende September von hier fortbewegen, um Daudets Premiere beizuwohnen. Aber dann sind Sie ja schon lange nach Frênes zurückgekehrt.

Sie werden mit Vergnügen erfahren, daß die Angelegenheiten meines Neffen eine gute Wendung zu nehmen scheinen. Es gibt zumindest ein wenig Blau am Horizont.

Ja, mein guter Alter, versuchen wir trotz allem, den Schnabel über Wasser zu halten. Pflegen Sie sich gut, arbeiten Sie fleißig & kommen Sie bald zurück.

Ich umarme Sie zärtlich & fest.

Ihr

G. Flaubert

Sie schreiben mir, ja?

109 Spasskoe, Stadt Mcensk, Gouvernement Orel
Dienstag, 4. Juli/23. Juni 76

Mein guter Alter,
Ich schreibe Ihnen von hier nach Croisset — von einem Patmos zum anderen. — Gestern habe ich Ihren Brief erhalten — und Sie sehen, ich antworte unverzüglich.

Ja, Madame Sands Leben war erfüllt — und dennoch sagen Sie, wenn Sie von ihr sprechen: die *arme* Mutter Sand — dieses Epitheton paßt zu den Toten — denn sie sind — schließlich — durchaus zu beklagen, da der Tod etwas Scheußliches ist. — Ich erinnere mich an die Augen der kleinen Aurore: sie sind von erstaunlicher Tiefe und Güte — und sie ähneln in der Tat denen ihrer Großmutter. — Für Kinderaugen sind sie fast zu gut.

Wie es scheint, hat Zola in seiner russischen Zeitschrift einen langen Artikel über Madame Sand geschrieben; der Artikel ist sehr schön — aber ein wenig hart, sagt man. Zola kann Madame Sand nicht richtig beurteilen. Sie stehen einander zu fern.

Ich kann deutlich sehen, wie Sie vor Adrien Marx wild mit den Augen rollen. Es ist ein ganz besonderer Schlamm vonnöten, um derartige Pilze wachsen zu lassen.

Sie arbeiten in Croisset. — Nun, ich werde Sie in Erstaunen setzen — noch nie habe ich so viel gearbeitet, wie ich es tue, seit ich hier bin. — Ich verbringe schlaflose Nächte, über meinen Schreibtisch gebeugt! Wieder bin ich von der Illusion gepackt zu glauben, daß man etwas sagen könne — nicht etwa anderes, als schon immer gesagt worden ist — (das ist mir gleichgültig) — aber auf andere Weise! — Und beachten Sie, daß mich außerdem Schwierigkeiten bedrücken, Fragen des Geldes, der Verwaltung, der Pacht, was weiß ich! — (In dieser Hinsicht kann ich Ihnen sagen, daß nicht alles so schlimm ist, wie ich zuerst glaubte — und nebenbei gesagt bin ich entzückt zu hören, daß es in den Angelegenheiten Ihres Neffen ein wenig Blau gibt.) Aber ›Saint Julien‹ leidet unter dieser ausschweifenden Tätigkeit; mein verteufelter Roman hat sich meiner vollkommen bemächtigt. Trotzdem können Sie beruhigt sein: die Übersetzung ist bereits für die Oktobernummer des ›Europäischen Boten‹ versprochen. Sie wird dort erscheinen — oder ich bin tot.

Ich habe die Artikel von Fromentin nicht gelesen, ich habe das Buch von Renan nicht gelesen: im Augenblick kann ich gar nicht lesen — es sei denn die Zeitung, die ich hier erhalte, die mir über die Angelegenheiten des Orients berichtet und die mich nachdenklich macht. — Ich glaube, das ist der Anfang vom Ende! — Aber wie viele abgeschlagene Köpfe, wie viele vergewaltigte und hingemetzelte Frauen, Töchter, Kinder wird es bis dahin noch geben! — Ich glaube auch, daß wir (ich spreche von den Russen) — den Krieg nicht werden vermeiden können.

Sie möchten wissen, wie mein Haus aussieht? — Es ist recht häßlich — hier — etwa so:

Ich weiß nicht, ob Sie es recht verstehen: es ist ein Haus aus Holz, sehr alt, mit Brettern verkleidet — in hellila Farbe gestrichen; es hat vorne eine Veranda mit Kletterefeu; die beiden Dächer (a und b) sind aus Blech und *grün* gestrichen; der obere Teil ist unbewohnbar, und die Fenster sind vernagelt. — Dieses kleine Haus ist alles, was von einem großen hufeisenförmigen Wohngebäude bleibt — so:

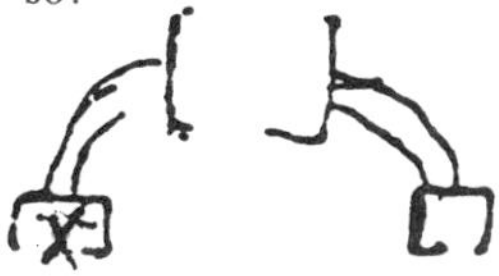

das 1840 abgebrannt ist; das x ist das Haus, in dem ich wohne. — Gestern abend saß ich, Ihren Brief in der Tasche, auf der Treppe meiner Veranda — und vor mir ungefähr sechzig Bäuerinnen, fast alle rot gekleidet und sehr häßlich — (eine einzige ausgenommen: eine junge Braut von *16* Jahren, die vor kurzem Fieber gehabt hatte — und auf überraschende Weise der Sixtinischen Madonna in Dresden ähnlich sah) — die wie Murmeltiere oder Bären tanzten — und mit sehr rauhen und harten, aber richtigen Stimmen sangen. Es war ein kleines Fest, das zu organisieren sie mich gebeten hatten — was übrigens sehr einfach war: zwei Eimer Branntwein — Kuchen und Haselnüsse — und basta. — Sie hüpften herum, ich sah ihnen zu und fühlte mich furchtbar traurig.

Die kleine Sixtinische Madonna heißt Marie, wie es sich gehört.

Genug davon. — Ich werde Ihnen noch schreiben, bevor ich von hier abreise. Einstweilen umarme ich Sie fest.

Ihr alter I. Turgenev

P.S. Ich finde, daß die ganze Landschaft hier von blasser Farbe ist — der Himmel, die Vegetation, die Erde — eine recht warme und goldene Blässe — es wäre nur hübsch, wenn ihr nicht die großen Linien, die großen gleichförmigen Räume eine gewisse Größe verliehen.

110

Bougival, Les Frênes
Dienstag, 8. August 76

N.B. Nur aus Zufall schreibe ich auf diesem stutzerhaften Papier.

Mein lieber Freund, ich bin seit zwei Tagen hier, nach einer Reise mit verhängtem Zügel quer durch Rußland, Deutschland usw. — Ihr Brief hat mir große Freude gemacht — es geht Ihnen gut, und Sie arbeiten. — Auch mir geht es gut, und ich habe gearbeitet — denn — kaum zu glauben! — ich bin mit meinem verteufelten Roman *fertig* — und ich werde mich wieder an die Arbeit machen — denn ich muß ihn abschreiben und er muß in zwei Monaten fertig sein, was nicht leicht ist. — Sie wissen ja, was Abschreiben heißt. (Es gibt Seiten, wo keine Zeile stehen bleibt.) Ich habe viele Dinge und Menschen gesehen, wie Odysseus, und ich habe alle meine Leute bei guter Gesundheit angetroffen. — Ich habe einen Verwalter vor die Tür gesetzt, der mir ungefähr 130 000 Francs gestohlen hat — einen beträchtlichen Teil meines Vermögens. — Warum war ich so dumm? Ich habe mich aus Faulheit zu blindem Vertrauen hinreißen lassen, obwohl ich genau spürte, wenn ich dieses honigsüße bärtige Gesicht ansah, daß es einem Schurken gehörte. — Nun, seis drum, soll er mein Geld schlucken!

Ich bin fest entschlossen, mich 2 oder 3 Tage von meiner Abschreiberei loszureißen (um den 25. dieses Monats) — und nach Croisset zu fahren, um mir von Ihnen den ›Papagei‹ vorlesen zu lassen. — Neben dem Abschreiben werde ich die Übersetzung von ›Saint Julien‹ abschließen, denn sie soll am 1. *November* in Rußland erscheinen.

Ich habe soeben den Artikel jenes Herrn über Renan gelesen: es ist schändlich. Diese ganze ›République des Lettres‹ stinkt nach Affektiertheit und nach was weiß ich an Falschem und Niederträchtigem.

Zola hat mir geschrieben. Es geht ihm gut, und er kommt Mitte September nach Paris.

Mein Chalet gefällt mir; es wird mir noch mehr gefallen, wenn es nicht mehr so nach neuen Möbeln riecht. Das Wetter ist zu schön. Das Grün der Bäume vor meinem Fenster hat einen samtenen und goldenen Glanz. Es ist sehr hübsch.

Wenn Sie Ihrer Nichte schreiben, grüßen Sie sie herzlich von mir. Auf Wiedersehen in etwas mehr als vierzehn Tagen.

Ihr alter I. Turgenev

111 [Croisset]
Donnerstag [17. August 1876]

Nun! auch ich bin *fertig*!!! und im Augenblick schreibe ich ab, was keine große Arbeit ist, denn das Werk ist kurz.

Also, mein lieber guter Alter, Sie MÜSSEN kommen und es sich anhören, so schnell wie möglich. — & wenn Ihnen die Sache zusagt, wäre es mir auch diesmal angenehm, wenn sie in einer russischen Zeitschrift erschiene, damit ich ein bißchen Geld bekomme. (Ob es mehr oder weniger gut übersetzt ist, kümmert mich wenig.) Aber wir werden über all das reden, nicht später als in acht Tagen, nicht wahr? Ich erwarte Ihren Besuch wie die dürstende Erde. Was für eine Hitze! Sapperlot!

Mir scheint, wir haben uns viele Dinge zu erzählen.

In zwei oder drei Tagen erwarte ich eine Zeile von Ihnen mit den Worten: »Ich komme.«

Grüße an die anderen
& für Sie eine feste Umarmung
von Ihrem G. Flaubert

112 Bougival, Chalet Les Frênes
Mittwoch, 23. August 76

Mein lieber Freund,
Ich habe Ihnen nicht unverzüglich geantwortet, weil ich in der Lage sein wollte, Ihnen das endgültige Datum meiner Ankunft in Croisset mitzuteilen — und das war nicht einfach — aber soeben erhalte ich Ihr Telegramm, und ich sehe mich gezwungen, Ihnen zu sagen, daß ich nicht vor dem *10. September* kommen *kann*; — aber dann *ganz bestimmt*. — Ich freue mich, daß Sie Ihre Arbeit fertig haben — falls ich finde, daß es *für den Anfang* besser ist, wenn ›St. Julien‹ in einer *russischen*

Zeitschrift erscheint — werde ich mich daranmachen, obwohl das andere beinahe schon fertig ist. Wie Sie wissen, haben wir noch Spielraum bis zum 1. November.

Ich stecke bis über den Kopf im Abschreiben — und diese Arbeit langweilt mich.

Ansonsten geht es mir gut — aber ich fühle mich von ich weiß nicht welchem Altersnebel umfangen, der sehr unangenehm ist.

Also, mein Freund — bis zum *10.*, unfehlbar.

Ich umarme Sie.

Ihr I. Turgenev

113 [Croisset]

Donnerstag abend, 24. [August 1876]

Jahrestag der Bartholomäusnacht

Mein lieber guter Alter,

Ich erwarte Sie am 10. September nicht, weil ich um diese Zeit nicht in Croisset sein werde. Aber wenn Sie Ihren Besuch um acht Tage verschieben wollen, mit welcher Freude würde ich ihn erhalten!

Ich muß eine kleine Reise machen, oder vielmehr zwei oder drei kleine Reisen, eine davon nach Saint-Gratien.

Aber ich kann nicht zulassen, mein lieber Freund, daß Sie von jetzt an mein vereidigter Übersetzer sind. Einmal, das ehrt mich; aber ein zweites Mal würde mich verdrießen.

In Rußland fehlt es nicht an Leuten, die mich schlecht und recht übersetzen können, davon zeugen jene, die Zolas Korrespondentenberichte übersetzen. Wir werden darüber reden.

Auf bald. Ich umarme Sie. Ihr alter

G. Flaubert

Ich werde Ihnen schreiben, wo ich bin.

114 [Saint-Gratien]
Mittwoch [6. September 1876?]

Mein guter Alter,
Wollen Sie sich am nächsten Freitag um 7 Uhr in der Opéra-Passage, in der Galerie de l'Horloge einfinden? (Besagte Galerie de l'Horloge ist jene, wo sich die Bedürfnisanstalten befinden!)

Ich werde gegen 3 Uhr zu Hause sein, auf dem Rückweg von Saint-Gratien. Ich werde zwei oder drei Besorgungen machen. Ich nehme ein Bad in der Rue Saint-Arnaud. Dann werde ich mich bei Goubert »zurechtmachen« lassen, dem Friseur der Opéra. Danach dinieren wir & verbringen den Abend gemeinsam. Abgemacht, nicht wahr?

Ganz der Ihre

G. Flaubert

115 [Paris]
[Samstag, 9. September 1876]

Mein lieber Freund,
Darf man mit Ihnen rechnen?

Wir fürchten, daß Sie krank sind.

Jedenfalls (& wegen Charpentier) wird unser Abendessen morgen stattfinden. — Man trifft sich bei mir um halb fünf, um ›Un cœur simple‹ anzuhören. Danach gehen wir ins Restaurant der Opéra-Comique.

Versuchen Sie zu kommen.

Ganz der Ihre.

G. Flaubert

Sie werden von Prinzessin Mathilde eine Einladung zum Abendessen für Mittwoch erhalten.

Ich war sehr verärgert, Sie gestern nicht zu sehen.

116 [Paris]

Mittwoch, 5 Uhr [13. September 1876]

Mein lieber Freund,

Daudet hat mir gestern verraten, daß seine Premiere nicht vor Montag stattfindet, obwohl sie für Samstag angekündigt ist.

Am Samstag um 1 Uhr findet die Generalprobe statt. Wenn Sie kommen wollen, brauchen Sie nur Ihren Namen zu nennen: ich bin Punkt 1 Uhr im Theater. *Bitte*, eine Zeile, um uns mitzuteilen, ob wir mit Ihnen rechnen dürfen.

Ab Montag abend bin ich frei; und am Dienstag werden wir gemeinsam zu dem Ort eilen, wo ich geboren wurde. — Der Schnellzug um fünf vor eins erscheint mir der bequemste.

Versuchen Sie, am Samstag zum Vaudeville zu kommen! — wo wir uns für Montag verabreden werden.

Ihr Alter, der Sie umarmt.

G. Flaubert

117 [Paris]

Donnerstag, 2 Uhr [14. September 1876]

Einverstanden! Bis *Dienstag*. Versäumen Sie es nicht, sonst sterbe ich.

In Erwartung dieses großen Vergnügens, mein armer Alter, umarme ich Sie.

G. Flaubert

118 Bougival, Chalet Les Frênes

Sonntag, 23. Sept. 76

Mein grimmiger Alter!

Ich bin unbehindert hier angekommen; ich hatte keine Zeit, Magny zu sehen, aber ich habe Pellé gesehen. Ich habe ihm die strittige Frage unterbreitet; er hat zu mir gesagt:

»Man macht es, und sogar oft — aber es entspricht nicht den Regeln der guten Küche!«

Das Ergebnis ist, daß ich Ihnen 6 Flaschen Champagner schulde; aber wenn ich nicht den *materiellen* Sieg habe, so doch den — *moralischen*!!

Ich habe mich wieder ans Abschreiben gemacht — heute abend werde ich zum zweitenmal das ›Cœur simple‹ lesen.

Tausend Grüße an ganz Croisset — ich hoffe, daß Ihre Nichte sich bald erholt — und ich umarme Sie.

Derjenige, der Brathähnchen *heiß* ißt, ohne Senf.

I. T.

119 [Croisset]

Mittwoch [27. September 1876]

Dickköpfiger Mensch,

Na? Sind Sie genügend ... Aber nein! Ich will Sie nicht mit meiner Großmut überrumpeln.

Finden Sie nicht, wir hätten während der letzten Stunde über etwas Besseres plaudern können? Aber Sie bestanden darauf & kamen immer wieder darauf zurück. Nun, reden wir nicht mehr davon! — Was Sie *mir schulden*, ist eine weitere Stunde, Sie flüchtiges Wesen, Individuum, das man nie unter seinem Dache haben kann.

Nichts Neues seit Ihrer Abreise. Meine Nichte liegt noch immer auf ihrem Sofa. Der Regen fällt, & ich habe soeben meine Anmerkungen zu Flavius Josephus beendet, der ein hübscher Bourgeois war. So ist es.

Diese Erzählung ›Hérodias‹ macht mir eine Heidenangst. Der Plan dazu wird ein bißchen klarer, aber nur ein bißchen.

Raoul-Duval, von dem ich heute morgen einen Brief bekam & der meint, Sie seien noch hier (o ja!), beauftragt mich, Sie zu grüßen.

Bemühen Sie sich nicht, das ›Cœur simple‹ zu übersetzen. Finden Sie jemanden für diese Arbeit, denn ich schäme mich, wenn ich Sie sie machen sehe (obwohl es mir im Grunde sehr schmeichelt).

Wann werden Sie jetzt wiederkommen? Wann sieht man sich wieder? Bleiben Sie fröhlich und denken Sie manchmal an mich.

Ihr Alter, der sie umarmt
G. Flaubert

120 Bougival (Seine-et-Oise), Chalet Les Frênes
Mittwoch, 25. Okt. 76

Ich schreibe Ihnen an einem Mittwoch — und Ihr Brief ist auf einen Mittwoch datiert — aber wie viele Wochen sind vergangen? Zwei, drei, hundert, tausend — ich weiß es nicht! Was habe ich in dieser ganzen Zeit getan? Nichts — und ich weiß nichts darüber. Die Tage sind dahingeflossen wie Wasser, wie Sand. Und Sie, haben Sie gearbeitet? — Wie geht es Madame Commanville? Sie ist seit langem wieder auf den Beinen, hoffe ich! Wann kommen Sie nach Paris? — Wir werden noch etwa zehn Tage hierbleiben. Der Himmel war die ganze Zeit grau. Ich habe nichts gelesen. — Ah, doch! Ich habe den zweiten Gesang des ›Don Juan‹ von Lord Byron gelesen — und das war ein Lichtstreif in all diesem Grau.

Wir hatten zwei oder drei Abende mit schöner Musik.

Eine Nacht lang hatte ich eine Nierenkolik. Ich dachte, ich würde krepieren.

Das ist alles!

Schreiben Sie mir eine Zeile und grüßen Sie Monsieur und Madame Commanville herzlich von mir.

Ich fühle mich wie abgestumpft — aber das hindert mich nicht daran, Sie zu umarmen.

Ihr I. Turgenev

121 Croisset

Samstag, 28. [Oktober 1876]

Ich begann, mich um Sie zu sorgen, mein lieber guter Alter. Ich hatte Angst, Sie wären krank.

Was mich betrifft, so werkle ich vor mich hin. Außer den vierundzwanzig Stunden, die ich Ende letzter Woche im Vaudreuil bei Raoul-Duval verbrachte, habe ich mich seit Ihrer Abreise nicht von hier weggerührt. — Meine Notizen für ›Hérodias‹ sind fertig, & ich arbeite meinen Entwurf aus. Denn ich habe mich auf ein kleines Werk eingelassen, das wegen der Erklärungen, die der französische Leser braucht, nicht einfach ist. Bei so komplexen Elementen klar & einfach zu schreiben, bereitet *gigantische* Schwierigkeiten. Aber wenn es keine Schwierigkeiten gäbe, wo bliebe das Vergnügen?

Lesen Sie die Theaterfeuilletons des braven Zola? Ich empfehle Ihnen als Kuriosität jenes vom letzten Sonntag. Er scheint mir beschränkte Theorien zu haben, & allmählich gehen sie mir auf die Nerven.

Was den Erfolg betrifft, so glaube ich, daß er sich mit ›L'Assommoir‹ ruiniert. Das Publikum, das ihm endlich zulief, wird sich abwenden — & nicht wiederkehren. Daran sieht man, wohin die Manie der Vorurteile, der Systeme führt. Daß man Gauner wie Gauner sprechen läßt, sehr gut! aber warum muß der Autor ihre Sprache übernehmen? & er hält das für *stark,* ohne zu merken, daß er mit diesem Trick die Wirkung, die er erzielen will, abschwächt.

Um rascher voranzukommen, habe ich große Lust, sehr lange in Croisset zu bleiben, bis zum Neujahrstag

— vielleicht bis Ende Januar? Auf diese Weise wäre ich vielleicht Ende Februar fertig. Denn wenn ich Anfang Mai einen Band veröffentlichen will, müßte ich 1. ›Hérodias‹ schnell fertig haben, damit die Übersetzung im April bei Ihnen erscheinen kann. — Was macht das ›Cœur simple‹? & ›St. Julien‹, wann werde ich ihn sehen?

Meine Nichte ist wieder auf den Beinen — & bittet mich, ebenso ihr Gatte, Sie herzlich zu grüßen.

Der junge Guy de Maupassant hat in der ›République des Lettres‹ eine Studie über mich veröffentlicht, die mich beschämt. Es ist der Artikel eines fanatischen Verehrers, aber am Schluß steht eine hübsche Zeile über uns beide.

Man wird in diesem Winter eine Aufführung des berüchtigten Stücks geben. & es ist ein weiteres — noch stärkeres! — im Anzuge: nichts als Männer.

Was soll ich Ihnen noch sagen? Gar nichts, nur daß ich Sie gern habe, mein lieber Großer! aber das wissen Sie ja. Ich umarme Sie.

Ihr alter G. Flaubert

Und die Nierenentzündung? Ist das eine Form Ihrer Gicht? oder eine neue Annehmlichkeit? Nein, nicht wahr? Pflegen Sie sich gut.

Ich hoffe, in etwa acht Tagen mit dem Schreiben anzufangen. Im Augenblick habe ich scheußliche Angst, eine solche Furcht, daß ich für den Erfolg des Unternehmens am liebsten Novenen lesen ließe!

122

Bougival, Les Frênes
Mittwoch, 8. Nov. 76

Mein lieber Freund,
Ich stecke in allen Nöten des Packens — übermorgen fahren wir nach Paris; — sobald wir uns dort eingerichtet haben — schreibe ich Ihnen ausführlicher.

Der ›Europäische Bote‹ ließ mich wissen, er könne ›Saint Julien‹ *mit* meinem Namen nicht *vor* meinem Roman abdrucken — da ein Versprechen vorliegt, nichts von mir oder von mir Unterzeichnetes vor dieser Sache zu veröffentlichen. — Aber da der Roman in der Januarausgabe erscheint, wird ›Saint Julien‹ im Februar erscheinen — vor der Veröffentlichung in Frankreich.

Ich glaube, ich habe einen guten Übersetzer für ›Un cœur simple‹ gefunden.

Es freut mich, daß Madame Commanville wieder wohlauf ist. Grüßen Sie sie tausendmal von mir.

Was die *gigantischen* Schwierigkeiten von ›Hérodiade‹ betrifft — so *glaube* ich Ihnen — aber ich bin sicher, daß Sie sie überwinden werden.

Ich habe Zolas Feuilletons nicht gelesen — aber ich habe den ersten Teil von ›L'Assommoir‹ gelesen. — Teufel! Teufel! ... Wir werden darüber reden.

Ich werde Ihnen in zwei oder drei Tagen schreiben, sobald ich mich in Paris eingerichtet habe.

Meine Nierenkolik war nur ein Zwischenfall — aber ein sehr unangenehmer — und seither geht es mir nicht schlecht.

Auf bald — ich umarme Sie.

Ihr I. Turgenev

123

Paris, 50, Rue de Douai
Samstag, 2. Dez. 76
Samstag, 9. Dez. 76

Mein lieber Alter,
Genau vor einer Woche nahm ich dieses Blatt Papier, um Ihnen zu schreiben; und ich habe kein Wort geschrieben. Ich bin in einer garstigen Verfassung; ich fühle mich alt, grau, trübe, nutzlos — und dumm. Ich hatte einen

Gichtanfall; aber auch der ist fehlgeschlagen. — Ich korrigiere die Druckfahnen meines Romans, die man mir aus Petersburg schickt — und ich finde ihn flach, unbedeutend. — Ich sehe fast niemanden; ich finde, daß Sie Paris viel zu lange fernbleiben; hätte ich mit Ihnen plaudern können — dann wäre alles in Ordnung gekommen, — aber man müßte zu ausführlich schreiben — 1.) ist es ermüdend; 2.) muß man auf dem Papier *alles* sagen — sogar das, was sich von selbst versteht. Wir hatten ein Abendessen mit Zola und Goncourt; Daudet konnte nicht kommen. — Man hat Sie vermißt; Monsieur Pellé hat uns ein scheußliches Essen vorgesetzt; man darf nicht mehr hingehen. Also — wann sieht man Sie wieder in Paris? Geht die Arbeit voran? Was macht die Gesundheit? — Goncourt hat uns ein Fragment seines Romans vorgelesen — mit vor Rührung gebrochener Stimme. Das kam mir merkwürdig vor — einen grauhaarigen Mann zu sehen, der so gerührt ist. — Was er uns vorgelesen hat, erschien mir gut — aber ein bißchen zu verkürzt. Ich habe die Nase in ›L'Assommoir‹ gesteckt; ich bin nicht begeistert davon (das bleibt streng unter uns). Es ist zwar von Talent — aber schwerfällig — und man schwenkt zu oft den Nachttopf.

Ja wirklich, wann kommen Sie? Lassen Sie es mich wissen — unverzüglich — ahmen Sie mich nicht nach.

Und was sagen Sie zu dem hübschen Schlamassel, in dem man hier herumplantscht?

Wir werden ganz bestimmt Krieg haben — »was immer man sagt«. — Ich hoffe, ein Einkommen von 10 000 Rubel zu haben (für das ganze Jahr 1877). In guten Zeiten wären das 35 000 Francs. In mittelmäßigen Zeiten — 30 000; in schlechten — 25 000. Man muß mit 25 000 rechnen — nicht mehr. Da ich mehr als 10 000 Francs Unkosten habe — und ebensoviel Schulden — bleibt nicht viel übrig! Geduld!

Grüßen Sie Ihre Nichte und ihren Gatten herzlich von mir. — Ich bin eine weiche Birne — ein alter Lappen — aber ich habe Sie gern und umarme Sie.

Auf Wiedersehen!

I. Turgenev

124 [Croisset]

Donnerstag, 14. Dezember [1876]

Ich wußte nicht mehr, was ich von Ihrem Schweigen halten sollte, mein guter Alter, und ich hatte meine Nichte, die seit einiger Zeit in Paris ist, gebeten, bei Ihnen nachzusehen, ob *mein* Turgenev nicht gestorben ist.

Sie scheinen mir matt und traurig zu sein. Warum? Ist es die Geldfrage? Nun, was ist dann mit mir! Ich arbeite darum nicht weniger, sogar mehr denn je. Wenn ich so weitermache, bin ich Ende Februar mit ›Hérodias‹ fertig. Zu Neujahr hoffe ich, die Hälfte hinter mir zu haben. Was wird es sein? Ich weiß es nicht. Jedenfalls stellt es sich als ein großes Gebrüll dar; denn im Grunde gibt es nur *das*: die Brüllerei, die Emphase, die Hyperbel. Seien wir frenetisch!

Auch ich habe einige Teile von ›L'Assommoir‹ gelesen. Sie haben mir mißfallen. Zola wird eine Preziöse, anders herum. Er glaubt, daß es energische Wörter gibt, so wie Cathos und Madelon glaubten, daß es edle gäbe. Das *System* führt ihn in die Irre. Er hat Prinzipien, die ihm das Gehirn schrumpfen lassen. Lesen Sie seine Feuilletons vom Montag, Sie werden sehen, er glaubt, den »Naturalismus« entdeckt zu haben. Was die Poesie und den Stil betrifft, die beiden ewigen Elemente, so erwähnt er sie nie. Sie können auch unseren Freund Goncourt fragen. Wenn er aufrichtig ist, wird er Ihnen gestehen, daß die französische Literatur vor Balzac nicht existierte. Da sieht man, wohin übertriebener Esprit und die Angst, in Schablonen zu fallen, führen.

Haben Sie in der Dezemberausgabe von Buloz' Blatt einen Artikel von Renan gelesen, den ich in seiner Originalität und moralischen Größe unvergleichlich finde? Außerdem steht in derselben Ausgabe ein Geschwätz des Bürgers Montégut, wo er mich, wenngleich er meine Bücher absolut ablehnt (ohne von ›Salammbô‹ zu sprechen), mit Molière und Cervantes vergleicht. Ich bin nicht bescheiden, aber, obwohl allein und »im stillen Kämmerlein«, bin ich darüber vor Scham errötet. Eine widerwärtigere Dummheit läßt sich nicht denken.

Ansonsten lese ich *keinerlei* Zeitung. Am letzten Sonntag habe ich durch Zufall von dem Regierungswechsel erfahren, der mir im übrigen vollkommen egal ist. Was den Krieg betrifft, so wünsche ich mir 1. die totale Vernichtung der Türkei und 2. daß wir Franzosen von dem Gegenschlag nichts zu spüren bekommen.

Die Weigerung Preußens, an der Ausstellung teilzunehmen, erscheint mir eine klägliche Idee. Klein! Klein!

N.B. Und jetzt, mein Guter, antworten Sie mir klar und deutlich. Können meine drei Erzählungen im nächsten April auf russisch erscheinen (›Hérodias‹ kann im Februar fertig sein)? Für diesen Fall wäre es mir möglich, sie Anfang Mai in einem Band zu veröffentlichen. Die Notlage, in der ich mich befinde, läßt mich das *heftig* wünschen. Andernfalls muß ich es auf den Winter verschieben, was mich verdrießen würde.

Um schneller voranzukommen, ist es sehr wahrscheinlich, daß ich bis Ende Januar hierbleibe. Aber was für ein Fest, wenn ich wieder bei Ihnen bin! Ich kann es kaum erwarten.

Nun, schütteln Sie Ihre Faulheit ab! Schreiben Sie mir! Ich bin tugendhaft und verdiene Rücksicht.

Ihr G. F.
umarmt Sie zärtlich.

Was für eine Geschichte, die des Grafen de Germiny als Päderast verhaftet! Das ist eine jener Anekdoten, die trösten und das Dasein ertragen helfen.

125 Paris, 50, Rue de Douai
Dienstag, 19. Dez. 76

Mein lieber Alter,
Ich komme von einer tugendhaften Familienreise zurück, die mich drei Tage gekostet hat — und die mich ziemlich gelangweilt hat. Und so beantworte ich jetzt Ihren Brief. Erörtern wir zuerst die Frage der drei Erzählungen.

›Saint Julien‹ ist übersetzt, befindet sich in Händen des Verlegers — und wird zu meinem üblichen Satz bezahlt — d. h. er wird Ihnen 300 Rubel einbringen (der Rubel schwankt zwischen 2 Francs 85 Centimes und 3 Francs 30 Centimes) pro Druckbogen (16 Seiten). — Hier jedoch der Haken. Ich mußte meinem Verleger und dem Publikum förmlich versprechen (in einer Notiz, die ich aus Dummheit habe veröffentlichen lassen), *vor* meinem verteufelten Roman *nichts* unter meinem Namen *zu veröffentlichen.* — Diesen Roman habe ich abgeschlossen — ich habe ihn nach St. Petersburg geschickt — und er wird im Augenblick gedruckt; doch mein Verleger, die Schlange, statt ihn im Ganzen zu drucken (was er mir förmlich versprochen hatte), teilt ihn in zwei Hälften — so daß er in den beiden Lieferungen vom 1./13. Januar und 1./13. Februar erscheint — und er hat mich so um den kleinen Finger gewickelt, daß ich (in meiner Eigenschaft als weiche Birne) meine Zustimmung gegeben habe zu dieser Verstümmelung — was den unglücklichen ›Julien‹ auf den 1./13. März verschiebt. Die beiden anderen Erzählungen müßten also in der Ausgabe vom 1./13. April veröffentlicht werden; auf jeden Fall *darf das ›Cœur simple‹ nicht allein veröffentlicht werden.* — Das ist nicht unmöglich, nach dem, was Sie mir schreiben. Ich habe das ›Cœur simple‹ einer russischen Literatin gegeben, die sehr gut mit der Sprache umzugehen weiß (sie ist hier in Paris) — und wenn sie ihre Sache gut macht, könnte ich ihr auch ›Hérodiade‹ anvertrauen. Natürlich werde ich die Übersetzung mit größter Sorgfalt durchsehen — ich werde sie noch einmal abschreiben, falls nötig — denn mein Name muß darunter stehen! Sonst hieße es: da er die erste Erzählung übersetzt hat, warum übersetzt er die anderen nicht? Sind sie also weniger gut? So kommen wir nie zu einer guten Bezahlung. Aber — eine weitere Schwierigkeit! Ich reise am *15. Februar* nach Petersburg (behalten Sie das für sich), um einen Monat dort zu bleiben. Wahrscheinlich sind Sie bis dahin noch nicht fertig — oder falls doch, könnte ich nur das Original mitnehmen, ohne Zeit zu haben, eine Übersetzung machen zu lassen; nun, dann müßte ich jemanden in Petersburg finden — was nicht unmöglich ist. — *Endergebnis:* versuchen Sie, ›Hérodiade‹ in den ersten Februartagen fertig zu haben. — Dann sehen wir weiter!

Was die anderen Punkte betrifft, die Sie in Ihrem Brief erwähnen, so antworte ich lapidar — denn ich will nicht über die Seite hinausgehen.

1. Dringende Bitte, Ihre Rückkehr zu beschleunigen, denn Sie fehlen mir sehr!

2. Über Zola — sind wir uns einig. (N.B. Am Freitag findet unser Abendessen im Restaurant der Opéra-Comique statt. Pellé ist ein Schwein.)

3. Renan. Sein Artikel ist sehr interessant — persönlich; aber welch ein Mangel an Farbe und an Leben! Ich *sehe* nichts: weder die Bretagne noch all seine Heiligen, noch seine Mutter, noch seine kleinen Mädchen, die schuld daran sind, daß seine erste Liebe »sich teilt« — noch ihn selbst! Und warum sagt er, *Gott* habe ihm eine Tochter geschenkt?

4. Ich habe Monsieur Montégut nicht gelesen — denn er widert mich an. — Wahrscheinlich wird es keinen Krieg geben — Sie sind indirekt davon betroffen — denn er hat einen verteufelten Einfluß auf den Kurs des Rubels; — der Regierungswechsel hat mich kalt gelassen. Germiny ist pyramidal! Das läßt einen fast an die Existenz eines persönlichen, ironischen und spöttischen Gottes glauben!

Ich habe den Besuch von Madame Commanville bekommen; ich war sehr entzückt und sehr geschmeichelt; — mir schien, daß sie blendend aussah.

Und jetzt umarme ich Sie.

Ihr I. T.

126 [Croisset]

Sonntag abend [24. Dezember 1876]

Uff! ich habe gerade eine Schufterei hinter mir, die *zehn Stunden hintereinander* gedauert hat. — Und so werde ich nachher, um Luft zu schnappen, zur Mitternachtsmesse ins Kloster von Sainte-Barbara gehen, zu den Nonnen. Sie sehen, mein Guter, ich bin ziemlich romantisch!

Aber das vorliegende Schreiben (Geschäftsstil) soll Ihnen nur für die Übersetzungen danken. Wahrhaftig, wenn ich diesen Band im Frühjahr erscheinen lassen könnte, nachdem ich ihn als Feuilleton 1. in Rußland und 2. in den Pariser Zeitungen veröffentlicht hätte, würde mich das zu großem Dank verpflichten.

Wenn Sie erst Ende Februar abreisen, wird alles fertig oder fast fertig sein. Jedenfalls wäre noch am 13. Mai (!) Zeit, da ich ja das Recht habe, anderswo & nach Gutdünken unmittelbar danach zu veröffentlichen. — Aber wenn es später wäre, müßte man bis zum Winter warten.

Bei einer so *frenetischen* Arbeit (zumal, da ich in keiner Weise das Verfahren ändere) können Sie sich denken, daß ich nicht vor Ende Januar oder sogar erst Anfang des folgenden Monats in Paris sein werde.

Germiny bereitet mir weiterhin unendliches Vergnügen. Empfinden Sie nicht alle Wonnen der Rache, wenn einem offiziellen Herren solche Geschichten zustoßen? Die Strahlen der himmlischen Glorie vermischen sich mit den Falten des Afters, die Toga des Tribunals über den Latrinen. Und der Juwelier! was für ein Juwel! Und das Zähneknirschen in den Sakristeien! . . . Welch ein Stoff für ein Theaterstück! Schreiben wir es!

Als unser Ältester müssen Sie Guy dazu anstiften. Ich fühle es.

Darauf umarme ich Sie & wünsche Ihnen ein gutes Jahr, Ihr alter

G. Flaubert

127 Paris, 50, Rue de Douai
2. Jan. 77

Mein lieber Freund,
Auf der folgenden Seite finden Sie ein Stück Poesie, das ein Schulmeister (anläßlich des Neuen Jahres) seiner Klasse diktiert hat — und das der Sohn unserer Hausmeisterin — ein Junge von *8* Jahren — seinen Eltern geschenkt hat. Die Mutter (die, nebenbei gesagt, nicht

lesen kann) kam und zeigte diese schöne Sache Madame Viardot (sie war stolz darauf — und hatte Tränen in den Augen) — und ich habe mich beeilt, dieses reine Meisterwerk abzuschreiben, um es Ihnen zu schicken. Ergründen Sie, wenn Sie können, die Tiefen dieser Schulaufseherseele, die in Rhetorik ersäuft!

Ich habe einen Gichtanfall im linken Knie; ich hoffe, es ist nichts — aber im Augenblick kann ich mich nicht bewegen.

Und Sie — arbeiten Sie immer noch tüchtig? — Die Gesundheit ist gut?

Ich umarme Sie zärtlich.

I. Turgenev

Liebe Eltern!
Ein Neues Jahr beginnt seinen Lauf.
Und ihr kennt die Wünsche, die mein Herze hegt.
Einen vor allem, den die Liebe uns eingibt:
Daß ihr mich immer so lieben mögt,
Wie ich suche, euch zu gefallen!
Neidisch auf das Glück der Liebenden,
Vergnügt sich die Zeit, deren Bande zu zerstören;
Dieser Knoten, der einst ihnen teuer war, ermüdet sie [nun;
Der Wind verweht ihre Schwüre,
Und für die unglückselige Geliebte
Ist meist das gute Jahr
Jenes, das gerade zu Ende geht!
Aber die zärtliche Liebe der Kinder
Unterliegt nicht der Reue:
Immer lebendig, immer sich gleich,
Kann die Zeit ihren Weg nicht hemmen;
Gleich den Feuern der Vestalin
Erlischt nie Ihre Glut!

128 [Croisset]

Donnerstag, 3 Uhr [4. Januar 1877]

Danke für Ihr Stück Poesie, mein guter Turgenev. Es ist *entzückend*! Heilen Sie Ihr Knie.

Ich arbeite, soviel ich kann, um am 15. Februar fertig zu sein — was mir sehr schwer erscheint. Welche Last ich mir aufhalse!

Ehrerbietige Grüße an die Ihren.

Ihr G. Flaubert
umarmt sie zärtlich.

129 Croisset

Dienstag, 16. Januar [1877]

Mein lieber Alter,

Was macht die Gicht?

Meine Nichte schrieb mir, Sie erinnerten sie an Monrose!

Ist es die Folge Ihrer Geldangelegenheiten? Goncourt sagt mir, daß die seinigen sehr schlecht stünden. Auch die meinigen nehmen keine gute Wendung.

Ich frage mich, ob es in einiger Zeit möglich sein wird zu leben, ohne sich um Geld zu kümmern, ohne Bankier zu sein, ohne irgend etwas zu verkaufen oder zu kaufen. — Reizende Aussichten für die Menschheit! — Lauter Krämer!

Die Griechen hätten nicht getan, was sie getan haben, ohne die Minen des Laurium, die ihnen die Möglichkeit gaben, keinem Beruf nachzugehen. — Welch ein Philosoph muß man doch sein, um das Leben zu ertragen, mein lieber Freund!

Ich habe in diesem Winter gigantisch gearbeitet. Und so kommt meine ›Hérodias‹ voran. Wenn ich nach Paris komme (am 3. Februar, nächsten Samstag in vierzehn Tagen), bleiben mir vielleicht noch fünf oder sechs Seiten. — Daher glaube ich, Ihnen alles (laut Ihren Anweisungen, Monseigneur) um den 15. Februar geben zu können. — Auf diese Weise würde der Band Anfang oder Mitte Mai auf französisch erscheinen. Es wäre noch Zeit.

Aber wenn Sie am 15. nach Rußland fahren, wird man Sie in diesem Winter also nicht sehen? Dieser Zweifel verdrießt mich.

Ich weiß, daß Catulle im Ambigu ein Stück probieren läßt. Wenn Sie ihn sehen, sagen Sie ihm, daß ich beabsichtige, zur Pemiere zu gehen.

Was sagt man zu ›L'Assommoir‹, das gestern herausgekommen ist? Ich habe Zola geschrieben, es mir nicht zu schicken. Es würde mich stören. Aber ich brenne darauf, es zu lesen.

Ich umarme Sie.
Ihr G. Flaubert

130 Paris, 50, Rue de Douai
Mittwoch abend, 24. Januar 1877

Mein lieber Alter,
Ich schicke Ihnen zwei Nummern des ›Temps‹, in dem eine kleine Dummheit von mir steht. Lesen Sie das, wenn Sie nichts Besseres zu tun haben.

Der erste Teil meines Romans, der in Rußland erschienen ist, scheint meinen Freunden sehr viel Vergnügen zu bereiten und dem Publikum sehr wenig. Die Zeitungen finden, daß ich verbraucht bin, und erschlagen mich mit meinen eigenen vergangenen Sachen (wie Sie mit ›Madame Bovary‹).

Ich freue mich zu wissen, daß Sie tüchtig arbeiten, und Madame Commanville, die ich gesehen und bei guter Gesundheit und guter Laune angetroffen habe, sagte mir, daß Sie früher zurückkämen, als Sie vermutet hatten. Bravo! Sie fehlten mir hier. Was mich betrifft, so werde ich nicht vor Anfang März abreisen.

Zola hat mir sein ›Assommoir‹ geschickt. Es ist ein dicker Band, ich werde mich daranmachen.

Der arme Maupassant verliert alle Haare am Körper! (Er hat mich aufgesucht.) Es ist eine Magenkrankheit, wie er sagt. Er ist immer noch sehr nett, zur Zeit aber recht häßlich.

Trotz allem glaube ich weiterhin, daß es im Frühjahr Krieg geben wird.

Und jetzt umarme ich Sie, und auf Wiedersehen.

I. Turgenev

131 Croisset

Mittwoch abend, 9 Uhr [24. Januar 1877]

Mein lieber guter Alter,
Sie haben mir nicht gesagt, wie lange Sie in Rußland bleiben werden. Die Vorstellung, daß wir uns trennen müssen, ohne uns gesehen zu haben, verdirbt mir schon im voraus den Winter. Es ist ärgerlich.

Meine Nichte schrieb mir heute morgen, um anzufragen, *wen* ich am Sonntag, dem 4. Februar, zum Abendessen haben wolle. Ich habe unverzüglich geantwortet: Turgenev.

Und ich werde ›Hérodias‹ vor dem 15. nächsten Monats fertig haben*!!! — Aber ich bin zu drei Vierteln krepiert. Ich umarme Sie.

G. Flaubert

* vielleicht sogar schon in acht Tagen.

Wenn Sie unsere Freunde sehen, richten Sie ihnen aus, daß ich am Nachmittag des 4. zu Hause sein werde. Das erspart mir die Mühe, ihnen zu schreiben. — Ich kann nicht mehr.

132 [Croisset]
Freitag, 2 Uhr [26. Januar 1877]

Ich kann dem Wunsch nicht widerstehen, Ihnen zu sagen, daß »Ihre kleine Dummheit« *ein Meisterwerk* ist! und ich kenne mich da aus, bei Gott!

Wenn das ein Beweis für Dekadenz ist, wie Ihre Landsleute behaupten, dann seien Sie dekadent!

Wie originell es ist und wie gut geschrieben! kein Wort zuviel!

Welch heimliches Ungestüm! welche meisterliche Handschrift. Ich bin hingerissen davon. Scherz beiseite und ohne Schmeichelei, es erscheint mir erstrangig!

Und ich, der ich Zola gebeten hatte, mir sein ›Assommoir‹ nicht zu schicken, um nicht gestört zu werden!!!

Jetzt Adieu! Ich rechne mit Ihnen am Sonntag um acht!

Ihr alter G. F. umarmt seinen Alten.

Am Anfang der dritten Spalte der zweiten Nummer steht ein scheußlicher Satz, wegen der vielen *daß*.

133 [Paris]
Samstag morgen [24. Februar 1877]

Mein guter Alter,
Ich habe soeben Pouchet geschrieben, um ihn zu bitten, sich morgen nachmittag gegen 4 Uhr bei mir einzufinden, und ihm gesagt, daß Sie seinen Rat brauchen. Versuchen Sie also dazusein.

Saint-Saëns hat mich vergessen. Aber da ich die Aufregungen der Premieren kenne, verzeihe ich ihm ohne weiteres. Gleichviel! es hätte mich gefreut, ihm zu applaudieren.

N.B. Gäbe es eine Möglichkeit, der Probe von Massenet beizuwohnen?

Bis morgen, und *ex imo.*

G. Flaubert

Erinnern Sie mich daran, Sie über zwei Stellen des ›Cœur simple‹ zu befragen.

134 Paris, 50, Rue de Douai

Mittwoch, 11.30 Uhr morgens, 14. März [1877]

Mein lieber Alter,

Ich habe soeben der Prinzessin Mathilde geschrieben, daß ich nicht zu ihrem Abendessen kommen kann; es tut mir leid — es ist ein wahres Pech — aber ich kann entschieden mein Gesicht nicht draußen zeigen — ich gehe zum erstenmal aus dem Haus, um einen Zahnarzt aufzusuchen, und kehre sofort zurück. — Ich hatte heute nacht wieder heftige neuralgische Schmerzen.

Bitte, sagen Sie der Prinzessin, daß dies leider die Wahrheit ist.

Etwas anderes: Stasjulevič schreibt mir soeben, daß er nach reiflicher Überlegung die *beiden* Legenden zusammen veröffentlichen will — in der Ausgabe vom 13. April. Das ist seine Sache, und er hat vielleicht recht. — Ich hatte ein kleines Vorwort geschrieben. — Das ändert nichts an der Veröffentlichung hier. — Stasjulevič schreibt, daß er, da ›Hérodiade‹ die gleiche Länge hat wie ›Saint Julien‹, diesen seinen Berechnungen zugrundelegen — und das Geld alsbald schicken werde (ich habe ihm indirekt zu verstehen gegeben, daß Sie darum nicht böse sein würden!).

Ich drücke Ihnen melancholisch die Hand.

Ihr I. Turgenev

135 [Paris]

Mittwoch, 5 Uhr [14. März 1877]

Mein armer Alter,

Ich werde der Prinzessin in Kürze ein pathetisches Gemälde Ihres Zustandes geben.

Schicken Sie mir bis morgen abend ein kleines Billet über Ihre Gesundheit. Es betrübt mich, Sie leidend zu wissen.

Was die einmonatige Verzögerung betrifft, so verstimmt sie mich nur aus Furcht vor einer zweiten Verschiebung.

Erklären Sie den Leuten dort, daß sie für mich sehr mißliche Folgen hätte.

Ich danke Ihnen nicht für alles, was Sie für mich tun, das hieße Sie beleidigen.

Ich umarme Sie
G. Flaubert

136 [Paris]

Sonntag morgen [15. April 1877]

Gestern, um 5 Uhr, als ich mich gerade ankleiden wollte, um mich zu Ihnen zu begeben, kam Prinz Napoléon, um mir einen Besuch abzustatten. Das ist der Grund, warum Sie mich nicht gesehen haben.

Geben Sie mir Nachricht von sich, lieber armer Alter!

Man hat Sie bei Taine sehr vermißt, wo es ein reizendes kleines philosophisches Abendessen gab.

Versuchen Sie, bis Mittwoch wieder gesund zu sein.

Schicken Sie mir die Adresse von *Chamerot*. Ich muß ihn persönlich sehen. Charpentier ist eine Schlafmütze.

Auf bald.

Tibissimi. G. Flaubert

Ich schufte wieder an ›Bouvard et Pécuchet‹.

137 [Paris]

Montag abend, 9 Uhr [7. Mai 1877]

Alphonse Daudet: Rue des Vosges, 18.

Warum kommen Sie nicht am Freitag abend zu den Charpentiers? Wir werden fast alle dort sein. Es ist ihr letzter Freitag.

Halten Sie sich bereit, nächstens mit Renan & mir bei Madame de Tourbey zu dinieren. Man muß »dieses kleine Familienfest« wiederholen, das verunglückt ist, weil Sie nicht da waren.

Bis morgen, gegen 10 Uhr, bei Victor Hugo.

Ihr alter

G. Flaubert
umarmt Sie.

138 [Paris]

Donnerstag abend, Mitternacht [10. Mai 1877]

Mein guter großer Mann,

Ich habe soeben ›Neuland‹ zu Ende gelesen.

Das ist ein Buch, & es entschlackt einem das Gehirn von aller vorherigen Lektüre!

Ich bin wie betäubt davon, obwohl ich das Gesamtbild vollkommen erfasse. Was für ein Maler! & was für ein Moralist Sie sind, mein lieber, sehr lieber Freund!

Um so schlimmer für Ihre Landsleute, wenn sie Ihr Buch nicht für ein Wunderwerk halten. Das ist meine Meinung, & ich kenne mich da aus.

Kommen Sie also Samstag gegen 4 Uhr —, vor Ihrem Abendessen, damit wir uns ganz allein in aller Ruhe darüber unterhalten können. Ist es Ihnen lieber, wenn ich zu Ihnen komme? Ich kann es kaum erwarten, Sie zu umarmen.

Hier & dort habe ich ein paar Bleistiftstriche angebracht. Sie betreffen nur Winzigkeiten. Die Übersetzung

erschien mir befriedigend. Allerdings war ich so gepackt.
Nochmals bravo.

Tibissimi. G. Flaubert

Morgen früh beginne ich mit der zweiten Lektüre. Oh! die beiden kleinen Alten! ... & alles übrige.

139 [Paris] 50, Rue de Douai
Samstag, 19. Mai [1877]

Mein lieber Alter,
Sie müssen sich gestern gesagt haben: »Was für ein Possenreißer! — Er kommt nicht zur ›Feuille de rose‹, weil er die Gicht hat — und am nächsten Tag spaziert er in der Stadt herum!« Nun, ich bin gar nicht so ein Possenreißer, wie es aussieht. Es ging mir gestern überhaupt nicht gut — als ich aus dem Haus gegangen bin (ich war nur knapp eine Stunde weg — und Sie sind 5 Minuten zu früh gekommen) — und vorgestern, Donnerstag, war mir so elend — meine beiden Füße taten mir so weh — ich fühlte mich so hilflos, alt, gichtkrank, gelähmt — daß mich der Gedanke, aus dem Haus zu gehen und mir anzusehen, was man uns zeigen wollte — mit düsterer Melancholie erfüllt hat: ich zweifle nicht daran, daß ich mich dort gelangweilt hätte — schlimmer noch — selbst wenn ich — mit den beiden Wunden, die ich anstelle von Beinen habe — bis zum Atelier hätte hinaufsteigen können! — Ich habe mich entschlossen, zu Hause zu bleiben wie eine alte Kröte in ihrem feuchten Loch. Ich werde mir alle Mühe geben, mich morgen zu Ihnen zu schleppen. Wenn nicht — adieu!

Sobald ich in einen Zug steigen kann — werde ich abreisen, wahrscheinlich Ende nächster Woche.

Ich möchte Sie aber vorher gern sehen.

Ich umarme Sie — traurig.

I. Turgenev

140 Paris, 50, Rue de Douai
Sonntag morgen [27. Mai 1877]

Mein lieber Freund,
Heute nacht ist mein Fuß erneut angeschwollen — und so bin ich wieder an meinen Sessel gefesselt. Ich bin nicht sicher, ob ich übermorgen abreisen kann; — aber jedenfalls kann ich heute das Haus nicht verlassen.

Ich schicke Ihnen Ihre Manuskripte zurück. Wenn Sie Zola sehen, sagen Sie ihm, daß ich ihm ein paar Feuilletonthemen schicken werde, sobald ich Stasjulevič gesehen und gesprochen habe. Inzwischen ist mir eine Idee gekommen. Wenn er eine physiologische Studie — von hinter den Kulissen — über den Pariser Journalismus schriebe? Es wäre nichts Aktuelles — aber das könnte sehr kurios sein. — Das russische Publikum ist närrisch auf solche Sachen.

Also — adieu; und auf Wiedersehen in besseren Zeiten. — Ich umarme Sie

I. Turgenev

P.S. Tausend Grüße an Madame Commanville und ihren Gatten.

141 Bougival, Les Frênes, 16, Rue de Mesmes
Mittwoch, 11. Juli 77

Mein lieber Alter,
Ich bin seit gestern wieder hier! — Meine Reise ist durch einen heftigen *Gicht*anfall (!!!) in St. Petersburg abgekürzt worden. — Ich habe Ihnen einen Morgenrock mitgebracht, der ebenso schön ist wie jener, den der Schah von Persien oder besser der Khan von Buchara trägt! — Aber ich bin nicht sicher, ob Sie zur Zeit in Croisset sind; schreiben Sie mir eine Zeile. — Wir werden sehen, ob wir einen Besuch vereinbaren können. Im Augenblick

ist mein Fuß noch geschwollen, und das Gehen macht mir Mühe. Arbeiten Sie? Was macht die Gesundheit? Viele Grüße an alle — und ich umarme Sie.

I. Turgenev

142 Croisset

Donnerstag, 12. [Juli 1877]

Mein lieber guter Alter,
Madame Viardot hatte am vergangenen Sonntag die große Güte, mir zu sagen, daß sie Sie »morgen« erwarte, das heißt am Montag. — Da sie hinzufügte, daß Sie krank seien und daß sie keine Briefe von Ihrer Exzellenz erhalten habe, bin ich besorgt.

Nun, sind Sie zurückgekehrt? Wie geht es Ihnen? Ich brenne darauf, das zu erfahren. — Wenn Sie eine Feder halten können, schreiben Sie mir sofort.

Dann wird man ein bißchen ausführlicher korrespondieren. Ich sehne mich nach Ihnen, & ich umarme Sie wie ich Sie liebe, das heißt sehr fest.

Ihr alter G. Flaubert

4 Uhr.

Ich erhalte Ihren Brief, & ich mache den meinigen noch einmal auf, mein lieber guter alter Turgenev, um Ihnen zu sagen, daß ich sehr froh bin, Sie wieder hier zu wissen! — Heilen Sie Ihren Fuß, und schreiben Sie mir dann ausführlich.

›Bouvard et Pécuchet‹ kommen zwar nur langsam voran — aber sie kommen voran. Ende nächster Woche bin ich mit der Medizin fertig.

Mitte August werde ich in Croisset sein. Allen hier geht es gut.

143 Croisset
Donnerstag [19. Juli 1877]

Es war sehr nett von Ihnen, mir gleich nach Ihrer Rückkehr zu schreiben, mein lieber guter Alter. — Aber jetzt wünsche ich mir ein wenig mehr Einzelheiten über Ihre große & vortreffliche Person.

Und als erstes, wie geht es diesem Fuß? Ist er abgeschwollen? Kurz, ist der Anfall vorüber?

Haben Sie in Rußland getan, was Sie tun wollten? Sind Sie mit den Regelungen in bezug auf Ihre Vermögensangelegenheiten zufrieden? & wie steht es, bei alledem, um die hochheilige Literatur?

Ich warte, um Tränen der Dankbarkeit zu vergießen, bis ich den berühmten *Morgenrock* gesehen habe. Aber schon jetzt danke ich Ihnen überschwenglich; nichts hätte mir angenehmer sein können, & *ich brenne darauf* hineinzuschlüpfen.

Meine Medizin ist fertig (ich spreche von ›B. et P.‹). Im Augenblick bereite ich die Geologie & die Archäologie vor (in der Umgebung von Falaise). Wenn diese Arbeit beendet ist, werde ich einen ziemlich langen Ausflug in die Basse-Normandie machen.

Dann komme ich hierher zurück, um das Ende dieses schrecklichen II. Kapitels zu schreiben, das mich fast umgebracht hätte. & wenn es fertig ist (gegen Neujahr?), habe ich, ungefähr, das erste Viertel hinter mir! — Man muß verrückt sein, um solche Werke in Angriff zu nehmen! Im übrigen könnte dieses hier sehr wohl idiotisch sein. Jedenfalls wird es nicht banal.

Ich lese nichts außerhalb meiner unmittelbaren Studien. & Sie?

Ich wäre gern bei den Wahlen, um die Gesichter der Mac-Mahonianer zu sehen. In der Provinz geht L'Ordre moral so weit und unterdrückt Wohltätigkeitsversammlungen (die nicht klerikal sind). O menschliche Dummheit!

Adieu, mein lieber guter Alter.

Ich umarme Sie Ihr G. Flaubert

144 Bougival, Les Frênes, 16, Rue de Mesmes
Dienstag, 24. Juli [1877]

Mein lieber Alter,

Ich habe Ihnen nicht sofort geantwortet, weil ich eine vage Hoffnung hatte, nach Croisset zu kommen, um Ihnen den Morgenrock selbst zu bringen; aber diese Hoffnung ist — im Augenblick — verflogen und so schreibe ich Ihnen und schicke Ihnen den Morgenrock mit der Eisenbahn. — Meinem Fuß geht es sehr viel besser — aber es wäre mir noch unmöglich, viel herumzulaufen — ich glaube, daß ich schließlich das neue Medikament ausprobieren werde, das man in den Zeitungen so anpreist — und dessen Name mit *sal* anfängt und mit *ate* aufhört. — Diese verfluchte Gicht nimmt bei mir eine halb chronische, halb akute Wendung, die mich verdrießt. Schade, daß B. und P. mit ihrer Medizin *fertig* sind — ich hätte sie gern um Rat gefragt.

Ich habe in Rußland nur 1/4 dessen getan, was ich tun wollte — was immerhin schon etwas ist. Natürlich habe ich das Wichtigste nicht getan: ich habe meinen Bruder nicht gesehen. — All das ist normal.

Ich wünschte, dieser Krieg wäre aus, damit der Kurs des Rubels wieder steigen kann. — Die augenblickliche Situation legt meine Mittel völlig lahm.

Sie arbeiten — das ist gut; und die Angelegenheiten — jene Sache, die — Sie erinnern sich — so viel versprach, wie steht es damit?

Meine eigene Literatur ist — im Augenblick — in den tiefsten Tiefen der Abgründe.

Ich habe die kleine Novelle von Zola im *Écho Universel* gelesen. Vor allem der Anfang ist bemerkenswert. — Viele Grüße an alle — ich umarme Sie.

I. T.

P.S. Lassen Sie es mich wissen, wenn Sie den Morgenrock erhalten haben.

145 Croisset

Freitag, 4 Uhr [27. Juli 1877]

Herrlich!

Ich bin sprachlos. Danke, mein lieber guter Alter. Das ist ein Geschenk!

Ich hätte Ihnen früher geantwortet, wenn die Eisenbahn die Pakete bis hierher brächte. Dem ist nicht so, was 24 Stunden Verspätung bedeutet, oder vielleicht 36. & der Bahnhofsvorsteher hat mir erst gestern abend geschrieben.

Dieses königliche Gewand versetzt mich in absolutistische & wollüstige Träume. Ich möchte ganz nackt darunter sein, & Tscherkessinnen darin beherbergen! — Obwohl es im Augenblick gewittrig ist und mir zu heiß ist, trage ich besagte Bekleidung und denke dabei, wie nützlich sie mir in diesem Winter sein wird. Wahrhaftig, Sie hätten mir kein schöneres Geschenk machen können.

Ich bereite die Geologie von ›B. et P.‹ vor; & am Montag fange ich wieder zu schreiben an. Wenn ich mit diesem Kapitel fertig bin, werde ich ein großes Uff ausstoßen!

Es ist möglich, daß ich Sie Ende August in Bougival besuchen komme? Im Augenblick lade ich Sie nicht nach Croisset ein, weil Ihr Zimmer von einer Freundin von Caroline belegt sein wird. — Sie bleibt ungefähr vierzehn Tage.

Im September werde ich in der Basse-Normandie archäologische und geologische Ausflüge machen (immer noch für meine beiden Idioten!). Ich fürchte, bald selber einer zu sein. Was für ein Schmöker! In welchen Abgrund (Wespennest oder Latrine) bin ich geraten! Es gibt kein Zurück mehr.

Aber dieser Herbst, zum Teufel! Sie müßten herkommen — & *hier bleiben*. Ein Erscheinen für 24 oder 36 Stunden ist *grausam* & empört mich im voraus.

Was die »Angelegenheiten« betrifft, so schleppen sie sich dahin. Das Schlimmste ist überstanden, immerhin. — Aber die 200 letzten tausend Francs sind schwer zu finden.

Ich lese im ›Temps‹ den ›Nabab‹. — Was halten Sie davon? Es kommt mir ein bißchen nachlässig im Stil vor, ein bißchen kindisch?

Der Orientkrieg, der mich nicht im geringsten betrifft, ärgert mich. Ich wünsche den Kindern des Propheten eine tüchtige Tracht Prügel & vor allem schnell, damit es Frieden gibt.

Waren Sie, wie ich, empört über Madame Gras? Sie ist die größte Verbrecherin, die ich kenne.

Keine Nachricht von den Freunden, außer dem jungen Guy. Er schrieb mir kürzlich, daß er es in 3 Tagen 19 mal getrieben hat. Das ist ausgezeichnet! aber ich fürchte, er wird sich am Ende in Sperma auflösen.

Da können wir nicht mehr mit, mein Guter!

Freundliche Grüße an die Ihren; & für Sie tausend Zärtlichkeiten von Ihrem alten

G.Flaubert

P.S. Wirklich, ich vergehe unter dem Gewicht Ihrer Herrlichkeit. Ich werde *den* Morgenrock ausziehen. Was ist sein ursprünglicher Name? & seine Heimat? Buchara, nicht wahr?

146 Croisset

Mittwoch abend [15. August 1877]

Mein liebes Väterchen,

Wenn sich meinen Wünschen nichts in den Weg stellt, seien Sie am *nächsten Montag von 5 bis 6* bei mir. Wir werden zusammen essen gehen.

Ich komme mit dem Zug um 4 Uhr 20.

Ihr G. Flaubert

Falls etwas dazwischen kommt, eine Zeile, ja?

147 Caen, Grand Hôtel de la Place Royale

Freitag abend, 17. August 77

Caen? Warum Caen? — werden Sie fragen, mein lieber Alter. — Was zum Teufel bedeutet Caen? Ah, das ist so! — Die Damen der Familie Viardot müssen vierzehn Tage am Meer verbringen, entweder in Luc oder in St. Aubin — und man hat mich vorgeschickt, um etwas zu finden. Ich habe Ihren Brief mitgenommen — und ich beeile mich, Ihnen zu sagen, daß Ihr Besuch mir sehr gut *paßt*, denn ich werde ab *Dienstag* wieder in Bougival sein — und ich warte in Frênes auf eine Zeile von Ihnen, um zu erfahren, wann ich Sie in Paris im Faubourg-St. Honoré aufsuchen soll! — Wir werden uns zu erzählen haben — so viel, daß die Zimmerwände wackeln!! Also — ab Dienstag erwarte ich Nachricht von Ihnen. Ich umarme Sie.

Ihr I. Turgenev

148 Bougival, Les Frênes

Donnerstag, 30. August 1877

Mein lieber Freund,

Wenn Sie mit mir sprechen, glauben Sie, es mit einem menschlichen Wesen zu tun zu haben; Sie irren sich —

ich bin bloß ein altes Gichtgeschirr. Das soll heißen, daß sie wieder heftig zugeschlagen hat, noch am selben Abend des Tages, an dem wir zusammen zu Mittag gegessen haben — und daß ich seitdem auf der Nase liege. — In der vergangenen Nacht ist sie von der Ferse bis zum Knie hinaufgekrochen — und wahrscheinlich ist sie noch nicht am Ende ihrer Reisen. — Wenn Sie mich also sehen wollen, müssen Sie es machen wie Mohammed — zum Berg kommen.

Darauf umarme ich Sie und wünsche Ihnen alles Gute — und keine Gicht.

Ihr I. Turgenev

149 Bougival, Les Frênes

Samstag, 8 Uhr morgens, 1. Sept. [1877]

Mein lieber Alter,

Ich schreibe Ihnen dies, um Sie davon abzuhalten, »zum Berg zu kommen«, falls Sie es im Sinn haben sollten. Ich habe mich entschlossen, mich auf meinen Krücken nach Paris zu schleppen, um Dr. Sée zu konsultieren; — andernfalls hätte ich es bis Mittwoch verschieben müssen, denn er verbringt die Sonntage und Montage in Trouville und hat dienstags keine Sprechstunde. — Ich weiß nicht, wann er mich entlassen wird, und es ist mir unmöglich, Ihre 5 Stockwerke hinaufzusteigen — und so fällt alles — unser Treffen, Abendessen usw. — ins Wasser. — Nach 40 Jahren gibt es nur ein Wort, das den Inhalt des Lebens zusammenfaßt: *verzichten.*

Ich umarme Sie und wünsche Ihnen Gesundheit, Aktivität usw. usw.

Ihr alter I. Turgenev

150 [Paris]

Donnerstag [6. September 1877]

Nun, mein armer Alter! wie geht es Ihnen? was hat Ihr Arzt gesagt? Es betrübt mich ungemein, Sie immer noch leidend zu wissen.

In ungefähr acht Tagen werde ich wohl nach Croisset zurückkehren, um mich von dort in die Basse-Normandie aufzuschwingen.

Ich habe den jungen Maupassant gesehen, aus der Schweiz zurück, die er mit Schcußlichkeiten besudelt hat.

Der Tod von Papa Thiers beunruhigt mich. Ich fürchte, er nützt der infamen Partei der Ordnung.

Man wird eine Neuauflage der ›Trois contes‹ und von ›Saint Antoine‹ machen.

Ich umarme Sie.

Ihr G. Flaubert

Schicken Sie mir eine Zeile in den Faubourg Saint-Honoré, 240.

151 [Paris]

Mittwoch, 12. [September 1877]

Mein geliebter Alter,

Ich habe mich gestern in der Rue de Douai eingefunden, um Sie zu sehen. Ich erfuhr, daß Sie tags zuvor dort waren & daß die Gicht Sie jetzt in Ruhe läßt.

Falls Sie Freitag oder Samstag nach Paris zurückkommen, lassen Sie es mich kurz wissen; ich werde Sie am Nachmittag besuchen, & wundern Sie sich nicht über meinen langen Aufenthalt in der Hauptstadt: ich werde hier *(inter nos) Veneris causa* zurückgehalten!!!

Ich reise endgültig am Sonntag ab; & am Dienstag oder spätestens am Mittwoch beginnt Ihr Freund seine archäologischen und geologischen Ausflüge für ›B. et P.‹!

In diesem Winter müssen Sie Ihr altes Versprechen halten: *für lange* nach Croisset kommen, sich dort niederlassen & in meiner Nähe ackern.

Ihr G. Flaubert

Mir scheint, Sie haben die Türschließerin gewechselt, wozu ich Sie *beglückwünsche*.

152 [Croisset]

[17. September 1877]

Nur zwei Worte, lieber Freund, um Ihnen zu sagen, daß ich vorgestern, am Samstag, bei Ihnen vorbeigeschaut habe.

Übermorgen beginne ich die Ausflüge für ›B. et P.‹, die sicherlich zwei Wochen dauern werden. Ich hoffe, bei meiner Rückkehr einen Brief von Ihnen vorzufinden.

Was halten Sie von Daudets neuem Roman? Lesen Sie, *ich bitte Sie darum,* ›Les amours de Philippe‹ von Octave Feuillet. Was für ein Nichts!

Wann ist die Heirat von Mademoiselle Viardot, und wann sehen wir uns wieder? Sie wissen, daß ich Sie in Croisset nicht haben will, wenn es nur für vierundzwanzig oder achtundvierzig Stunden ist. Ein so kurzer Aufenthalt *verdirbt mir* das Vergnügen.

Ich umarme Sie. Ihr Alter, der Sie gern hat

G. Flaubert

Erzählen Sie mir von Rußland. Hört dieser schreckliche Krieg denn nie auf!

153 Bougival, Chalet Les Frênes

Freitag, 5. Okt. [1877]

Mein lieber Freund,

Nur zwei Worte, um Ihnen zu sagen, daß Sie sich über mein Schweigen nicht wundern sollen. — Aus mehreren Gründen, die ich Ihnen erklären werde, wenn wir uns wiedersehen — war ich die ganze Zeit damit beschäftigt, alles schwarz zu sehen — und untauglich zu menschlicher Geselligkeit.

Sobald es möglich ist, komme ich Sie besuchen. — Ich gebe Ihnen vorher Bescheid.

Ich lese nichts, ich tue nichts — und dabei geht es mir ausgezeichnet, dank dem Salicylat.

Die Hochzeit von Mademoiselle Viardot ist um einige Zeit verschoben.

Arbeiten Sie tüchtig — für uns beide. Ich umarme Sie.

Ihr treuer I. T.

154 [Croisset]

Freitag [5. Oktober 1877]

Warum habe ich keine Nachricht von Ihnen, mein lieber guter Alter? Ich hoffte, bei meiner Rückkehr einen Brief von Ihnen zu finden. — Sind Sie etwa krank?

Ich habe mich zwei Wochen lang herumgetrieben! jetzt gilt es, frenetisch zu schuften.

Wie geht es Ihnen? usw., usw.

Die »Angelegenheiten« meines Neffen scheinen einen *guten* Weg zu nehmen. Aber die Politik!?

Mein Haß auf »L'Ordre moral« & unseren »Bayard« erstickt und verblödet mich.

Ich umarme Sie. Ihr alter G. Flaubert

155 Croisset

Dienstag [9. Oktober 1877]

Was haben Sie denn, mein geliebter Alter? Wer bekümmert Sie — wer hält Sie zurück? Der Ton Ihres Billets vom Freitag beunruhigt mich.

Ich denke viel an Sie, — & möchte Sie gern *mehrere* Tage für mich allein haben.

Trotz dem Stumpfsinn der Politik habe ich das Gefühl, arbeiten zu können!

Ich umarme Sie — trotz meiner Erkältung, die ich mir vor acht Tagen zugezogen habe, als ich eine druidische Stätte aufsuchte. Ganz der Ihre.

Ihr G. Flaubert

156 Paris, 50, Rue de Douai
Donnerstag, 8. Nov. 77

Mein guter Alter,
Ich muß Ihnen schreiben, und sei es nur, um zu erfahren, wie lange Sie noch in Croisset zu bleiben gedenken, denn ich *will* Sie dort aufsuchen, koste es, was es wolle!

Vor zehn Tagen haben wir unseren Landsitz verlassen und uns endgültig hier eingerichtet.

Meine Gesundheit ist gut, dank dem Natronsalicylat, das ich seit 2 Monaten einnehme und das die Gicht aufgehalten zu haben scheint.

Mein größter Kummer war die abgebrochene Heirat der zweiten Tochter von Madame Viardot — mit einem jungen Mann, der mein Schützling war und den ich liebte. — All das geschah vor meinen Augen — es gab psychologische Absonderlichkeiten, denen ich gern anderswo begegnet wäre.

Wir werden über all das plaudern und über vieles andere. — Ich sah und sehe niemanden. — Zola muß wieder zurück sein; ich beabsichtige, in den nächsten Tagen bei ihm anzuklopfen.

Ich hoffe, daß es Ihnen gut geht und daß Sie tüchtig arbeiten. — Chamerot sagte mir, daß Ihre ›Trois contes‹ neu gedruckt werden; um so besser!

Ich umarme Sie.

Ihr alter I. Turgenev

P.S. Ist diese Politik nicht reizend? Ich war immer davon überzeugt, daß diese Regierung bleiben würde — und daß ein Holzkopf, günstig plaziert, stärker wäre als ein ganzes Volk.

157 [Croisset]

Samstag abend [17. November 1877]

Was sind Sie für ein seltsamer Bursche! Seit acht Tagen warte ich zweimal am Tag auf einen Brief von Ihnen, der mir Ihr Kommen ankündigt. — Sind Sie krank? Was ist los?

Ich würde Sie lieber jetzt sehen als später, weil ich im Augenblick nicht am Schreiben bin, ich lese, ich mache Notizen, und ich gehe in die Bibliothek von Rouen. — Wonach ich mich an das Archäologie-Kapitel machen werde. Kommen Sie also *illico,* das heißt am Dienstag oder am Mittwoch. Die Commanvilles reisen am Dienstag morgen von hier ab & bedauern, Sie nicht zu sehen.

Am nächsten Donnerstag *muß* ich für zwei Stunden nach Rouen fahren, um die Enthüllung der Büste von Vater Pouchet im Naturgeschichtlichen Museum »mit meiner Gegenwart zu beehren«. — Wenn Sie da sind, können Sie mich begleiten.

Ich warte auf eine unverzügliche Antwort von Ihnen & umarme Sie.

Ihr alter

G. Flaubert.

Welch gemütlichen Schwatz wir halten werden! Richten Sie es ein, eine Weile zu bleiben, verdammt nochmal! & verdrießen Sie mich nicht im voraus mit ihrer übereilten Abreise.

158 [Croisset]

Mittwoch abend [21. November 1877?]

Mein armer Junge! es bekümmert mich sehr, Sie krank zu wissen! Wenn Sie nicht an den Händen leiden & mir schreiben können, schicken Sie mir eine lange Epistel, um mir in meiner Einsamkeit Gesellschaft zu leisten. Ich habe soeben ›Nabab‹ gelesen. Es ist anrührend &

ausgezeichnet, aber hier und dort gibt es Dinge, die ich nicht mag. Alles in allem ein hübsches Buch.

Ihr Freund ist von der übermäßigen Schufterei etwas erschlagen. Ich fange an, nicht mehr zu schlafen, denn die Archäologie von ›B. et P.‹ beansprucht mich über alle Maße.

Lassen Sie von sich hören und versuchen Sie, Geduld zu haben! Ich bedauere Sie & umarme Sie.

Ihr alter

G. Flaubert

159 Paris, 50, Rue de Douai
Mittwoch, 5. Dez. 77

Mein guter Alter,
Immer noch in der gleichen horizontalen Lage! Ich hatte einen Rückfall, seit ich Ihnen geschrieben habe. Ich leide nicht mehr — aber ich fange an mich zu fragen, wie man seine Beine gebraucht; die Leute, die mit Hilfe von Krücken gehen können, erscheinen mir wie Kolosse und Helden.

Ich stelle mir vor, daß ich in dieser Verfassung bin, um dem armen Frankreich Gesellschaft zu leisten, das auch kein Glied rühren kann. — Welche Situation, mein lieber Freund! Das ist noch nie dagewesen. Eine Lokomotive, die mit Volldampf auf den Abgrund zufährt — und der Lokomotivführer kratzt sich seelenruhig den Hintern oder legt die Hände in den Schoß. — Und diese Lüge, diese unverschämte Lüge, die überall herausschwitzt, wie bei einem gefrorenen Holzscheit, das man ins Feuer wirft. — Ich wiederhole, das ist noch nie dagewesen.

Madame Commanville besaß die Liebenswürdigkeit und die Güte, den Kranken zu besuchen. — Ich fand sie strahlend vor Gesundheit. — Ich habe auch Zola gesehen, der ganz gewiß ein Stück für Sarah Bernhardt schreiben wird.

Ich habe ›Le Nabab‹ ausgelesen. — In diesem Buch gibt es Dinge, die *über* dem Niveau von Daudet sind und andere — weit *darunter*. Was er beobachtet hat, ist herrlich; — was er erfindet, ist dünn, fade — und nicht einmal originell. — Trotz allem sind die guten Stellen des Buchs so gut, daß ich mich wohl entschließen werde, ihm einen *aufrichtigen* Brief zu schreiben, der ihm Freude und Kummer bereiten wird. Vielleicht, nach allem — werde ich es doch nicht tun.

Und Sie — arbeiten Sie? Madame Commanville sagt mir, daß ja ... um so besser. — Nützen Sie die Zeit, solange sich keine Krankheit an Sie geheftet hat. Denn — ist das einmal geschehen — ist es aus. — Das treibt Sie in die Resignation, in die Demut, die vielleicht vom christlichen Standpunkt vortrefflich ist, aber nicht den Teufel taugt für jemanden, der noch etwas tun möchte.

Sie kommen doch zu Neujahr zurück, nicht wahr?

Adieu — ich umarme Sie. — Ich bin nicht traurig — aber ich fühle auch keine Freude: ich komme mir vor wie ein Schatten auf den Elysischen Gefilden in Glucks ›Orpheus‹. Ich muß wohl ihren »zutiefst« erstaunten und »zutiefst« gleichgültigen Blick haben, wie Jules Simon sagte, der Minister Mac-Mahons geworden ist. Jules Simon — und Minister! Geht das weit genug?

Ganz der Ihre

I. Turgenev

160 Croisset

Samstag 8. [Dezember 1877]

Meine Nichte hatte mir von Ihrer teuren & gigantischen Person eine so jammervolle Beschreibung gegeben, daß mich Ihr gestriger Brief zwar nicht erfreut, aber doch beruhigt hat: endlich (zumindest im Augenblick) haben Sie keine Schmerzen! — Ah, mein armer Alter, wie sehr ich Sie beklage, daß Sie dauernd so von dieser verfluchten Gicht geplagt werden! Können Sie ein bißchen arbeiten, lesen, von irgend etwas Literarischem träumen?

Über den ›Nabab‹ denke ich genau wie Sie! Es ist disparat. Es geht nicht nur darum zu sehen, man muß ordnen & verschmelzen, was man gesehen hat. Die Wirklichkeit darf meiner Meinung nach nur ein *Sprungbrett* sein. Unsere Freunde aber sind überzeugt, daß sie allein schon die Kunst ausmacht. Dieser Materialismus empört mich, und fast jeden Montag habe ich einen Zornesausbruch, wenn ich das Feuilleton des braven Zola lese. — Nach den Realisten haben wir die Naturalisten und die Impressionisten — was für ein Fortschritt! Possenreißer, die sich & uns weismachen wollen, sie hätten das Mittelmeer entdeckt.

Ich, mein Guter, ich rackere mich ab, ich schufte und schufte wie ein ganzes Heer von Sklaven. Was daraus wird? Ah, da liegt der Hund begraben! In manchen Augenblicken fühle ich mich *erdrückt* von der Masse dieses Werks, das sehr gut auch schiefgehen kann; und wenn, dann nicht nur halb. Bis jetzt läuft es nicht allzu schlecht. Und das Weitere? Ich habe noch eine Menge zu lesen! & noch eine Menge ähnlicher Effekte zu variieren.

Immerhin, in vierzehn Tagen bin ich ungefähr mit einem *Drittel* des Werks fertig. — Noch drei Jahre harter Arbeit. Im Augenblick wühle ich mit ›B. et P.‹ in der keltischen Archäologie, ein hübscher Spaß.

& mir geht es wunderbar — aber ich schlafe nicht mehr — überhaupt nicht mehr. Deshalb habe ich gegen *Abend* ziemlich heftige Schmerzen im Hinterkopf.

Heute morgen sehe ich im ›Bien Public‹, daß wir — vielleicht — eine Regierung bekommen. Bayard tritt nicht zurück. Ich habe Angst vor einem Schlag von unten

— oder daß das brave Volk am Ende dem Kaiserreich nachtrauert — & es wieder verlangt. — Dann *de profundis.*

Hier in Croisset regnet es ohne Unterlaß — man steht im Wasser. Aber da ich das Haus nicht verlasse, ist es mir egal — & außerdem habe ich Ihren Morgenrock!!! Zweimal am Tag segne ich Sie für dieses Geschenk: morgens, wenn ich aufstehe, und abends gegen 5 oder 6 Uhr, wenn ich mich darin einhülle, um auf meinem Diwan ein »Nickerchen zu machen«.

Ich glaube, ich muß die Hoffnung aufgeben, Sie vor Neujahr in meinen Penaten zu sehen? Ich habe die Absicht, gerade um diese Zeit nach Paris zu kommen.

Einstweilen umarme ich Sie, mein lieber guter Alter.

Ihr G. Flaubert

161 [Paris]

Mittwoch morgen [2. Januar 1878]

Madame Mazeline wohnt Boulevard Haussmann 134. Ihr Tag ist der Freitag.

Gestern, als Sie zu mir kamen, war ich gerade auf dem Weg zu Ihnen, was beweist, daß wir beide denselben Wunsch hatten, uns zu sehen, mein lieber Alter.

Ich schicke den unteren Teil Ihrer Bleistiftzeichnung an Daudet.

Bis morgen, und ganz der Ihre.

G. Flaubert

162 [Paris]

Samstag nacht [12. Januar 1878?]

Mein Guter,

Sie können nicht krank sein, da Sie sich heute bei mir eingefunden haben, und ich habe Sie im Verdacht, daß

Sie morgen *irgendeine Schandtat* begehen wollen, das heißt Musik hören oder Gemälde sehen, *niedere Künste*.

Was ›Bouvard et Pécuchet‹ betrifft, so werde ich Ihnen vorlesen, was fertig ist, wann immer es Ihnen gefällt. Sie kommen zum Abendessen hierher, & wir werden die Lektüre auf zwei Abende verteilen.

In dieser Woche habe ich nur Dienstag, Donnerstag und Samstag frei. Wollen Sie die Sache auf nächste Woche verschieben?

Heute wollte ich Madame Viardot aufsuchen. Entschuldigen Sie mich bei ihr, aber ich bin von Renan aufgehalten worden, der mir etwas vorgelesen hat.

Meine Nichte ist betrübt, Ihren Besuch versäumt zu haben. Ihr Tag ist der *Mittwoch*.

Ich werde versuchen, am Dienstag nachmittag gegen 4 oder 5 Uhr zu Ihnen zu kommen.

Im Augenblick versinke ich 1. in der historischen Kritik, 2. im Keltentum und 3. in der Geschichte des Herzogs von Angoulême!!!

Dieser Schmöker ist schwer. Werde ich genug Kraft haben, ihn fortzusetzen? Man muß verrückt sein, ihn angefangen zu haben. Gleichwohl? . . .

Adieu, mein lieber guter Alter. Es ist nicht nett von Ihnen, morgen nicht zu kommen.

Ich umarme Sie.
Ihr G. Flaubert

163 [Paris]

Sonntag abend, 11 Uhr [13. Januar 1878]

Mein Guter,

Ich bin Ihnen nicht böse. Ich schreibe Ihnen zwei Worte als Antwort, und ich halte Sie weiterhin für den unverständlichsten Burschen.

Gut, ich wähle den *nächsten Samstag*. Wenn Sie an diesem Tag ausbleiben, werde ich die Fürsten der Wissenschaft um eine Konsultation bitten.

Besorgen Sie sich Zolas Theaterfeuilleton von heute abend & sehen Sie, was er über ›Macbeth‹ sagt. Er findet Shakespeare unlebendig! weil er kein Zeitgenosse ist! Lesen Sie es zur Strafe.

Ihr G. Fl.

164 Paris, 50, Rue de Douai
Montag, 14. Jan. 78

Mein lieber Freund,

Ich bin tatsächlich ein seltsames Wesen, aber diesmal weniger als Sie glauben. Ich sagte Ihnen, daß mich der dicke Chanykov für heute eingeladen hatte. Ich hätte absagen können, wenn er sonst niemanden eingeladen hätte ... aber denken Sie nur, man läßt eigens zwei Mathematiker kommen! Mein Ruf ist bereits so schlecht (was Pünktlichkeit angeht), daß ich mich für immer ruiniert hätte.

Ich habe Zolas Feuilleton gelesen ... Was wollen Sie? Ich bedaure ihn. Ja, er flößt mir Mitleid ein: und ich fürchte sogar, er hat Shakespeare nie gelesen. Es ist eine Erbsünde, von der er sich nie befreien wird.

Also, bis SAMSTAG!

Diesmal bin ich es, der pünktlich sein wird.

Ganz der Ihre
I. Turgenev

165 [Paris]
[Sonntag, 14. April 1878]

Nein! mein Guter! Kommen Sie morgen nicht, weil ich jeden Tag in dieser Woche, außer Freitag, meine Nachmittage in der Bibliothek der Theaterautoren verbringe, um dämliche historische Stücke zu lesen.

Aber versuchen Sie, am *Freitag* zu kommen. Wenn Sie an einem der nächsten Abende (außer Mittwoch) frei sind, kommen Sie.

Jedenfalls erwarte ich Sie am Freitag gegen 2 Uhr.

Ganz der Ihre, mein lieber Freund.

Ihr G. Flaubert

166 [Paris]

Freitag, 5 Uhr [19. April 1878]

Mein geliebter Alter,

Der Verkauf Ihrer Bilder, der mich bekümmert, weil Sie darunter leiden, hat Sie wohl vergessen lassen, daß Sie heute, Freitag, um 3 Uhr bei mir sein sollten, um von Ihrem Freund literarische Vertraulichkeiten über ›B. et P.‹ zu hören.

Ich für meinen Teil habe vergessen, Sie auf folgendes hinzuweisen: am *nächsten Donnerstag* sind Sie sehr wahrscheinlich bei Madame Brainne zum Abendessen eingeladen, mit Guy, G. Pouchet, Madame Pasca & mir ... Endgültiges werde ich morgen wissen & es Ihnen am Sonntag sagen. (Schon vor 10 Tagen hätte ich es Ihnen mitteilen sollen!)

Richten Sie es auch ein, mir 2 Stunden am nächsten Montag nachmittag zu schenken.

Ich umarme Sie. Bis Sonntag

Ihr G. Flaubert

167 [Paris]

[Mai 1878?]

Ich weiß nicht, ob das Abendessen stattfindet. Daudet hat die Grippe & hat mir geschrieben, daß er nicht käme.

Ich warte auf Zola & Goncourt, um ihre Entscheidung zu erfahren. Ich werde sie Ihnen heute abend übermitteln lassen.

Ganz der Ihre
G. F.

Ich erwarte Sie morgen um 1 Uhr.

168 [Paris, 1878?]

Sie rühren mich zu *Tränen,* mein guter Turgenev. Es ist unmöglich, reizender zu sein als Sie!

Was für einen Freund habe ich in Ihrer Person!

Ich umarme Sie.

G. Flaubert

Bis morgen, nicht wahr?

169 Croisset
Donnerstag, 20. Juni [1878]

Mein guter Alter,

Ich wähnte Sie in Deutschland & ich erwartete in diesen Tagen einen Brief von Ihnen, mit Einzelheiten über Ihre verfluchte Gicht, als mir die Nachrichten der Presse, die bis in meine Einsamkeit dringen, das Echo Ihrer rednerischen Triumphe zutrugen. — Bravo, mein geliebter Alter! Ihre kleine Rede ist bezaubernd. Ich bedauere nur eines, nämlich nicht dagewesen zu sein, um Ihnen zu applaudieren.

Was mich betrifft, nichts Neues, ›B. et P.‹ kommen recht gut voran. Ich hoffe, gegen Ende Juli mein Kapitel fertig zu haben. Dann werde ich bei der *Hälfte* meines Werks angelangt sein. Ihr Freund ist geduldig, & meine armen Augen beginnen nachzulassen.

Meine Nichte und ihr Gatte kommen am Montag hierher zurück, werden mich aber bald verlassen, glaube ich, um ins Bad zu reisen, sie in die Vogesen, er in die Pyrenäen. Ich dagegen rühre mich nicht vom Fleck.

Wo wird dieses Billet Sie erreichen? Möge es Ihnen all meine Zärtlichkeit bringen! Ich umarme Sie.

G. Flaubert

Keine Neuigkeiten von unseren Sonntagsfreunden. Ich weiß nur, daß Madame Daudet wieder Mutter ist.

Ich finde es sehr komisch, daß Taine von H. Martin ausgestochen worden ist.

170 Bougival, Les Frênes, 16, Rue de Mesmes

Sonntag, 23. Juni [1878]

Auch ich, mein guter Freund, glaubte um diese Zeit in Deutschland zu sein: ganz und gar nicht! Ich habe mich in der Angelegenheit des Internationalen Kongresses beschwatzen lassen, der *kein Resultat haben wird und kann* — und so halte ich Reden, papperlapapp! Mein Freund, was ist so eine beratende Versammlung doch für eine komische Sache! Da hält Hugo gestern eine vortreffliche Rede, diese Rede wird bejubelt, man stimmt für ihren Druck — wie in der Konstituante! — und fünf Minuten später stimmt man für eine seiner Rede diametral entgegengesetzte Resolution — und ER SELBST stimmt auch dafür!!! Wir haben eine Kommission, die täglich zusammentritt (ich bin ihr Vizepräsident) — wir treten auf der Stelle wie Schwachsinnige — und ich glaube allmählich, wir sind es wirklich. Ich habe die Nase voll und mache mich *Donnerstag* nach Karlsbad davon, wohin ich Sie bitte, mir zu schreiben (Karlsbad, Böhmen, postlagernd). Das Wasser, das ich dort trinken werde, ist vielleicht auch eine Illusion — aber das ist nicht so sichtbar.

Was Sie betrifft: Gesundheit und Geduld — das wünsche ich Ihnen von ganzem Herzen.

Ich habe Zola kurz gesehen; er hat ein kleines Haus in der Gegend von Maisons-Laffitte gekauft — und er wird sich dort niederlassen.

Gewiß ist H. Martin kein großer Schriftsteller — aber geben Sie zu, Taine auf dem Stuhl von Thiers — das erscheint ungeheuerlich! Persönlich liebe ich Martin sehr, und ich freue mich über seinen Erfolg.

Ich umarme Sie
I. Turgenev

171 Croisset
Dienstag abend, 10. Juli [1878]

Nun, mein lieber guter Alter, wie geht es Ihnen? Ist die Gicht weg oder läßt sie Sie wenigstens in Ruhe? & wie steht es mit der Laune?

Was mich betrifft, nichts Neues. Ich arbeite noch immer verbissen an meinem abscheulichen Schmöker. Ende des Monats hoffe ich das V. Kapitel fertig zu haben. Danach bleiben mir noch fünf! — nicht gerechnet den Band mit Anmerkungen. An manchen Tagen fühle ich mich zermalmt von dieser Last. Mir scheint, ich habe kein Mark mehr in den Knochen, & ich mache weiter wie ein alter Droschkengaul, — erschöpft, aber wacker. — Was für ein Unternehmen, mein Guter! Hoffentlich ist es nicht schwachsinnig! Gerade die Konzeption des Buches beunruhigt mich. — Nun ja! wie Gott will! Es ist keine Zeit mehr, darüber nachzudenken. Gleichviel, ich frage mich oft, ob ich nicht besser daran getan hätte, so viel Zeit auf etwas anderes zu verwenden.

Meine Nichte ist hier in Croisset; & seit sie wieder Cidre trinkt (entrüsten Sie sich nur), hat sie keine Magenbeschwerden mehr. Sie läßt sich das Billardzimmer in ein Atelier herrichten & wird wieder zu malen anfangen. Sie & ihr Gatte, die wissen, daß ich Ihnen schreibe, bitten mich, meinen großen Freund herzlich zu grüßen.

Ich habe einen jammervollen Brief von meinem Schüler Guy de Maupassant erhalten. Die Gesundheit seiner Mutter macht ihm Sorgen, und er selbst fühlt sich krank. Sein Ministerium (der Marine) bringt ihn auf & strengt ihn so an, daß er nicht mehr arbeiten kann, & »diese Damen« sind außerstande, ihn zu zerstreuen! Im übrigen, da »Europa uns um sie beneidet« (noch mehr als um unsere Institutionen), sind sie im Augenblick so beschäftigt, daß es unmöglich ist, sie anzusprechen. Nach der Ausstellung werden wohl zwanzigtausend von ihnen an Überarbeitung krepiert sein.

Zola ist Eigentümer eines Landhauses, dessen Dielen, sämtlich verfault, fast unter ihm durchgebrochen wären. ›Le Bien Public‹ ist tot, wie Sie wissen, aber er (Zola) wird weiterhin das Banner des Naturalismus im ›Voltaire‹ schwingen — einem neuen Organ.

Madame Alphonse Daudet ist von einem Knaben entbunden worden. Das ist alles, was ich von unseren Freunden weiß.

Flaute am politischen Horizont, wie mir scheint. Gestern waren die Wahlen zur Kammer, wo die Freunde der Ordnung geschlagen wurden.

Ich weiß nicht, ob Catulles ›Capitaine Fracasse‹ ein Erfolg war.

Der Sommer ist abscheulich. Jeden Tag Regen! Ich wollte in der Seine den Triton spielen, aber die Temperatur läßt es nicht zu.

Wann kommen Sie zurück? — Ich selbst werde bis Ende des Jahres meine Hütte nicht verlassen, — außer vielleicht für ungefähr zwei Wochen im September, um zur Prinzessin zu gehen & die Ausstellung zu besuchen.

Werden Sie in diesem Herbst zu mir kommen? Sie

wissen ja, daß ich Sie nicht einlade, weil Sie mit Ihren Abreiseobsessionen zu unleidlich sind. Wenn Sie nur weniger als acht Tage bleiben können, will ich Sie nicht! Dabei wäre es mir eine Wohltat, Sie hier zu haben, mein lieber guter Alter. Im Winter sehen wir uns unter ungünstigen Bedingungen wieder, das heißt mit zu vielen Leuten um uns herum. Unsere kleinen Freunde sind sehr nett . . . aber . . . keiner ist schließlich *Sie*.

Bleiben Sie fröhlich. Schreiben Sie mir, denken Sie an Ihren

G. Flaubert,
der Sie liebt & umarmt.

172 [Croisset]

Mittwoch morgen, 9 Uhr [17. Juli 1878]

Ihr vom 15. datierter Brief ist erst heute, den 17., angekommen; und wird dieser hier Sie schnell genug erreichen, um Ihnen vor Ihrer Abreise einen Gruß zu sagen?

Seit vierzehn Tagen wartet in Karlsbad ein Brief von mir auf Sie. *Reklamieren Sie ihn.*

Wie mir scheint, war er ziemlich lang. Mann mit den seltsamen Plänen, ich umarme Sie.

Schreiben Sie mir, sobald Sie in Rußland sind.

Gestern habe ich mein V. Kapitel beendet, das über die Literatur. Mir geht es gut, aber ich bin ein bißchen zerschunden. Dieses Buch ist schwer.

Ganz der Ihre, mein guter Alter.

Gute Reise, — & kommen Sie bald wieder.

Ihr G. Flaubert

Madame Régnier. (*Sic*).

173 [Paris]
Sonntag [1878?]

Ich war schmerzlich überrascht, mein lieber guter Alter, Sie vorgestern nicht in Paris zu treffen. Was für eine Scheußlichkeit, diese Gicht!

Wann werden wir uns jetzt wiedersehen? In Croisset vermutlich? Denn auf der Rückreise von Saint-Gratien werde ich kaum hier haltmachen.

Ich umarme Sie zärtlich.

Ihr G. Flaubert

Auf gut Glück werde ich in den nächsten Tagen vielleicht in der Rue de Douai vorbeischauen. Armer Freund! Wie ich Sie bedaure!

174 Paris, 50, Rue de Douai
Samstag, 9. Nov. 78

Mein lieber Alter,
Sind Sie es, Rhadamiste, nach so vielen Mißgeschicken?

Nach so langem Schweigen, Reisen nach Rußland, nach England, ans Ende der Welt — ja, ich bin es; und ich komme, um Ihnen zu sagen, daß ich erst seit gestern wieder in Paris bin, daß ich Nachricht von Ihnen haben will, daß Sie mir mitteilen müssen, wie lange Sie noch in Croisset bleiben — denn ich nehme an, daß Sie dort sind; — und daß ich Sie dort aufsuchen will. — Meine Gesundheit ist recht gut — und ich kann alleine laufen wie ein dreijähriges Baby. Für heute füge ich weiter nichts hinzu, denn ich fühle mich ziemlich benommen — und ich warte auf Ihre Antwort.

Ich umarme Sie.

Ihr I. Turgenev

175 [Croisset]

Sonntag [10. November 1878]

Ah! endlich! Ich wollte gerade wieder an Madame Viardot schreiben. Ich hatte Maupassant gebeten, bei Ihnen vorbeizuschauen. Mein Geist verlor sich in allen möglichen Hypothesen. Kurz, ich habe einen Freudenschrei ausgestoßen, als ich heute morgen Ihre Handschrift sah.

Ich bin weniger herumgeirrt als Sie — denn abgesehen von drei Wochen im September, die ich zum Teil in Paris und zum Teil in Saint-Gratien verbrachte, & kürzlich drei Tagen in Étretat, bin ich sechs Monate an meinem Schreibtisch geblieben. Meine Biedermänner machen mir eine Hundearbeit! Manchmal kann ich nicht mehr — & ich brauche noch zwei Jahre. — Was für ein Buch! Man muß wahnsinnig sein, es begonnen zu haben!

Mein übriges Dasein ist nicht lustig. Die *Angelegenheiten* werden nicht besser, im Gegenteil! Die Resignation ist gekommen; aber manchmal hat sie Absencen — & dann grüble ich bitter über die Vergangenheit, & ich denke ans Krepieren. Dann fange ich wieder zu schuften an.

Ich denke nicht, vor Anfang oder erst Ende Februar nach Paris zu kommen. Ich will mein Kapitel über die *Liebe* fertig haben!!! Das über die Politik wird in vierzehn Tagen beendet sein.

Sie wissen ja, daß ich in keiner Weise mit Ihrem Besuch rechne, trotz Ihren Versprechungen. — Und im übrigen ähneln Sie Galatea: kaum erblickt, schon entschwunden! — Dennoch . . .?

Wenn Sie nicht zu beschäftigt sind (aber Sie sind ein beschäftigter Mann), schreiben Sie mir eine lange Epistel. Es ist nicht nett, daß Sie Ihren Alten so lange ohne Nachricht gelassen haben, der Sie umarmt und Sie gern hat.

G. Flaubert

176 Paris, 50, Rue de Douai
Mittwoch, 27. Nov. 78

Mein lieber Alter,
Als Antwort auf Ihr kleines Billet, dessen Traurigkeit mich betrübt hatte, wollte ich unangemeldet in Croisset einfallen — und wenn ich es nicht getan habe — so war es höhere Gewalt. Wir mußten einen alten Freund von vierzig Jahren (vierzig Jahre Freundschaft) beerdigen, Chanykov, der sich in Rambouillet sterben ließ, in dem trübseligsten Haus, das ich je gesehen habe. Es war sehr garstiges Wetter auf dem Père-Lachaise — unten Schlamm, von oben eine Art Hagel oder Schnee, ringsum ein häßlicher schmutziger Nebel. — Sie hatten unendliche Mühe, den riesigen schweren Sarg in das offene Loch zu senken. — Ich habe ein paar Abschiedsworte am Rande dieses Lochs gesprochen, auf einem Haufen lehmiger und glitschiger Erde. Ich sprach barhaupt — und ich habe mir einen ziemlich starken Schnupfen geholt, der mich daran hindert, das Zimmer zu verlassen — und nach Croisset zu fahren. Doch es geht mir besser, und *ganz bestimmt* wird die nächste Woche nicht vergehen, ohne daß Sie mich in Ihrem *Haus in Croisset* gesehen haben. Ich sehe von hier aus das skeptische Lächeln auf Ihren Lippen; und ich muß gestehen, daß Sie recht haben zu lächeln, in Anbetracht meiner vielen Wortbrüche; — und dennoch — Sie werden sehen! Sie werden sehen!

Zola ist noch nicht nach Paris zurückgekehrt; ich habe Daudet nicht gesehen. — Goncourt kam gestern zu mir, um sich ein bißchen Lokalkolorit geben zu lassen — Südrußland, Namen von Zigeunern usw. Ich fand ihn bei guter Gesundheit — ein bißchen abgemagert — und noch immer dieselben leuchtenden dunklen — und gar nicht guten Augen. Er sprach mit großer Sympathie von Ihnen.

Ich bin vor kurzem 60 Jahre alt geworden, mein lieber Alter ... Es ist der Anfang vom Ende des Lebens. Ein spanisches Sprichwort sagt, am schwierigsten zu häuten sei: der Schwanz; — gleichzeitig bringt er das geringste Vergnügen und Ergebnis. — Das Leben wird vollkommen persönlich — und ein Kampf gegen den Tod; und diese Übertreibung der Persönlichkeit bewirkt, daß es aufhört, interessant zu sein — selbst für die fragliche Person. Aber Sie selbst sind schon nicht so fröhlich — damit ich noch diese düstere Bemerkung hinzufüge; ich will nichts gesagt haben.

Wenn wir uns sehen, muß ich Ihnen *viele* Dinge über meine beiden Reisen nach Rußland und England erzählen; also bringen Sie mich zum Plaudern.

Hier sind alle wohlauf und lassen Sie grüßen. Und ich umarme Sie. *Auf bald.* Sie werden am Tag vorher benachrichtigt.

Ihr I. Turgenev

177 Croisset

Sonntag nacht, 1. Dezember [1878]

Mein lieber guter Alter,

In meinem letzten Brief bat ich Sie zu kommen — bitte, *kommen Sie diese Woche nicht.*

Mein Kopf wäre nicht klar, und Sie würden zu schlecht empfangen. Ich oder vielmehr wir stecken bis zum Hals in Unannehmlichkeiten! aber ich hoffe, das ist das Ende?

Ah, mein armer Freund, wie schwer das Leben ist!

Ich bitte Sie und *flehe* Sie sogar *an,* mir Ihren guten Besuch für die allernächste Zeit aufzusparen, in acht oder zehn Tagen vielleicht?

Ich werde Sie es wissen lassen, sobald ich mich beruhigt habe.

Ich muß wirklich lange mit Ihnen plaudern.
Ich umarme Sie.

Ihr G. Flaubert

178 Paris, 50, Rue de Douai
Mittwoch, 4. Dez. 78

Gewiß, mein lieber Freund, werde ich warten, bis Sie mir sagen, daß ich kommen soll, und ich hoffe, daß Sie es bald tun werden. — Es bekümmert mich sehr, daß Sie in einer so häßlichen Klemme stecken — und ich hoffe vor allem, daß Sie ein bißchen übertreiben, infolge Ihrer Nerven. — Was die *Schwere* des Lebens betrifft — es gibt kein leichtes mehr, wenn man die Fünfzig überschritten hat. — Also, auf bald — nicht wahr?
Ich umarme Sie.

Ihr alter I. Turgenev

179 Croisset
Sonntag, 22. Dezember [1878]

Mein lieber Alter,
Mein Schweigen muß Sie verwundern? Meine Entschuldigung ist leider berechtigt! Ich habe solche *Geldsorgen*, so große Kümmernisse, daß ich mich wundere, den Kopf noch einigermaßen gerade auf den Schultern zu haben. Die Hoffnung, mein Vermögen zurückzubekommen, ist absolut dahin! — & ich werde erst Ende Januar endgültig wissen, was mich erwartet. Ich werde Ihnen all das am Kaminfeuer erzählen. Sagen Sie den anderen *nichts* davon.

Noch nie habe ich mich so nach jemandem gesehnt wie nach Ihnen. Die Gesellschaft meines lieben Turgenev wird meinem Herzen, meinem Geist und meinen Nerven wohltun. Ich erwarte Sie Anfang Januar, nicht vorher,

1. weil bald Neujahr ist; 2. Sie es hier zu ungemütlich hätten — wegen des schauderhaften Wetters; 3. meine Nichte und ihr Gatte mit den Vorbereitungen für ihre Abreise nach Paris beginnen werden.

Ich selbst werde vor Anfang Februar nicht dort sein.

Ich erwarte Sie also in vierzehn Tagen oder drei Wochen. Ich habe Ihnen *drei* Kapitel von ›B. et P.‹ vorzulesen. — Es bleiben mir noch drei! Aber bevor ich mich wieder ans Schreiben begebe, brauche ich noch gut drei oder vier Monate Lektüre.

Keine Nachricht von den Freunden. — Ah! mein armer Alter, die Vorsehung (oder was man so nennt) gibt mir harte Brocken zu schlucken. — Man traktierte mich mit Keulenschlägen & Nadelstichen, — bis hin zu Charpentier (dem jungen Charpentier!), der meiner Literatur die von Sarah Bernhardt vorzieht!

Das alles hat mir die Gelbsucht beschert; aber wie Thomas Diafoirus habe ich mich »gegen die Schwierigkeiten gewappnet«, & ich habe weiter Papier bekritzelt in der Vorstellung, es sei wichtig.

Auf bald, nicht wahr?

Ich umarme Sie mit ganzer Kraft.

Ihr alter G. Flaubert

Legen Sie mich Madame Viardot zu Füßen.

180 Paris, 50, Rue de Douai
Dienstag, 7. Jan. 79

Nun, mein Freund, noch immer kein Brief? Im übrigen ist das vielleicht das Beste — denn wenn Sie mir vor vierzehn oder zehn Tagen geschrieben hätten, hätte ich nicht kommen können, denn ich lag mit der Gicht in meinem Bett. Der Anfall war sehr heftig — aber kurz — und seit fünf Tagen kann ich meine Stiefel wieder anziehen und gehen wie ein normaler Mensch. — Lassen Sie auf jeden Fall von sich hören — und vergessen Sie nicht, daß Sie versprochen haben, Anfang Februar nach Paris zu kommen. Unsere armen Abendessen sind verteufelt gefährdet.

Ich habe Goncourt nur einmal gesehen: ich habe ein Billet von Daudet erhalten, der stark an Rheumatismus im *rechten* Arm leidet; was Zola betrifft — so ist er seit 4 Tagen wieder in Paris — und ich habe ihn vor kurzem gesehen. Er ist dick und fett — er hat gerade ein Haus auf dem Land fertig gebaut — und in zehn Tagen wird ›L'Assommoir‹ aufgeführt! Er hat mir für die Premiere einen Parkettplatz versprochen. Wahrscheinlich wird es einen schönen Krawall geben: er weiß es im übrigen und pfeift darauf. — Er pfeift auch auf den Wirbel, den seine russischen Artikel hervorgerufen haben — sowie auf die heftigen Angriffe von Ulbach, Claretie usw. — Aber eben fällt mir ein: Sie erhalten ja kaum Zeitungen zu Hause — und wissen vielleicht nichts von der ganzen Affäre. Wir sprechen darüber, wenn wir uns wiedersehen, falls all das bis dahin nicht in Vergessenheit geraten ist.

Ich bin betrübt, daß Sie so im Sumpf stecken und sich nicht selbst herausziehen können! — Aber man darf sich — trotz allem — »die Seele nicht zerfressen« lassen — und ich freue mich zu erfahren, daß Sie an Ihrem Werk arbeiten.

Dennoch gibt es Dinge, die ich nicht verstehe. — Was kann es Ihnen ausmachen, daß Charpentier Sarah Bernhardt verlegt — und was ist das für ein Nadelstich??! Dieses Buch, ebenso dumm geschrieben wie miserabel illustriert von Monsieur Clairin, ist schon mehr vergessen als die Moden des vergangenen Jahres.

Und was sagen Sie zu dem Wahlergebnis von vorgestern?

Madame Viardot läßt Sie tausendmal grüßen — und ich umarme Sie.

Ihr I. Turgenev

181 Croisset

Donnerstag [9. Januar 1879]

Mein lieber guter Alter,

Ich habe Ihnen kurz vor Neujahr geschrieben. Sie haben also meinen Brief nicht erhalten!

In jenem Brief sagte ich Ihnen, daß ich damit rechne, Sie Anfang Januar *hier* zu sehen. Können Sie jetzt kommen? Macht Ihnen das Unannehmlichkeiten? Wenn Sie mich besuchen würden, wäre es eine *gute Tat*, denn ich habe große Lust oder vielmehr das Bedürfnis, Sie zu sehen.

Es ist mir nicht möglich, vor Ende Februar in Paris zu sein, frühestens, immer noch wegen meiner schauderhaften *Angelegenheiten.* Ich mache Schlimmes durch, bei Gott! und wenn der Typhus, der zur Zeit in Rouen grassiert, mich hinwegraffen könnte, wäre das eine hübsche Erleichterung für mich. Aber nein, er dringt nicht über die Stadtgrenzen hinaus und verschanzt sich in der Heimat von Pierre Corneille und Pouyer-Quertier.

Was es mir ausmacht, daß Charpentier Sarah Bernhardt verlegt? Dann lassen Sie sich sagen, daß nämlicher Charpentier mir im vergangenen September (zum drittenmal) feierlich versprochen und geschworen hatte, eine Ausgabe von ›Saint Julien l'Hospitalier‹ herauszubringen mit einem Farbdruck, eine Luxusausgabe. Da das sehr teuer ist, hat er sich davor gescheut und es vorgezogen, den Schund von Sarah herauszugeben. Ich rechnete damit, von dieser Seite ein bißchen Geld zu bekommen, nichts. Es ist wie mit Dalloz vom ›Moniteur‹, der sich nicht einmal herabließ, ein Manuskript zu lesen, das ich ihm schickte, ein weiterer pekuniärer Reinfall. Kurz, ich habe wenig Glück.

Nichtsdestoweniger arbeite ich wie ein Ochse. Ich habe Ihnen drei Kapitel vorzulesen, die Literatur, die Politik und die Liebe! Jetzt bereite ich die drei letzten vor: Philosophie, Religion, Moral.

Ihr Freund steckt in der Metaphysik, und gegenwärtig lese ich, unter anderem, das kleine Buch von Viardot, das mir noch besser erscheint als beim erstenmal. Richten Sie ihm nochmals meine Glückwünsche dazu aus.

Ich verstehe nicht, daß Zolas Artikel einen solchen Skandal heraufbeschworen hat! Denn im Grunde war seine Kritik milde. Aber man ist so feige und so scheinheilig, daß Aufrichtigkeit aus dem Rahmen fällt. Man soll das Mittelmaß bewundern.

Das Wahlergebnis vom Montag hat mir Spaß gemacht, als Reinfall der Partei der Ordnung. Aber ich fürchte einen Rückschlag? Jetzt wird die Republik zur Partei der Ordnung! Falls sie nicht zur Partei der Dummheit wird!

Ehrerbietige Grüße an Madame Viardot!

Ich umarme Sie zärtlich.

Ihr G. Flaubert

Ich bin hier ganz allein; meine Nichte ist seit Neujahr in Paris.

Kommen Sie. Ich werde dafür sorgen, daß Ihnen nicht kalt ist, und antworten Sie mir gleich, nicht wahr?

182

Paris, Rue de Douai
Samstag, 11. Jan. 79

Mein lieber Freund,

Ich werde Sie aufsuchen, sobald das kalte Schneewetter vorbei ist — wahrscheinlich gegen Ende der nächsten

Woche. Natürlich werden Sie vorher benachrichtigt. — Auch ich habe den größten Wunsch, Sie zu sehen und mit Ihnen zu sprechen.

Ich wußte nicht, daß Madame Commanville wieder in Paris ist; ich werde sie gleich morgen besuchen.

Sie sind zwar schlecht dran, mein lieber armer Alter; aber es bleibt Ihnen die Gesundheit, die Arbeit — und wahre Freunde; damit kann man leben. — Vor allem — *fressen* Sie sich nicht selbst auf: das ist das einzige, dem der Mensch nicht standhält.

Die ganze Familie Viardot schickt Ihnen tausend herzliche Grüße. Und was mich betrifft, so umarme ich Sie.

Ihr I. Turgenev

183 Paris, 50, Rue de Douai

Dienstag, 21. Jan. 79

Mein guter Alter,

Sie fragen sich vielleicht, warum ich kein Lebenszeichen gebe? Ach, mein Freund, ich bin nun einmal ein Invalide, der nichts mehr »unternehmen« kann. Jetzt sind es bald vierzehn Tage, daß mich wieder die Gicht gepackt hat — und erst seit gestern gehe ich in meinem Zimmer umher — mit Hilfe von Krücken — wohlgemerkt. — Ich habe der Premiere von ›L'Assommoir‹ nicht beiwohnen können, das, gehörig verstümmelt, wie es scheint, den großen Erfolg des guten alten Melodrams gehabt hat. — Gestern erhielt ich die Nachricht vom Tode meines Bruders; das hat mir viel Kummer bereitet — rückblickend und persönlich! — Wir sahen uns nur selten — und es gab kaum etwas Gemeinsames zwischen uns . . . aber ein Bruder . . . das ist manchmal weniger, aber etwas anderes als ein Freund. Weniger stark und intimer. — Mein Bruder ist millionenreich gestorben — aber er hinterläßt sein ganzes Vermögen den Verwandten seiner Frau.

— Mir hat er (nach dem, was er mir schrieb) testamentarisch 250 000 Francs vermacht (das ist ungefähr der 20. Teil seines Vermögens) — da aber die Personen, die in den letzten Jahren seines Lebens um ihn waren, ziemliche Gauner sind — wird es wahrscheinlich nötig, daß ich mich unverzüglich an Ort und Stelle begebe — sonst könnten sich die Legate meines Bruders sehr leicht in Rauch auflösen! So bin ich in 10 Tagen vielleicht auf dem Weg nach Moskau. In diesem Fall — wann werden wir uns wiedersehen? Denn es ist nicht mehr daran zu denken, daß ich nach Croisset komme. — Dabei habe ich die größte Lust, Sie zu sehen! Ist es wirklich so notwendig, daß Sie bis Ende Februar dort bleiben? — Welch trauriger Winter! Kein Maulwurf führt ein zurückgezogeneres Leben als ich. — Allein, ganz allein sein — und nichts tun — das gibt wirklich einen Geschmack — und Nachgeschmack — der eigenen Nutzlosigkeit. — Doch Geduld!

Zum Glück ist das ganze Haus hier wohlauf.

Schreiben Sie mir ein paar Zeilen. — Ich hoffe, Ihre Arbeit geht stetig voran.

Ich umarme Sie.

Ihr I. Turgenev

184 Paris, 50, Rue de Douai
Freitag, 24. Jan. 79

Mein lieber Alter,
Ich habe Ihren Brief erhalten — und gestern war Madame Commanville so freundlich, mich aufzusuchen. — Wir haben lange geplaudert. — Natürlich waren Sie unser hauptsächliches Gesprächsthema. — Ich fand sie bei guter Gesundheit und in Arbeitslaune. — Ich werde ihren Besuch erwidern, sobald ich ohne Stock gehen und vor allem Treppen steigen kann.

Es ist nicht ausgeschlossen, daß sich meine Reise nach Rußland verzögert: alles hängt von den Briefen ab, die ich von dort bekomme. — In diesem Fall werde ich bestimmt nach Croisset fahren. Leider ist der Vater der Erbin ein Schurke, der nichts anderes im Sinn hat, als mich zu bestehlen. — Meine Anwesenheit wird ihn vielleicht daran hindern. — Ich glaube es nicht — aber vielleicht ist es nötig, daß ich so tue, als glaubte ich daran.

Ihre Nichte sagte mir, daß Sie bei guter Gesundheit sind: das ist das Wichtigste. — Sie gehen nicht gern spazieren, aber Sie müssen sich dazu zwingen. Ich war einmal im Gefängnis (in Einzelhaft), über einen Monat lang: die Zelle war klein — die Hitze erstickend. Zweimal am Tag trug ich 104 Karten (zwei Spiele) — einzeln — von einer Ecke der Zelle in die andere ... das machte 208 Runden; 416 am Tag — 8 Schritte pro Runde — das ergab über 3300 — fast 2 Kilometer! Möge diese geniale Berechnung Ihnen Mut geben! An den Tagen, an denen ich keinen Spaziergang gemacht hatte, stieg mir alles Blut in den Kopf!

Ich habe Ihnen aus einer Zeitung den beiliegenden Artikel ausgeschnitten, den ein ausgemachter Philister verfaßt zu haben scheint! Fügen Sie ihn Ihrer Sammlung bei.

Ich werde Ihnen schreiben, sobald ich Sicheres weiß.

Einstweilen umarme ich Sie.

Ihr I. Turgenev

185 [Croisset]

Donnerstag mittag [30. Januar 1879]

Nein, mein guter Alter, kommen Sie nicht. Ich wäre allzu traurig, Sie wieder aufbrechen zu sehen; und offen gesagt, es lohnt auch nicht, daß Sie sich wegen eines Besuches von zwei Stunden herbemühen. Wenn ich wieder aufstehen und ausführlich mit Ihnen plaudern kann, was, wie ich denke, etwa in vierzehn Tagen der Fall sein wird, werde ich Sie rufen, falls Sie nicht nach Rußland fahren.

Wissen Sie, daß ich mir *die Haxe* gebrochen habe, fünf Minuten nachdem ich den Brief gelesen hatte, in dem Sie mir das Laufen empfehlen!!! Ist das nicht komisch?

Ich werde sechs Wochen oder zwei Monate brauchen, bis ich wieder gehen kann, und werde noch lange Zeit hinken. Es geht mir den Umständen entsprechend, und ich umarme Sie.

Ihr alter Krüppel
G. F.

Da der ›Figaro‹ die Dummheit besaß, von meinem Unfall zu berichten, haben sich alle meine Freunde Sorgen gemacht, und gestern habe ich fünfzehn Briefe bekommen, und heute morgen elf. Das sind die Segnungen des Journalismus. Mit welchem Recht gehört mein Bein Villemessant? Natürlich glaubt er mich zu ehren und mir Freude zu machen. Diese Notiz ist mir aber *sehr unangenehm* gewesen. Ich mag es nicht, das Publikum für meine Person zu »interessieren«.

186 Paris, 50, Rue de Douai
Freitag morgen [31. Januar 1879]

Mein lieber Kranker,
Ich wollte mich gerade auf den Weg machen, als Ihr Brief eintraf. — Ich werde heute nicht kommen, da Sie es so wollen — aber ich muß Sie unbedingt sehen — meinetwegen, aber auch *Ihret*wegen — und so komme ich am *Montag*. Was reden Sie von *zwei* Stunden? Ich werde am Vormittag ankommen und bis zum nächsten

Tag bleiben. Wenn Sie kein Bett für mich haben — fahre ich zum Übernachten nach Rouen. Da es mehr als wahrscheinlich ist, daß ich in einer Woche nach Rußland reise, liegt mir unbedingt daran, Sie vorher zu sehen.

Warum haben Sie mein Telegramm nicht beantwortet (Antwort bezahlt)? Sie haben mich einen ganzen Tag lang in wirklicher Angst gehalten! — und auch Madame Viardot, die Ihnen ausrichten läßt, daß sie — bis heute — selber nicht wußte, wie sehr sie an Ihnen hängt. — Ich habe gestern morgen an Madame Commanville geschrieben, und ihre Antwort hat mich beruhigt. — Allerdings sprach sie nur von einer Verstauchung, und jetzt sehe ich, daß Sie sich doch das Bein gebrochen haben. Ich habe im Traum gesehen, daß Sie mir die Stelle zeigten: etwas unterhalb des rechten Knies.

Also — bis Montag — »te volente aut nolente«! Ich habe Ihnen viel zu erzählen und viel von Ihnen zu hören.

Ich hoffe, daß Sie bei meiner Rückkehr aus Rußland, die in sechs Wochen sein wird, frisch und munter sind. — Einstweilen umarme ich Sie.

Ihr I. Turgenev

187 [Croisset]

Mittwoch, 5 Uhr [5. Februar 1879]

Danke für Ihr Telegramm, mein lieber Freund. Ich habe Ihnen soeben auch eines geschickt, das vor diesem Billet eintreffen wird.

Ich habe einen törichten Stolz abgetan und willige ein. Denn vor allem darf man nicht vor Hunger krepieren, was eine törichte Art zu krepieren ist.

Jetzt möchte ich wissen, was geschehen wird, und ob ich mit diesem Posten *rechnen* kann. Ich fürchte, daß Ferry seine eigenen Schützlinge hat und daß, wenn die

Sache bekannt wird, Mitbewerber mich ausstechen. Versuchen Sie, vor Ihrer Abreise für mich herauszufinden, was ich endgültig zu erwarten habe.

Ich wünschte, Sie wären schon aus Rußland zurückgekehrt. Ihr Besuch war mir sehr tröstlich. Im übrigen verdanke ich meinen vernünftigen Entschluß nur Ihrer zärtlichen Beredsamkeit.

Ich umarme Sie, wie ich Sie liebe, das heißt fest.

Ihr alter G. Flaubert

188 Paris, 50, Rue de Douai

Freitag morgen [7. Februar 1879]

Mein lieber Freund,

Hier meine Antwort auf Ihre zwei Briefe: seien Sie beruhigt — wir arbeiten an Ihrer Angelegenheit — und ich muß sagen, daß sich Zola und die Charpentiers *sehr gut* verhalten. — Ich bin sehr froh über Ihre Zustimmung, und ich *werde nicht* nach Rußland fahren — bevor nicht eine Lösung gefunden ist. — Ich halte Sie auf dem laufenden. Eine kleine Schwierigkeit ist hinzugekommen: Baudry ist der Schwiegersohn von Senard — und Senard war an der Bildung der neuen Regierung beteiligt. — Aber Gambetta bringt Ihnen weiterhin das lebhafteste Interesse entgegen — und das ist die Hauptsache. — Wir werden alles tun, was nötig ist.

Sie sagen mir nichts über Ihren Fuß — das ist ein gutes Zeichen. — Ich hoffe es wenigstens. Viele Grüße an den guten Monsieur Laporte. — Ich umarme Sie.

I. Turgenev

P.S. Wahrscheinlich werde ich Ihnen morgen schreiben.

189 [Croisset]

Samstag abend [8. Februar 1879]

Mein lieber guter Alter,
Ich danke Ihnen nicht für die Mühe, die Sie sich um mich machen, das hieße Sie beleidigen; aber es mißfällt mir, daß Sie eigens wegen dieser Angelegenheit Ihre Reise nach Rußland verschieben.

Mehr denn je bin ich entschlossen, mich nicht für diesen trefflichen Monsieur Baudry aufzuopfern. Sollen die Freunde also handeln!

Wie Sie wissen, stehe ich mich sehr gut mit Madame Adam, Gambettas Freundin, und mit Madame Pelouze, Grévys Freundin. Wenn jemand mit diesen beiden Engeln spräche, so zweifle ich nicht an ihrem guten Willen mir gegenüber.

Heute morgen habe ich mir ein paar Krücken bestellt, die ich am Dienstag ausprobieren werde. Laporte hat mich am Mittwoch abend verlassen, kommt aber morgen zurück.

Ich umarme Sie. Ihr

G. F.

190 Paris, 50, Rue de Douai

Sonntag morgen [9. Februar 1879]

Mein lieber Freund,
Auch heute nichts Neues; — erst morgen werden wir die endgültige Antwort von Gambetta haben. — Ich bleibe bis Donnerstag hier. — Ich werde die Auskünfte, die Sie mir in Ihrem heutigen Brief geben, berücksichtigen. — Ich kenne Madame Pelouze nicht — aber ich glaube, die Charpentiers kennen sie; was Madame Adam betrifft, so habe ich sie einmal auf einer Auktion gesehen, und sie hat sehr liebenswürdig mit mir gesprochen. —

Ich werde ihr schreiben und sie um eine Unterredung bitten. — Warum schreiben Sie nicht Ihrerseits an Madame Pelouze? Jetzt, da Sie entschlossen sind — muß man vorwärts gehen.

Das Dumme an allem ist nur, daß es Monsieur de Sacy besser geht und daß man sogar von einer möglichen Genesung spricht!

Ich freue mich zu erfahren, daß Sie am Dienstag aufstehen werden. — Passen Sie auf, daß Sie Ihren Fuß nicht überanstrengen. — Ich werde Ihnen bis zu meiner Abreise jeden Tag schreiben.

Ich umarme Sie.
Ihr I. Turgenev

191 [Croisset]
Montag [10. Februar 1879]

Könnte ich in meinem Bett bequem schreiben, würde ich Ihnen erklären, warum ich mich nicht direkt an Madame Pelouze wenden kann. Daß jemand mit ihr spricht, ja. Aber daß ich selbst sie um etwas bitte, nein.

Sie werden sehen, daß Papa Sacy gesund wird, oder, wenn er sich nicht erholt, der Posten nicht für mich sein wird. Das Unglück verfolgt mich.

Mit wem darüber korrespondieren, wenn Sie abgereist sind?

Heute bin ich infolge der langen Schlaflosigkeit sehr gereizt. Es bleibt mir nur noch die Kraft, Sie zärtlich zu umarmen, mein lieber guter Alter.

Der Ihre
G. F.

192 [Croisset]

Donnerstag morgen, 11 Uhr [13. Februar 1879]

Mein lieber Alter,

Jetzt, da Sie mich bekehrt haben, *wünsche* ich diesen Posten, an den nur zu denken mich empörte. — & da ich ihn wünsche, glaube ich, daß ich ihn nicht bekommen werde.

Papa Sacy ist vielleicht schon tot, nach dem zu schließen, was ich im ›Temps‹ sehe. Man wird sich um seine Nachfolge raufen. Wird Gambetta an mich denken? — Ferry kann ihn schon einem anderen gegeben haben. — Das wird sich sehr bald entscheiden.

Wer wird die Augen offen halten, wenn Sie fort sind? Wer wird unverzüglich zu Gambetta gehen, damit er die Sache durchsetzt?

Eine kurze Antwort vor Ihrer Abreise, nicht wahr? — & noch einmal Dank.

Ich umarme Sie. Ihr

G. Flaubert

193 [Telegramm] [Paris, 13. Februar 1879]

Gustave Flaubert in Croisset bei Rouen. — Vergessen Sie es, Ablehnung endgültig, Einzelheiten per Brief. Turgenev

194 Paris, 50, Rue de Douai

Donnerstag morgen [13. Februar 1879]

Mein lieber Freund,

Sie wissen bereits durch mein Telegramm von heute morgen, daß sich alle unsere Pläne zerschlagen haben. — Hier die Einzelheiten. — Nach meiner Rückkehr nach Paris hatten wir folgende Beschlüsse gefaßt: ich sollte versuchen, mit Gambetta zu sprechen, dann mit Ferry und, falls nötig, mit Baudry. — Donnerstag abend —

erster Brief an Zola (beiliegend) — in der Folge dann Pause. — Ich bitte Madame Ed. Adam um eine Unterredung; keine Antwort. — Montag morgen — Brief von Zola mit einem Billet von Madame Charpentier (ich lege sie ebenfalls bei). Sie können sich meine Verblüffung vorstellen. Ich nehme einen Wagen und fahre schnurstracks zum Präsidentenpalast, um Gambetta zu sehen (die Charpentiers hatten versprochen, am *Samstag* eine endgültige Antwort zu haben). Ich werde nicht empfangen, kann aber seinen Privatsekretär Monsieur Arnauld sprechen (den Sohn von Madame Arnauld de l'Arriège). Ich erkläre ihm die ganze Angelegenheit: er hört mir freundlich zu, wobei er ständig zappelt — macht sich Notizen auf einem Blatt Papier — und verspricht mir hoch und heilig, mir gleich am nächsten Morgen eine Antwort zu schicken. Natürlich kommt gar nichts. Ich begebe mich zu seiner Mutter, deren Bekanntschaft ich vor kurzem gemacht habe; verschlossene Türen. Ich gehe wieder nach Hause, schreibe Gambetta einen Brief — und bringe ihn noch am selben Abend zu Madame Arnauld und bitte sie, meinen Brief durch ihren Sohn überbringen zu lassen. — Ich füge hinzu, daß ich die Antwort bei ihr abholen würde — am nächsten Tag. — Am nächsten Tag — das heißt gestern, Mittwoch — begebe ich mich wieder zu Madame Arnauld: nichts! — gleichzeitig bekomme ich einen Brief von Madame Edmond Adam, die in Cannes gewesen sein soll (ich lege auch diesen bei). Ich ziehe Frack und weiße Krawatte an — und schon bin ich in ihrem Salon, wo fast alle politischen Honoratioren versammelt sind und von dem aus Frankreich regiert und verwaltet wird. Ich werde von ihr sehr herzlich empfangen — ich lege ihr die Angelegenheit dar ... »Aber Gambetta ist doch hier — er raucht gerade, nach dem Dîner — gleich werden wir alles wissen.« Zwei Minuten später kommt sie zurück: »Unmöglich, lieber Monsieur! Gambetta hat bereits seine eigenen Kandidaten.« — Der Diktator kommt festen Schrittes herbei: noch nie habe ich abgerichtete Hunde so vor ihrem Herrn tanzen sehen wie die Minister und Senatoren usw., die ihn umgeben. — Er beginnt mit einem von ihnen zu plaudern. — Madame Ed. Adam nimmt mich bei der Hand und führt mich zu ihm; aber der große Mann verschmäht die Ehre, meine Bekanntschaft zu machen — und wiederholt — laut genug, daß ich es hören muß: »Ich will nicht — wie schon gesagt — es ist unmöglich.« Ich stehle mich davon — und gehe nach Hause, in Gedanken *versunken,* wie man sagt, die ich Ihnen wohl nicht mitzuteilen brauche. Da sieht man, wie sehr man sich auf schöne Worte und Versprechungen verlassen kann.

Die beiden Posten, die Madame Charpentier erwähnt, werden an die Herren Baudry und Soury vergeben.

Also, mein guter Alter — wir müssen all das über Bord werfen — und uns wieder an die Arbeit machen, die literarische Arbeit, die einzige, die Ihrer würdig ist. — Ich reise erst am *Samstag* (um 7 Uhr morgens). Sie haben also noch Zeit, mir zu schreiben. Lassen Sie von sich hören — können Sie jetzt mit Ihren Krücken gehen?

Ich werde Ihnen aus Moskau schreiben. Ich umarme Sie sehr fest.

Ihr I. Turgenev

P.S. Ich schicke Ihrer Nichte eine Zeile.

195 Paris

Donnerstag [13. Februar 1879]

Mein lieber Freund,

Ich habe soeben Zola gesehen, dem ich alles erzählte und der es aus Liebe zu Ihnen (der Bursche ist Ihnen aufrichtig zugetan, das weiß ich) bedauert, daß ich Ihnen die ganze Wahrheit gesagt habe. — Er wollte nicht, daß Sie die Partie sofort aufgeben. (N.B. Madame Ed. Adam hat mir versprochen, während meiner Abwesenheit für Sie zu »arbeiten«, wobei sie ihre Worte mit starken Äußerungen begleitete, indem sie sagte, daß Frankreich Ihnen das schulde, usw. Ich habe das in meinem Brief nicht erwähnt.) Alles in allem — ich glaube, daß ich Ihnen die ganze Wahrheit schuldig war; mein Freundesinstinkt drängte mich dazu. Dennoch übermittle ich Ihnen Zolas Meinung. N.B. Ich habe ihm nicht gesagt, daß ich Ihnen die Beweismittel geschickt habe — seine Briefe — und vielleicht tun Sie gut daran, sie nicht zu erwähnen. Es ist unverkennbar, daß Ihre Freunde alles getan haben, was sie konnten; aber wahrscheinlich täuschten sie sich über die wohlwollenden Absichten, die sie vermuteten.

Ich hoffe, Sie stellen sich nicht vor, daß mich diese Scherereien persönlich gegrämt haben; ich habe das Fiasko unserer Bemühungen sehr bedauert — für Sie; — was den Kontakt zu den Mächtigen des Tages betrifft — so würde ich fast sagen, daß es mich amüsiert hat — denn ich konnte einen ziemlich schönen Blick in die Karten werfen.

Also gut — sprechen wir nicht mehr davon — und lassen Sie mich Sie noch einmal umarmen.

Ihr I. Turgenev

196 [Croisset]

Freitag, 5 Uhr [14. Februar 1879]

Mein lieber Alter,

Ich begrabe die Sache, ohne die geringste Anstrengung. — & im Grunde (daran werden Sie mich wiedererkennen, Sie, der Sie Psychologe sind) bin ich darüber *vielleicht* gar nicht böse.

Außerdem ist die Besoldung dürftig; der Posten, der mich gezwungen hätte, längere Zeit in Paris zu verbringen, hätte mich nur noch ärmer gemacht. — Denn in Croisset lebe ich besser und billiger als in der Hauptstadt. Solange ich also keine wirkliche *Pfründe* habe, die mir wenigstens sechstausend Francs einbringt, ist es besser, ruhig zu bleiben. Sagen Sie das den Freunden Charpentier und Zola, deren Verhalten mich rührt. Wäre es nicht angebracht, daß ich ihnen schreibe? & auch Madame Adam? (Das ist schwieriger.)

Es hätte mich *sehr verdrossen,* wenn Sie in Ihrem Eifer Baudry aufgesucht hätten, der sich mir gegenüber wie ein wahres Schwein benimmt. — Da ich ihm gegenüber vollkommen frei bin, werde ich ihm wenigstens sagen können, was ich von ihm halte. Immerhin muß er wissen, daß man Schritte für mich unternommen hat? Im übrigen ist es mir egal. Wenn er es mir gegenüber erwähnt, werde ich den Freunden die Schuld geben — & außerdem, jeder für sich.

Ich werde Zola nichts von der Zusendung des Dossiers sagen.

Also, mein guter Alter, *ab sofort Schluß mit jeder Intrige* bis zu Ihrer Rückkehr. Das ist die Parole.

Ich fürchte, daß Madame Adam in Ihrer Abwesenheit intrigiert & daß mir in den nächsten Tagen irgendein lächerlicher Posten zufällt, den ich ablehnen müßte. Dann sähe ich wie ein Undankbarer & ein Nörgler aus.

Was kann man tun, damit das nicht geschieht? Ich überlasse das Ihrem Urteil. Aber Sie sind wohl von den Vorbereitungen für Ihre Abreise sehr in Anspruch genommen. Geben Sie mir oft Nachricht von sich oder bitten Sie in meinem Namen Madame Viardot, sie mir zu schicken, sobald sie welche hat. — Die Pest wird mich ängstigen. So bin ich nun einmal!

Da mein Gipsstiefel mir furchtbare Schmerzen bereitete, hat man ihn von oben bis unten aufgeschnitten und mit einer Binde wieder zusammengebunden; was das Bein betrifft, so geht es ihm gut. — Aber ich bin *sehr schwach,* — und der Zustand der Nerven ist schlecht. — Ohne daß ich den geringsten Pickel auf der Haut habe, kratze ich mich jede Nacht & schlafe fast nicht. Ich müßte Bäder nehmen, was unmöglich ist. — Meine größte Erleichterung ist, daß ich die *Bettpfanne* nicht mehr benutzen muß!

Ich wage nicht, Sie noch einmal zu bitten, mir vor Ihrer Abreise ein paar Worte zu schreiben. Dennoch? . . . Nun also, adieu. Gehaben Sie sich wohl und kommen Sie schnell zurück.

Ich umarme Sie mit ganzer Kraft. Ihr alter

G. Flaubert

Senator *Cordier* aus Rouen, den ich duze, hat mich am Montag aufgesucht. Da er sich sehr gut mit Ferry steht, hatte ich ihn gebeten, mit ihm zu sprechen. — Ich schreibe ihm, er möge sich ruhig verhalten.

197 Paris, 50, Rue de Douai

Samstag morgen [15. Februar 1879]

Mein lieber Freund,

Ich breche in einer Stunde auf und habe gerade noch Zeit, Ihnen zu sagen, wie sehr ich mich freue über die Art und Weise, mit der Sie diese ganze Angelegenheit aufnehmen. — Sie täten gut daran, Charpentier und Zola ein paar Zeilen zu schreiben. Was Madame Adam betrifft, so ist es vielleicht besser zu schweigen.

Wir sehen uns, wenn ich wieder zurück sein werde — in 5 oder 6 Wochen. Vielleicht sind Sie dann schon in Paris.

Ich werde Ihnen aus *Moskau* schreiben. Einstweilen umarme ich Sie.

Ihr I. T.

198 Berlin, Hotel St. Petersburg,
Unter den Linden 31
Donnerstag, 18. Febr. 79

Mein lieber Freund,

Können Sie sich vorstellen, welchen Ärger mir der Artikel des ›Figaro‹ bereitet hat — von dem ich erst Sonntag in der Eisenbahn Kenntnis erhalten habe, ich weiß nicht auf welcher Station? Dieser Ärger war vor allem deshalb so groß, weil ich mir denken konnte, was Sie dabei empfunden haben müssen. Ich verschreibe mich dem Teufel — wenn ich weiß, wer dieser Monsieur Aristophane sein mag. Mein Besuch bei Madame E. A. war am Mittwoch abend — und ich habe mich weder am Donnerstag noch am Freitag aus dem Haus gerührt, wegen eines schrecklichen Schnupfens — und am Samstag bin ich nach Rußland abgereist. Ich habe über diese Sache nur mit Viardot und seiner Frau gesprochen — und mit Zola; das sind nicht die Leute, die mit dem ›Figaro‹ korrespondieren. — Nun — in dieser Angelegenheit soll wohl alles schiefgehen.

Ich bin seit gestern abend hier; heute reise ich weiter nach Petersburg, wo ich übermorgen einzutreffen denke. Am Sonntag bin ich in Moskau — und am Montag oder Dienstag werde ich Ihnen schreiben.

Bleiben Sie inzwischen gesund — das heißt gehen Sie ohne Krücken — und seien Sie mir nicht böse. Ich umarme Sie.

Ihr I. Turgenev

199 [Croisset]
Montag 7. [April 1879]

Mein lieber guter Alter,

Ich lese im ›Temps‹ vom Sonntag (gestern), daß Monsieur Turgenev nach Paris zurückgekehrt ist.

Ich kann es kaum erwarten, Sie zu umarmen. Wann kommen Sie? (Gemäß Ihrem Versprechen vom Februar.) Wir haben viel zu schwatzen!

Meine Nichte, die diese Woche bei mir verbracht hat, ist vor einer Stunde weggefahren. Ich wartete auf ihre Abreise, um Zola und Charpentier zu sagen, daß sie mich jetzt besuchen können. Aber da mir vor allem an Ihrem Besuch gelegen ist, warte ich auf eine Zeile von Ihnen, um ihnen einen Tag *anzuweisen.* Wer hindert Sie daran, unverzüglich zu kommen? In jedem Fall eine Zeile, nicht wahr?

Ich umarme Sie.

Ihr alter Krüppel G. Flaubert

Gestern habe ich mir einen meiner letzten Zähne ziehen lassen, und heute habe ich starke Rückenschmerzen, einen Hexenschuß.

200 [Croisset]

Mittwoch 3 Uhr [9. April 1879]

Unsere beiden Briefe haben sich gekreuzt, mein lieber guter Alter. Ich werde nicht vor *einem Monat oder sechs Wochen* nach Paris kommen können. Bis dahin auf Sie zu warten, wäre sehr lang.

Sagen Sie mir, wann ich endlich das Vergnügen haben darf, meinen Turgenev zu umarmen, weil ich nach Ihrem Besuch Zola und Charpentier schreiben werde, zum Mittagessen nach Croisset zu kommen.

Richten Sie es ein, 1. eine Weile unter meinem Dach zu bleiben: wir haben unmäßig viel zu plaudern!

und 2. muß ich Ihnen drei Kapitel vorlesen.

Einstweilen umarme ich Sie.

Ihr G. Flaubert

Popelin schrieb heute morgen, daß das Porträt von Monsieur Cloquet, das meine Nichte gemalt hat, angenommen worden ist. Um so besser! Herzlichen Dank an Viardot.

201 Paris, 50, Rue de Douai
Samstag morgen [26. April 1879]

Mein lieber Alter,
Diesmal werden Sie mich bestimmt eine weiche Birne, einen alten Lappen, einen Fetzen usw. schimpfen — und ich füge hinzu, daß Sie recht haben. — Doch hören Sie mich an, *bevor* Sie mich schlagen. (Hierin unterscheide ich mich von Themistokles.) — Die Meinen reisen heute ab — und ich wäre frei gewesen — aber Paul Viardot gibt morgen sein Konzert (was ich vergessen hatte) — und ich kann nicht umhin, zugegen zu sein. — Dienstag abend muß ich etwas vortragen (vor unserer Gesellschaft zum Schutz russischer Künstler) zu wohltätigen Zwekken! — Ich könnte also am Mittwoch kommen ... Aber bei einem sardanapalischen Abendessen, das Zola uns vorgestern gegeben hat — wurde vereinbart, daß er, Daudet, Goncourt und ich am *Sonntag* zu Ihnen fahren (nicht morgen, eine Woche später) — wir kommen zum Mittagessen, abends würden die anderen wieder wegfahren — und ich würde den ganzen Montag bei Ihnen bleiben. Und jetzt — da Sie das Recht haben, mir nicht mehr zu vertrauen — unterwerfe ich mich liebevoll Ihren Beschimpfungen. — Aber diesmal glaube ich, daß die Sache klappen wird!

Und darauf umarme ich Sie und bin

Ihr I. Turgenev

202 [Croisset]

Sonntag morgen [27. April 1879]

Nein, ich werde Sie nicht beschimpfen; aber wenn Sie wüßten, welches *seelische Leid* Sie mir verursachen, hätten Sie Gewissensbisse. Ich übergehe die an Sie gerichteten Verwünschungen meiner Köchin.

Ihre Gründe erscheinen mir grotesk, mein lieber Freund. Es scheint mir zum Beispiel, daß der junge Viardot ohne Sie Geige spielen kann und daß Ihre Gesellschaft ihm nicht unerläßlich ist.

Offen gesagt, im Verhältnis zu den zärtlichen Gefühlen, die ich für Sie empfinde, sind Sie unfreundlich, was sehr viel heißt. Sie versprechen monatelang Ihren Besuch; Sie brechen Ihr Wort, *immer*; & dann, kaum angekommen, wenn man glaubt, Sie endlich zu haben, fahren Sie rasch wieder weg. Nein! nein! das ist nicht nett.

Ich weiß nicht, was bei Zolas sardanapalischem Abendessen beschlossen worden ist. Aber, mein Guter, da ich nur einen einzigen Bediensteten habe, der eine Frau ist, kann diese nicht ein Essen für sechs Personen zubereiten und servieren. Ich *muß* (!!!) meine Freunde einen nach dem anderen empfangen, und nicht alle auf einmal.

Und dann! sollten Sie nicht verstanden haben, mein lieber guter Alter, daß mein Glück verdorben wäre, wenn ich Sie mit anderen ankommen sähe. Man treibt es doch nicht in aller Öffentlichkeit, Herrgottnochmal! Aber Sie sind ein Mann »der Lustbarkeiten« — Sie haben alle Laster.

Kurz, machen Sie es, wie Sie wollen. Kommen Sie, wenn Sie all Ihrer Verpflichtungen ledig sind und quälen Sie mich nicht mehr, indem Sie mir Freuden ankündigen, die sich nicht verwirklichen.

Worauf ich Sie umarme, mein Guter.

Ihr alter G. Flaubert, *verletzt*.

203 Paris, 50, Rue de Douai
Mittwoch morgen [7. Mai 1879]

Mein lieber Alter,
Die »Sprotten« kommen erst in einer Woche; — inzwischen habe ich Ihnen andere schwedische Fische geschickt, die jedoch nicht an die »Sprotten« heranreichen. — Zwei Pfund gehen heute ab — und ich werde heute Ihre Nichte sehen. — Die 3 Kapitel, die Sie mir vorgelesen haben, haben mir das größte Vergnügen bereitet, vor allem das 2. und das 3. — Arbeiten Sie tüchtig, heitern Sie sich auf und kommen Sie her, sobald Sie können.

In der Zwischenzeit — werde auch ich zu arbeiten versuchen, und ich umarme Sie.

Ihr I. Turgenev

204 [Croisset]
Donnerstag morgen [8. Mai 1879]

Ich habe gestern die beiden Schachteln erhalten, mein lieber Alter. Die eine ist schon zur Hälfte verzehrt. Dank für das Geschenk. Aber noch mehr Dank für die sechsunddreißig Stunden, die Sie bei mir verbracht haben. Ihre Abreise hat mich sehr traurig zurückgelassen. »Es geht nicht gut.« Ich fühle mich tief getroffen. Mein Leben ist zu arm an Vergnügungen. Und was meinen Schmöker betrifft, er erschlägt mich. Das Resultat, was immer es sein mag, wird die Anstrengung nicht aufwiegen.

Lieben Sie mich immer, mein lieber Großer. Ich umarme Sie zärtlich.

Ihr G. Flaubert

205 Paris, 50, Rue de Douai
Sonntag morgen [25. Mai 1879]

Mein lieber Alter,
Ich muß Nachricht von Ihnen haben. — Lassen Sie mich wissen, 1. ob Sie mir *irgend etwas* zu sagen haben? Ist eine *Besserung* in Ihren Angelegenheiten eingetreten? — 2. Was macht die Gesundheit? die Arbeit? — 3. Kommen Sie nach Paris und wann? Ab Freitag bin ich in Bougival. Ich kann Ihnen dort ein Zimmer anbieten. Die Luft dort ist gut, und es gibt große Diwans, auf denen man sich der Länge nach ausstrecken kann. Aber schreiben Sie schnell. — Einstweilen umarme ich Sie.

Ihr I. Turgenev

206 [Croisset]
Montag, 26. [Mai 1879]

Mein lieber guter Alter,
Falls die Welt nächste Woche nicht untergegangen ist, sehen Sie mich Mitte besagter Woche. Sobald ich in Paris bin, wird Sie eine Zeile von mir benachrichtigen.

Ich beende gerade die ›Magie‹ von ›B. et P.‹ & ich kann nicht mehr.

Ich umarme Sie fest.

Ihr G. Flaubert

207 Paris, 240, Rue du Faubourg Saint-Honoré
Montag, 2. Juni [1879]

Mein geliebter Alter,
Hier bin ich, seit gestern abend. Wie können wir uns sehen? Ich beabsichtige, nach Bougival zu fahren, aber nicht sofort, denn ich bin mit Laufereien und Verabredungen schon überlastet. In dieser Woche diniere ich jeden Tag in der Stadt.

Gibt es einen Tag, an dem Sie nach Paris kommen? Ich wage nicht, eine Verabredung mit Ihnen zu treffen, da ich fürchte, sie nicht einhalten zu können. Ich komme gewöhnlich gegen drei oder vier Uhr nach Hause, um mein Bein auszuruhen. Um diese Zeit hätten Sie die Chance, mich anzutreffen.

Am *nächsten Sonntag* werde ich den ganzen Tag nicht ausgehen. Ich rechne also spätestens an diesem Tag mit Ihnen. Bis dahin umarme ich Sie.

Ihr G. Flaubert

208 [Telegramm] [Paris, 5. Juni 1879]

Gustave Flaubert, 240 Faubourg St. Honoré, Paris. — Sonntag bestimmt, werde morgen gegen vier Uhr vorbeischauen. Turgenev.

209 [Paris]

Freitag morgen [13. Juni 1879?]

Ihr Telegramm von gestern ist nicht klar. »Kommen Sie morgen.« Wohin? Nach Bougival? Das ist mir unmöglich. Wenn es Paris ist, sehr gut. Also läute ich morgen auf gut Glück an Ihrer Tür in der Rue de Douai, nachmittags gegen drei Uhr. Aber machen Sie sich meinetwegen keine Umstände, weil ich Ihnen nur wenig Zeit werde widmen können.

Ganz der Ihre, mein Guter.

G. Flaubert

210 Bougival, Les Frênes

Freitag abend, 13. Juni 79

Mein guter Alter,

Ich reise wahrscheinlich morgen abend nach London. Jedenfalls werde ich nicht mit Ihnen dinieren können, und ich verschiebe dieses große Vergnügen bis zu meiner

Rückkehr, die in einer Woche sein wird. Grollen Sie mir nicht zu sehr — und wenn ich Ihnen alles erkläre — werden Sie mir nicht böse sein. — Einstweilen umarme ich Sie.

Ihr I. Turgenev

P.S. Es scheint mir, daß es in Ihren Angelegenheiten eine Wendung zum Besseren gibt. — Ich freue mich *sehr* darüber.

P.P.S. Falls ich am Samstag nicht wegfahre, werde ich Sie am Sonntag aufsuchen.

211 Bougival (Seine-et-Oise), Chalet Les Frênes

Donnerstag, 7. August 79

Mein lieber Freund,

Entschieden zu lange habe ich nichts von Ihnen gehört.

Schreiben Sie mir ein paar Zeilen — was Sie treiben, wie es Ihnen geht, usw. usw. Was mich betrifft, so geht es mir körperlich sehr gut; was dagegen den Zustand meiner *Seele* betrifft — so können Sie sich eine genaue Vorstellung davon machen, wenn Sie den Deckel einer Latrine hochheben — und hineinsehen; freilich darf es kein englisches »water-closet« sein: sie sind im allgemeinen sauber.

Meine kleine Welt hier schickt Ihnen die besten Grüße; — ich tue es ebenfalls — aus der Tiefe meines *spleen* — denn wie Sie wissen, habe ich Sie sehr gern.

Ihr I. Turgenev

212 [Croisset]

Samstag, 6 Uhr abends [9. August 1879]

Ah, endlich! habe ich Nachricht von Ihnen, mein lieber guter Alter! — Sie langweilen sich also kräftig? Aber mir ist der *latrinenhafte* Zustand Ihrer Seele immer noch lieber als der gichtische Ihres Körpers.

Ihre seelischen Leiden kommen vielleicht von Ihrem Doktorhut? — oder daher, daß Sie keine Gelegenheit haben, mir gegenüber Ihr Wort zu brechen? Ich warte noch auf die Rechtfertigung Ihres letzten Treuebruchs, denn Sie sollten an einem gewissen Samstag im Juni bei mir zu Abend essen. Seitdem — keine Spur mehr!

Was mich betrifft, so erschöpfen mich ›B. et P.‹. Ich habe nur noch vier Seiten, dann bin ich mit meinem Kapitel über die Philosophie fertig. — Danach beginne ich mit dem vorletzten Kapitel! Diese beiden letzten werden mich bis März oder April beschäftigen. Dann bleibt der zweite Band! Kurz, in einem Jahr werde ich immer noch darin eingespannt sein. Man muß den Genius der Askese haben, um sich eine derartige Schinderei aufzuerlegen. An manchen Tagen kommt es mir vor, als würde ich an allen vier Gliedern zur Ader gelassen & als stünde mein Ableben unmittelbar bevor. Dann raffe ich mich wieder auf und laufe *trotzdem*. So ist das.

Sie werden mit Vergnügen erfahren, daß am finanziellen Horizont meines Lebens ein wenig Blau erscheint. Commanville ist es gelungen, ein Sägewerk aufzubauen. Nun ist er wieder flott. Vorausgesetzt, daß er nicht noch einmal Schiffbruch erleidet! Aber ich glaube nicht: die Sache scheint gut zu sein.

Meiner Nichte geht es nicht sehr gut. Sie ist blutarm & leidet fast ununterbrochen an Migräne.

Keinerlei Neuigkeiten von den Freunden.

Wenn Sie gegen Mitte September in Paris sind, hoffe ich Sie zu sehen, wenn ich bei der Prinzessin in Saint-Gratien sein werde.

Sie scheinen nicht sehr beschäftigt zu sein. *Also* hindert Sie nichts, mir ausführlich zu schreiben. Tun Sie das, es wäre eine gute Tat.

Freundschaftliche Grüße an die Ihren.

Ich umarme Sie zärtlich. Ihr alter

G. Flaubert

213 [Croisset]

Dienstag [26. August 1879]

Mein Guter,

Es ist Madame Régniers Schuld. Sie hat Caroline versichert, daß Sie den Ordensstern der Tapferen bekommen haben, während man Sie lediglich mit universitären Palmen dekoriert hat. — O Ironie!

Ich weiß indirekt über Maupassant, daß es Ihnen gut geht.

Ich bin Donnerstag abend in Paris, gegen 5 Uhr. Wollen Sie mich zwischen 5 & 6 abholen, um mit mir & Herrn Guy zu dinieren — oder am Freitag mit mir zu Mittag essen? — Im Augenblick habe ich Ihnen keinen anderen Tag anzubieten.

Eine kurze Antwort, bitte, an mich nach Paris, damit ich sie bei meiner Ankunft habe.

Versuchen Sie am Donnerstag zu kommen.

Bis dahin umarme ich Sie. Ihr alter

G. Flaubert

214 [Croisset]

Freitag abend [29. August 1879]

Mein guter Alter,

In ein paar Tagen, wenn ich wieder in Paris bin, werde ich Ihnen schreiben, und wir werden versuchen, uns zu treffen, verdammt nochmal!

Maupassant sagte mir, Sie neigten dazu, »die Stille der Schreibstube« im tiefsten Rußland zu suchen. Ich finde das gigantisch!

Madame Adam hat mir mitgeteilt (in einem Brief, den ich gestern abend auf meinem Tisch fand, und auch mündlich), daß ich eines Ihrer Werke korrigieren soll. Was ist daran wahr?

Ich kann es kaum erwarten, Ihnen die Philosophie von ›B. et P.‹ vorzulesen.

In ungefähr vierzehn Tagen, & sogar schon vorher, benachrichtige ich Sie.

Schreiben Sie mir hierher nach Paris.

Ich umarme Sie fest.

Ihr G. Flaubert

215 Bougival (Seine-et-Oise), Les Frênes
Samstag, 30. August 79

Mein guter Alter,
Einverstanden — und ich warte auf Ihr Zeichen , um zu Ihnen zu eilen.

Ich beabsichtige tatsächlich, nach Rußland zu gehen — nicht um dort zu arbeiten — beileibe nicht! — sondern ganz einfach, um die *Heimatluft* zu atmen, wie die Marseiller sagen. — Dieser Entschluß hat mich aus dem Zustand nervöser Erregung gerissen, in der ich mich verzehrte, um mit Prudhomme zu reden. — Lachen Sie, wenn Sie wollen — aber die Vorstellung, bis zum Hals in diesen Morast zu tauchen — hat mich beruhigt. »Was für ein Ding ist doch die menschliche Natur!« würde selbiger Prudhomme sagen.

Ich mußte Madame Adam eine kleine Erzählung von 10 Seiten versprechen — und ich habe mir erlaubt, ihr zu sagen, daß ich beabsichtige, Ihnen dieses kapitale Werk zur Prüfung vorzulegen. — Sie sind also gewarnt, und gegen Ende November überfalle ich Sie mit meinem Manuskript!

Ich kann es kaum erwarten, mit der Philosophie von ›B. et P.‹ Bekanntschaft zu machen.

Das alles hängt von Ihnen ab.

Ich warte — und umarme Sie einstweilen.

Ihr I. Turgenev

P.S. Ich habe die ersten Feuilletons von Daudets Roman gelesen????

216 [Paris]

Donnerstag, 11. September [1879]

Mein geliebter Alter,

Beantworten Sie mir, *unverzüglich,* folgende Frage:

Wollen Sie mich am nächsten *Montag,* gegen 11 Uhr, abholen? Wir gehen zusammen essen, dann lese ich Ihnen mein Kapitel vor. — Woraufhin ich nach Saint-Gratien fahre, wo ich gegen 5 Uhr sein muß. Wenn Sie am Montag nicht können, wollen Sie am Samstag mit mir zu Abend essen? (Samstag in acht Tagen.) Aber der nächste Montag würde mir am besten passen.

Ganz der Ihre

G. Flaubert

217 Bougival (Seine-et-Oise), Chalet Les Frênes

Donnerstag, 6. Nov. 79

Also, mein guter Alter, ich muß Ihnen schreiben und wissen, was Sie treiben. — Was mich betrifft, so habe ich mich nicht von hier weggerührt — und es ist hier nicht sehr gut gegangen. — Die zweite Tochter von Madame Viardot hat — sehr mühselig — ein Mädchen zur Welt gebracht — es ist einen Monat her — Mutter und Kind sind wohlauf; — aber ihre älteste Tochter (Jeanne) hat Scharlach bekommen — sie ist schon 3 Wochen isoliert, und es wird noch einmal so lange dauern. — Marianne hat eine böse Grippe und kann das Haus nicht verlassen. — Monsieur und Madame Viardot sind seit Montag wieder in Paris — und ich bleibe hier wie eine alte Auster, die sich nicht einmal der Sonne öffnet. — Auch mein Herz macht mir Sorgen — mit Klopfen, nächtlichen Krämpfen usw.

Ich habe die Übersetzung des kleinen Artikels für Madame Adams Zeitschrift beendet — und werde sie Ihnen schicken — oder sie Ihnen selbst bringen, damit Sie darin die nötigen Korrekturen vornehmen können. — Ich benachrichtige Sie vorher und danke Ihnen schon jetzt. Die Sache ist sehr kurz.

Ich glaube nicht, daß ich je etwas so vollkommen *Langweiliges* gelesen habe wie ›Nana‹ (dies — unter uns). Es ist zum Sterben prosaisch und kleinlich; und die wenigen unflätigen Wörter darin, die wie poetische Pfefferkörner sind, reichen nicht aus, den faden Geschmack dieses Breies zu heben.

Es scheint, das wird eines Tages auch die allgemeine Meinung sein.

Ich umarme Sie — jedenfalls auf bald.

Ihr I. Turgenev

218 [Croisset, 8. November 1879]

Mein geliebter Alter,

Schicken Sie mir oder besser bringen Sie mir Ihre Arbeit, wann immer Sie wollen. Versprechen Sie mir nichts, kündigen Sie mir Ihre Reise nicht an. Benachrichtigen Sie mich vierundzwanzig Stunden vorher & *kommen Sie,* das ist alles, worum ich Sie bitte.

B. und P., die Ihnen Grüße schicken, sind jetzt voller Frömmigkeit. Bald werden sie sich »dem Tisch des Herrn nähern«; ich glaube, daß mich dieses Kapitel über die Religion bei den Herren Geistlichen in ein schlechtes Licht setzen wird? Ich bin vollgestopft mit frommer Lektüre! — Aber am Neujahrstag hoffe ich das letzte Kapitel zu beginnen, & wenn das fertig ist, werde ich noch ein halbes Jahr brauchen.

Meine Nichte verläßt mich in acht Tagen, & ich werde bis zum Frühjahr allein sein. Heute abend bekomme ich den Besuch des jungen Maupassant. Das ist alles, mein Guter.

Ich habe von ›Nana‹ nur fünf oder sechs Feuilletons gelesen; infolgedessen kann ich nicht darüber sprechen. Aber ich habe mich an Renans neuem Band delektiert, was für ein Juwel an Gelehrsamkeit!

Sagen Sie den Ihren alles Liebenswürdige, was Ihnen einfällt, angefangen bei Madame Viardot bis zu dem neugeborenen Mädchen.

Ich umarme Sie sehr zärtlich.

Ihr alter G. Flaubert

Sie sprechen nicht von der Gicht. Sie ist also abwesend? — Um so besser.

Auch ich fühle mich manchmal sehr alt, sehr müde, erschöpft bis ins Mark. Gleichviel! — ich mache weiter, & ich möchte nicht krepieren, ohne meinen Mitmenschen noch ein paar Kübel *Scheiße* auf den Kopf geschüttet zu haben.

Das allein hält mich aufrecht.

219 Bougival (Seine-et-Oise), Chalet Les Frênes
Donnerstag, 13. Nov. 79

Mein lieber guter Alter,
Ich werde die Druckfahnen meiner kleinen Sache persönlich nach Croisset bringen. Das wird gegen Anfang Dezember sein, denn die Sache selbst erscheint erst in

der Ausgabe vom 15. Sie werden 24 Stunden vorher benachrichtigt.

Wissen Sie, was wir seit 6 Tagen mit Entzücken, mit Wonne lesen? — die ›Éducation sentimentale‹! Nach all unserer anderen Lektüre (freilich waren Romane der ›Revue des Deux Mondes‹ darunter — das sagt alles) — erscheint uns das wunderbar! — In diesem Diamanten gibt es jedoch einen Flecken, einen einzigen: nämlich die Beschreibung des *Gesangs* von Madame Arnoux. 1.) So wie man sie sich vorstellt — müßte sie anders und anderes singen; 2.) eine *Alt*stimme kann ihre Wirkungen nicht in *hohen* Tönen suchen, der dritte noch *höher* als die beiden ersten; 3.) es hätte musikalisch erläutert werden müssen, was sie singt — sonst bleibt der Eindruck verschwommen und sogar ein klein wenig komisch. Das haben Sie doch nicht gewollt, nicht wahr? Aber Sie erinnern sich an den klassischen Vers:

»Ubi plura nitent in carmine ...« usw.

Ich wünsche B. und P. die nötige Bußfertigkeit für ihre große religiöse Handlung — je intensiver sie ist, um so ungebärdiger werden sie danach wieder sein.

Meine Gesundheit ist gut — meine Gicht schweigt, aber es sind immerzu Kranke im Haus. — Ich habe den Viardots Ihre guten Worte ausgerichtet — und sie danken Ihnen dafür.

Ich umarme Sie sehr freundschaftlich.

Ihr I. Turgenev

220 [Croisset]

Mittwoch, 19. [November 1879]

Mein geliebter Alter,
Ohne Zweifel ist die fragliche Stelle nicht glanzvoll! Ich finde sie sogar ein bißchen albern. Dennoch kann eine Altstimme Wirkungen in der *Höhe* erzielen, Beweis die

Alboni? & im Grunde erscheinen Sie mir streng? Beachten Sie als mildernden Umstand, daß mein Held kein Musiker ist & daß meine Heldin eine mittelmäßige Person ist. — Gleichviel! Diese Stelle hat mich, unter uns gesagt, immer geplagt. Als ich sie schrieb, muß ich in widerstreitenden Erinnerungen befangen gewesen sein.

Ich freue mich über den Eindruck, den die ›Éducation sentimentale‹ auf Sie macht. Ohne ein Ungeheuer an Hochmut zu sein, meine ich, daß dieses Buch schlecht beurteilt worden ist, vor allem sein Schluß. Das verüble ich dem Publikum.

Es wäre nett, da Sie mir Ihren Besuch für Dezember ankündigen, wenn Sie am *12.* kämen, meinem Geburtstag. Wir werden dieses — wenig beachtenswerte — Ereignis gemeinsam feiern oder vielmehr beklagen.

Meine Nichte ist seit Sonntag in Paris — & damit beginnt meine Einsamkeit. — Jetzt bin ich bei der Hälfte meiner Religion angelangt. Was für eine Last dieser Schmöker ist, mein lieber Freund!

Ich lese begierig die Geschichte Ihres Nihilisten im ›Temps‹. Ist es möglich, o Jesus, lebendige Geschöpfe so grausam leiden zu lassen!

Madame Adam hat mir geschrieben, daß ich die *Schirmherrschaft* über die Opfer der Überschwemmung von Murcia übernehmen soll! Herzlich gern; aber worin bestehen meine Pflichten? Sie hat auf diese Frage bisher nicht geantwortet. Mir ist zu Ohren gekommen, daß ›Nana‹ letztlich keinen Erfolg hat. Stimmt das?

Wenn Sie nichts Besseres zu tun haben, schreiben Sie Ihrem

G. Flaubert
der Sie liebt & umarmt.

221 Bougival, Les Frênes
Sonntag, 23. Nov. 79

Mein guter Alter,
Bestimmt werde ich am 12. nach Croisset kommen — mit zwei Flaschen Champagner unter dem Arm — um das ...zigste Jahr Ihrer Existenz zu feiern? Vor genau zwei Wochen — am 9. November — bin ich *61* geworden!

Sie erhalten die Druckfahnen meiner Sache für die ›Nouvelle Revue‹ in den ersten Dezembertagen — und korrigieren Sie tüchtig, wenn Sie etwas finden, was nicht ganz gut sein sollte.

Ich bin, wie Sie, einer der Schirmherren der Feier für die Opfer der Überschwemmung von Murcia. (Das Datum dieser Feier ist auf den 11. November festgelegt.) Alles, was wir zu tun haben (denn ich nehme an, daß Sie einwilligen werden) — ist, einen Frack und eine weiße Krawatte anzuziehen — und das Fest mit unserer Anwesenheit zu *beehren*, mit einer kleinen Erkennungszierde im Knopfloch. — Sie sehen, es ist nicht schwierig. — Sie müßten dazu Ihre Einwilligung schicken — und dann am 11. oder am 10. abends nach Paris kommen — und danach können wir zusammen nach Croisset fahren — am Abend des 11. oder am 12. früh morgens. — So ist das.

Wir lesen *en famille* weiter die ›Éducation‹ — und immer mit demselben Vergnügen.

Nein, ›Nana‹ hat keinen Erfolg. Es gab zwar vor einigen Tagen zwei recht hübsche Kapitel. Aber — alles in allem — ist es langweilig — und was Zola besonders mißfallen würde — es ist ganz und gar nicht naiv — verteufelt tendenziös (sagt man: tendenziös?)!

Ich habe morgen eine Verabredung mit Ihrer Nichte. — Ich gebe das Landleben gegen Ende dieser Woche auf.

Auf baldiges Wiedersehen — ich umarme Sie.

Ihr I. Turgenev

222 [Croisset]
Dienstag, 2. Dezember [1879]

Nur ein paar Worte.

Madame Adam schreibt mir, daß sie mir die Druckfahnen Ihres Werkes schicken wird und daß ich sie ihr sofort zurückschicken soll.

Aber nein, nicht wahr? — Zuerst Ihnen. — Und dann scheint mir, daß wir sehr viel besser mündlich als brieflich darüber plaudern könnten. Bringen Sie mir die Sache also am 12. dieses Monats, Freitag in acht Tagen.

›B. et P.‹ richten mich zugrunde. Wahrhaftig, ich kann nicht mehr!

Mir bleibt nur noch die Kraft, Sie zu umarmen.

Auf bald. Ihr alter

G. Flaubert

223 Paris, 50, Rue de Douai
Dienstag, 2. Dez. 79

Hier, mein guter Alter, die Bürde, von der ich erzählt hatte und die Ihnen auf den Kopf fällt. — Und dies erwarte ich von Ihrer Freundschaft. Lesen Sie diese kleine Torheit, korrigieren, ändern, streichen Sie, was Sie wollen — und schicken Sie sie mir morgen zurück, wenn es möglich ist!! Ich wäre Ihnen dafür dankbar — so sehr man es nur sein kann.

Ich bin also wieder in Paris — seit zwei Tagen. Sie haben mir nicht gesagt, ob Sie meinen Plan gutheißen — für Sie — am 11. hierher zu kommen? — Auf jeden Fall verbringe ich den Tag des 12. in Croisset. — Das ist beschlossene Sache.

Tausend Dank im voraus — und ich umarme Sie.

I. Turgenev

224 [Croisset]

Mittwoch, 5 Uhr abends [3. Dezember 1879]

Gleichzeitig mit diesem erhalten Sie Ihr *Paket.* Zwei Worte der Erklärung liegen bei.

Nein! ich werde für die Spanier nicht nach Paris fahren, das wäre zu dumm.

Aber ich erwarte Sie am 12.

›B. et P.‹ kommen nicht gut voran. Das Wetter macht mich traurig, & dann bin ich verblödet von meiner Lektüre. Aber Gott sei Dank ist sie beendet!

Ich umarme Sie.

Ihr alter G. Flaubert

225 [Croisset]

Montag abend, 8. Dezember [1879]

Es ist abgemacht, beschlossen, *geschworen,* & lassen Sie mich nicht sitzen, Herrgottnochmal! Sie würden eine böse Tat begehen.

Also, am nächsten Freitag, dem 12. dieses Monats, erwarte ich Sie zum Abendessen.

& Richten Sie es ein, bis Montag zu bleiben. Seien Sie so freundlich, *ich bitte Sie.* Wir haben uns so viel zu erzählen! & Ich bin so tugendhaft, daß ich viele Schmeicheleien verdiene.

Bis dahin umarme ich Sie.

Ihr alter G. Flaubert

226 [Croisset]

Freitag, 26. Dezember [1879]

Großzügiger Mensch,

Ich habe den Kaviar und den Lachs noch nicht erhalten. Auf welchem Wege haben Sie die beiden Schachteln verschickt? Mein Magen ist von Unruhe zerfressen!

Ihre Reise nach Rußland mißfällt mir außerordentlich, mein armer Alter. Es scheint mir, daß dieser Aufbruch ernster ist als die anderen. Warum? Ist er wirklich sinnvoll, unerläßlich? Richten Sie es ein, daß Ihre Abwesenheit nicht lange dauert, & kommen Sie rasch nach Frankreich zurück, wo Ihre Freunde & Ihre Liebsten sind.

Ich bereite jetzt die letzten 8 Seiten meiner Religion vor. Ich fürchte, daß dieses Kapitel recht trocken ist.

Ich umarme Sie sehr fest.

Ihr G. Flaubert.

227 Paris, 50, Rue de Douai

Samstag morgen [27. Dezember 1879]

Mein guter Alter,

Der Kaviar und der Lachs sind vor *4 Tagen* abgeschickt worden — an die Adresse von Monsieur *Pilon*, Rouen, Quai du Havre — zu Händen von Monsieur G. Flaubert. (Diese Adresse wurde mir von Commanville gegeben.) — Ziehen Sie die nötigen Erkundigungen ein. — Mich würde vor allem der Verlust des Lachses schmerzen, der köstlich war.

Die herrschende Kälte läßt mich erstarren — und macht mich stumpfsinnig. Trotzdem habe ich bereits mit den Reisevorbereitungen begonnen. — »Der Wein (welcher Wein!!) ist gezapft — man muß ihn trinken.«

Ich schicke Ihnen in Kürze einen Roman in 3 Bänden von Graf Lev Tolstoj, den ich für den größten zeitgenössischen Schriftsteller halte — Sie wissen, wer ihm meiner Meinung nach diesen Rang streitig machen könnte. Leider wurde die Übersetzung von einer russischen Dame gemacht . . . und im allgemeinen fürchte ich Damen, die übersetzen, besonders wenn es sich um einen so energischen Schriftsteller wie Tolstoj handelt.

Einstweilen umarme ich Sie. Ihr I. T.

228 [Croisset]

Sonntag abend [28. Dezember 1879]

Gestern abend habe ich die Schachtel erhalten. Der Lachs ist herrlich, aber der Kaviar läßt mich vor Wollust aufschreien.

Wann werden wir gemeinsam davon essen? Ich wünschte, Sie wären schon abgereist & wieder zurückgekehrt. Schreiben Sie mir wenigstens, von dort!

Heute abend scheint es zu tauen. Sollte das wahr sein?

Was den Roman von Tolstoj betrifft, so lassen Sie ihn meiner Nichte schicken. Commanville wird ihn mir bringen.

Ganz der Ihre, mein lieber Alter.

Ihr Alter umarmt Sie.

229 [Croisset]

Dienstag abend [30. Dezember 1879]

Danke! dreimal danke!!!

O Heiliger Vinzenz von Paul der Delikatessen! Ehrenwort! Sie behandeln mich wie einen Lustknaben! Es ist zu viel der Leckereien. Nun denn! ich muß Ihnen gestehen, daß ich den Kaviar fast ohne Brot esse, wie Marmelade.

Was den Roman betrifft — seine drei Bände erschrekken mich. Drei Bände jetzt, außerhalb meiner Arbeit, das ist hart. Gleichviel, ich werde mich daranmachen. Da ich Ende nächster Woche damit rechne, *mein Kapitel fertig* zu haben (!!!), wird es eine Zerstreuung sein, bevor ich das nächste anfange.

Wann reisen Sie ab, oder vielmehr wann kommen Sie zurück? Es ist idiotisch, sich so zu lieben, wie wir es tun, & sich so wenig zu sehen.

Ich umarme Sie. Ihr alter
G. Flaubert

230 [Croisset]

Mittwoch abend [21. Januar 1880]

Nur ein paar Zeilen, mein lieber guter Alter,

1. Wann reisen Sie ab, oder vielmehr nein: wann kommen Sie zurück? Sind Sie wenigstens über die Folgen Ihrer Reise bekümmert?

2. Danke, daß Sie mir den Roman von Tolstoj zu lesen gaben. Er ist erstrangig. Was für ein Maler und was für ein Psychologe! Die beiden ersten Bände sind *herrlich*. Aber der dritte fällt schrecklich ab. Er wiederholt sich! und er philosophiert! — Man sieht ihn selbst, den Autor & den Russen, während man bisher nur die Natur & die Menschheit gesehen hatte. — Mir scheint, daß er zuweilen Dinge hat wie Shakespeare? — Ich stieß bei dieser Lektüre Schreie der Bewunderung aus & sie ist lang!

Erzählen Sie mir etwas über den *Autor*. Ist es sein erstes Buch? Jedenfalls hat er *Kraft*! Ja, er ist sehr stark, sehr stark.

Ich habe meine Religion beendet & arbeite am Entwurf meines letzten Kapitels: ›die Erziehung‹.

Meine Nichte hat drei volle Tage hier verbracht. — Sie ist heute morgen abgereist, — & sie klagt über die Einsamkeit, in der unser großer Freund sie zurückläßt, der große Turgenev,

den ich zärtlich umarme.
Sein alter G. Flaubert

231 Paris, 50, Rue de Douai

Samstag, 24. Jan. 80

Mein guter Alter,

Sie können sich nicht vorstellen, welche Freude mir Ihr Brief gemacht hat und was Sie über den Roman von

Tolstoj sagen. — Ihr Beifall bestärkt mich in meinem Denken über ihn. — Ja, er ist ein sehr großer Mann — und doch haben Sie den Finger in die Wunde gelegt: auch er hat sich ein philosophisches System errichtet, das sowohl mystisch als auch kindisch und anmaßend ist und das seinen dritten Band sowie den zweiten Roman teuflisch verdorben hat, der auf ›Krieg und Frieden‹ folgte — in dem sich ebenfalls absolut *erstrangige* Dinge finden. — Ich weiß nicht, was die Herren Kritiker sagen werden (ich habe ›K. und F.‹ auch Daudet und Zola geschickt) — aber für mich ist die Sache entschieden: *Flaubertus dixit.* — Der Rest hat keine Bedeutung.

Ich bin glücklich zu sehen, daß Ihre Biedermänner vorankommen.

Ich verlasse Paris im Laufe der nächsten Woche, aber ich werde mich Ihnen noch in Erinnerung rufen, bevor ich abreise. Einstweilen umarme ich Sie.

Ihr I. Turgenev

232 Croisset bei Deville (Seine-Inférieure)
Donnerstag, 4. März 1880

Mein geliebter Alter,
Da Sie in Rußland sind und mir keine Nachricht mehr geben, beginnt wieder der Briefwechsel zwischen mir & Madame Viardot.

Durch einen Brief von ihr erfahre ich, daß Sie Ischias haben, daß Sie traurig sind, daß Sie sich langweilen usw., & sie fordert mich auf, Ihnen zu schreiben, um Sie zu zerstreuen. Warum kann ich Ihnen, mein armer Alter, nicht alle Blumen der Welt & des Lebens schicken.

Was soll ich Ihnen berichten? Die Berufung Du Camps in die Académie Française! Sie wissen natürlich davon? — Sie macht mich schwindlig . . . Warum »nach dieser Ehre trachten«? Wie komisch die Menschen sind!

Ich habe mein letztes Kapitel begonnen und bin auf Seite 7. Es wird vierzig haben. Wann werde ich es fertig haben? Gott weiß es. Wie auch immer, ich beabsichtige, den Mai & den Juni in Paris zu verbringen — dann werde ich im September erneut hinfahren, um mich für lange Zeit nicht von dort wegzurühren. Wir werden uns also sehen! . . . ?

Ich habe ›Nana‹ als Buch in einem Zug gelesen & finde, daß Sie diesem Werk gegenüber ein wenig hart sind? es sind starke Stellen darin, großartige Aufschreie der Leidenschaft und zwei oder drei Charaktere (der Mignons unter anderem), die mich entzückt haben.

Der junge Maupassant hätte beinahe einen Presseprozeß gehabt. Ich sage hätte beinahe, da das Verfahren niedergeschlagen wurde, kaum daß es begonnen hatte. Aus diesem Anlaß habe ich im ›Gaulois‹ (am letzten Samstag im Januar) einen Brief veröffentlicht, ich hatte nicht einmal Zeit, meine Zeilen durchzulesen! darum ist es ziemlich gepfuscht. Noch nie habe ich ein solches Zugeständnis gemacht, aber der arme kleine Teufel tat mir leid. Ich sage Ihnen unter uns (ganz *unter uns*), daß mir die Gesundheit meines Schülers Sorgen macht. Er hat ein *Herz*, das ihm plötzlich einen bösen Streich spielen könnte, fürchte ich.

Denken Sie an Commanvilles Angelegenheit, eine Beratung durch einen Anwalt, bezüglich der Wälder des Prinzen Sollooub (so schreibt er sich wohl nicht? gleichviel).

Als Freund werden Sie mit Freude erfahren, daß an meinem pekuniären Horizont Blau zu sehen ist. Commanville richtet ein Sägewerk in Rouen ein — er hat die nötigen Mittel gefunden. Der Vertrag soll vielleicht heute abend unterschrieben werden? Wenn das geschehen ist, fährt Commanville sofort nach Odessa.

Meine Nichte, die allein in Paris ist, beeilt sich, für

die Ausstellung ein Porträt zu beenden. Sie wissen, daß sie gar nicht mit Ihnen zufrieden ist, & ich bin sicher, daß sie heute abend bei Madame Viardot Schlechtes von Ihnen sagen wird.

Was noch? ein Stapel kleiner Bücher, die die Jungen mir schicken und die zu nennen sich nicht lohnt. Das *Gewissen* zwingt mich, sie zu lesen, & damit verliere ich Zeit — was mich rasend macht! ich habe schon so vieles für ›B. et P.‹ zu lesen, jetzt stecke ich in dem Erziehungssystem — inbegriffen die Mittel, wie man der Onanie vorbeugen kann! Große Frage! Je tiefer ich eindringe, desto komischer finde ich die Bedeutung, die man den uro-genitalen Organen beimißt. Es wäre an der Zeit, darüber zu lachen, nicht über die Organe, sondern über diejenigen, die daran die ganze menschliche Moral aufhängen wollen.

Heute ist das Wetter herrlich, die Sträucher haben Knospen & die Veilchen sprießen aus dem Rasen. So können Sie sich Ihren Freund in seinem Rahmen vorstellen. Der Ihre ist für mich neblig & unbestimmt . . .

Kehren Sie doch in unsere Mitte zurück, & schreiben Sie mir so ausführlich wie möglich.

Aus tiefstem Herzen & mit ganzer Kraft,

Ihr alter G. Flaubert

233 [Croisset]

Mittwoch, 7. April [1880]

Mein lieber guter Alter,

Ich freue mich bei dem Gedanken, Sie ungefähr in einem Monat wiederzusehen! Alle Besorgnisse, die Sie hatten, sind Gott sei Dank verschwunden, und bald können wir ausführlich miteinander plaudern.

Haben Ihnen am Ostersonntag die Ohren geklungen? Man hat bei mir einen Toast auf Turgenev ausgebracht und seine Abwesenheit bedauert. Auf Ihre Gesundheit haben ihre Champagnergläser angestoßen: 1. Ihr Diener, dann Zola, Charpentier, A. Daudet, Goncourt, mein Arzt Fortin und »diese kleine Canaille Maupassant«, wie die Lagier sagt. — Apropos Maupassant, sein Zustand ist nicht so ernst, wie ich befürchtet hatte; er hat kein organisches Leiden, nur ist der junge Mann hypergichtisch, ultrarheumatisch & völlig nervenkrank. — Nachdem sie hier zu Abend gegessen hatten, haben die Herren hier übernachtet, — & sind am nächsten Tag nach dem Mittagessen wieder weggefahren. Ich mußte an mich halten, um ihnen nicht etwas aus ›B. & P.‹ vorzulesen!

Als Pradier 1848 im Invalidendom arbeitete, pflegte er zu sagen: »Das Grab des Kaisers wird das meine werden«, so sehr war er von seiner Arbeit erschöpft. Und ich kann sagen: »Es wird Zeit, daß das Ende meines Buches kommt, sonst wird es das meine sein.« Offen gesagt, ich bin zerschlagen, zermürbt. Es artet zu einer Strafarbeit aus! & ich habe noch drei Monate damit zu tun! — nicht gerechnet den zweiten Band, für den ich sechs brauche.

Im Grunde habe ich Angst, daß die Wirkung zu wenig im Verhältnis zur Anstrengung steht, & ich fühle mich so erschöpft, daß der Schluß sehr leicht blutleer & mißglückt sein kann.

Im übrigen verstehe ich keinen Deut mehr davon & bin wie gerädert, dazu Magenkrämpfe, denn ich schlafe fast gar nicht mehr. — Doch genug gestöhnt.

Hier meine Pläne: ich hoffe, um den 10. Mai in Paris zu sein, bis Ende Juni dort zu bleiben, zwei Monate in Croisset zu verbringen, um die Stücke für meinen zweiten Band zu schreiben, dann im September nach Paris zurückzukommen & mich für lange Zeit nicht von dort wegzurühren.

Commanville muß heute in Triest sein. Er ist mit seiner Reise nach Rußland zufrieden.

Meine Nichte, deren Porträts beide für die Ausstellung angenommen worden sind, läßt Sie herzlich grüßen.

Die Zeitungen haben unseren Freund Du Camp, den neuen Akademiker, in den Dreck gezogen.

Die ›Vie moderne‹ entehrt mich noch immer mit den Illustrationen zum ›Château des Cœurs‹. Mein armes Märchenspiel hat kein Glück. Aber warum habe ich auch auf den Rat der *anderen* gehört? Warum habe ich Zugeständnisse gemacht?

Ich lese keines der Bücher, die man mir schickt, kann Ihnen infolgedessen keine literarischen Neuigkeiten berichten.

Meine größte Empörung richtet sich im Augenblick gegen die Botaniker. Unmöglich, ihnen eine Frage begreiflich zu machen, die ich sehr klar finde! Sie werden es selbst sehen, & werden verblüfft sein über das geringe *Urteilsvermögen*, das in diesen Gehirnen steckt!

Versuchen Sie, ein paar freie Minuten zu finden, um mir zu schreiben. Das wäre sehr nett. — Verschieben Sie nicht Ihre Rückkehr zu uns.

Ich umarme Sie mit aller Kraft, mein lieber Alter.

Ihr G. Flaubert

234 [Croisset]

15. April [1880]

Mein geliebter Alter,

N.B. Commanville bittet Sie, ihm den Namen & die Adresse Ihres Anwalts zu schicken, damit er sich, auf Ihre Empfehlung, mit ihm in Verbindung setzen kann.

Er (Commanville) ist am vergangenen Samstag aus Rußland zurückgekommen, entzückt über die Geschäfte, die er dort gemacht hat. Sein Sägewerk wird in weniger als zwei Monaten die Arbeit aufnehmen.

Was mich betrifft, mein Guter, so bin ich *todmüde*. ›B. et P.‹ langweilen mich! & es wird Zeit, daß das ein Ende nimmt, wenn nicht, nehme ich selbst ein Ende.

Ich beabsichtige, um den 8. oder 10. Mai in Paris zu sein, wahrscheinlich am nächsten Sonntag in drei Wochen. Mein erster Band wird nicht vor Ende Juni fertig sein. Danach brauche ich noch sechs Monate.

Wann sehe ich Sie wieder? Mitte Mai, nicht wahr? Ich kann es kaum erwarten, Sie zu umarmen! Ihr alter

G. Flaubert

Sie müssen vor vierzehn Tagen einen Brief von mir bekommen haben?

235 Moskau, Boulevard Prečistenskij

Donnerstag, 6. Mai/24. April 1880

Mein guter Alter,

Dies ist kein Brief — es ist ein Lebenszeichen, das ich gebe. — Es geht mir gut, ich drehe und bewege mich wie ein Eichhörnchen in seinem Käfig — ich bin seit einer Woche hier und fahre nächsten Monat aufs Land — dort bleibe ich zehn Tage, um den Geruch der Birken zu atmen und die Nachtigallen *brüllen* zu hören — ich komme zur feierlichen Enthüllung des Denkmals unseres großen Dichters Puškin nach Moskau zurück (N.B.: Sie werden eine Einladung des Komitees erhalten! Natürlich werden Sie nicht kommen — aber wenn Sie ein Telegramm schicken, wird es unter dem begeisterten Applaus der Gäste während des Banketts verlesen) — und dann mache ich mich aus dem Staub — in den ersten zehn Tagen des Juni bin ich in Paris — und ich hoffe, Sie in meine Arme zu schließen. Und jetzt, was den Anwalt betrifft, von dem Commanville spricht, nennen Sie ihm die folgende Adresse:

Monsieur Viktor Gaevskij, St. Petersburg, Rue Litejnaja, 48. Er ist eine Kapazität und eine Autorität — und außerdem der Anwalt der französischen Botschaft in Petersburg. — Er ist von mir benachrichtigt und wird alles tun, um Monsieur Commanville behilflich zu sein.

Grüßen Sie ihn herzlich von mir, desgleichen Ihre Nichte; ich umarme Sie — und auf bald.

Ihr alter I. Turgenev

---

236 Spasskoe, Mcensk, Gouvernement Orel
27. Mai 1880

Liebe Caroline Commanville,
Ich danke Ihnen, daß Sie in diesen bangen Tagen an mich gedacht haben. Der Tod Ihres Onkels ist ein unvergleichlich großer Schmerz in meinem Leben, und ich kann mich nicht an den Gedanken gewöhnen, daß ich ihn nicht mehr wiedersehen soll. Ich habe den Schlag auf die härteste Art und Weise empfangen, als ich hier vor einigen Tagen das Feuilleton einer Zeitung aufschlug. Seitdem habe ich viel an Sie gedacht — mit dem tiefsten Mitgefühl und der lebhaftesten Sympathie. Bei einem derartigen Kummer *will* man keinen Trost.

Ich kehre in drei Wochen nach Paris zurück und werde Sie sofort aufsuchen. Ich halte mich ganz zu Ihrer Verfügung, sowohl bei der Veröffentlichung des Romans, der ihn umgebracht hat, als auch in jeder anderen Angelegenheit. Ich fühle, daß ich auf Flauberts Nichte einen Teil der Zuneigung übertragen habe, die ihm galt.

Auf Wiedersehen und auf bald; inzwischen drücke ich Ihnen zart die Hand und bin immer

Ihr sehr ergebener I. Turgenev

Hinweise auf einen Briefwechsel zwischen Flaubert und Turgenev finden sich bereits in der ersten Sammlung des epistolarischen Nachlasses von Turgenev, ›Briefe Turgenevs. Erste Sammlung (1840—1883). Herausgegeben von der »Gesellschaft zur Unterstützung hilfsbedürftiger Schriftsteller und Gelehrten«‹, St. Petersburg, 1884.

Dieser Band, 1886 für den Verlag von F. M. v. Biedermann ins Deutsche übersetzt von Dr. Heinrich Ruhe (Leipzig 1886), war ausnahmslos dem Briefwechsel mit russischen Autoren vorbehalten; er enthielt jedoch auch Turgenevs Brief an Lev Tolstoj, in dem ihm dieser Auszüge aus Flauberts Brief über den Roman ›Krieg und Frieden‹ mitteilt.

Mehrfach erwähnt wird Flaubert auch in Turgenevs Briefen an den deutschen Feuilletonisten Ludwig Pietsch (›Iwan Turgenjew an Ludwig Pietsch, Briefe aus den Jahren 1864—1883‹, herausgegeben von Alfred Doren, Berlin, Propyläen-Verlag, 1923) — Briefe, die u. a. Turgenevs Bemühungen dokumentieren, Flaubert, den Autor der ›Madame Bovary‹, auch mit späteren Werken in Deutschland bekanntzumachen.

Die bislang einzige deutsche Auswahl aus Briefen Turgenevs, die nach der von 1886 erschienen ist (Iwan Turgenejew, ›Briefe‹, herausgegeben von Christa Schulze, Berlin und Weimar. Aufbau-Verlag, 1976), enthält mit elf Briefen Turgenevs an Flaubert nur etwa ein Zehntel der gesamten Korrespondenz. — Spätestens seit der russischen Akademie-Ausgabe in 30 Bänden (Polnoe sobranie sočinenij i pisem. Moskau-Leningrad, Akademija Nauk SSSR; die Briefe in 12 Bänden, davon zwei in vier Teilbänden, 1961—1968) weiß man von insgesamt 95 Briefen Turgenevs an Gustave Flaubert.

Erste Kenntnis der Briefe Turgenevs an Flaubert verdankt die Nachwelt dem französischen Turgenev-Forscher Elie Halpérine-Kaminsky, der den Hauptakzent seiner Arbeit auf Turgenevs westeuropäische Briefpartner legte und 1901 erstmals 77 Briefe an Flaubert veröffentlichte in der Sammlung: ›Ivan Tourguéneff d'après sa correspondance avec ses amis français‹, Paris, Bibliothèque Charpentier, 1901.

Flauberts Briefe an Ivan Turgenev, die sich, gleich einem großen Teil der Antwortbriefe Turgenevs, in Frankreich noch in Privatbesitz befinden, erschienen erstmals gesammelt 1946. In seinem Band: Gustave Flaubert, ›Lettres inédites à Tourguéneff‹, Monaco, Editions du rocher, 1946, legte der Herausgeber Gérard Gailly insgesamt »136 pièces« vor, 127 davon in Erstveröffentlichung; 8 waren bereits in der Conardschen Edition der Flaubert-Briefe zu lesen gewesen, zwei der pièces waren Briefe, die Flaubert Turgenevs wegen an Pauline Viardot gerichtet hatte (vgl. die Anmerkungen in diesem Band). Gaillards Sammlung enthielt also 134 Briefe, die Flaubert an Turgenev direkt geschrieben hatte; sie war über Jahrzehnte hin die grundlegende Ausgabe der Flaubertschen Korrespondenz mit Ivan Turgenev.

Aus dieser Edition hat die erste und bisher einzige deutsche Edition der Briefe Flauberts (›Briefe‹, herausgegeben von Helmut Scheffel, Stuttgart, Henry Goverts, 1964; Nachdruck bei Diogenes, Zürich 1977) lediglich 14 Briefe an Ivan Turgenev bekanntgemacht.

Der — übrigens lang gehegte — Gedanke, den Briefwechsel beider Autoren als Ganzes vorzustellen, lag also nahe, die Übersetzung aller überlieferten Briefe lag bereits satzfertig vor — als im Frühjahr dieses Jahres der in Paris lebende Turgenev-Experte Alexandre Zviguilsky die bislang vollständigste Sammlung der Briefe vorlegte: Gustave Flaubert—Ivan Tourguéniev, ›Correspondance‹, Paris, Flammarion, 1989. Diese wissenschaftlich-kritische, überaus gründlich kommentierte Ausgabe enthält neben den 95 von Turgenev überlieferten Briefen an Flaubert 140 Briefe und Billets von Flaubert an Turgenev, einige davon in neuer, von Gérard Gaillard abweichender Datierung.

Die wesentlichste Abweichung der Ausgabe Zviguilskys gegenüber früheren Brief-Editionen betrifft allerdings die Textgestalt, vor allem die der Briefe Flauberts: Zviguilsky ist auf die Originale zurückgegangen und hat allerlei »lesefreundliche« Glättungen in der Notierung rückgängig gemacht (die Eliminierung von Gedankenstrichen, beispielsweise, aber auch die »verbessernde« Übersetzung des Zeichens ›&‹ in das Wort ›und‹), er hat frühere Lesefehler und gelegentliche Purgierungen beseitigt.

In der Textgestalt wie auch in der Datierung der Briefe folgt der vorliegende Band der neueren, plausibleren Ausgabe. Nicht übernommen wurde eine Flaubertsche Eigenart in der Schreibung der Monate, die, ins Deutsche übertragen, keinen vernünftigen Sinn ergäbe: für ›Dezember‹ schreibt Flaubert »X-bre«, wofür man im Deutschen ›Oktober‹ lesen würde, für ›September‹ — »VII-bre«, was den Unfug einer buchstabengetreuen ›Übersetzung‹ verdeutlicht.

Nicht übernommen wurde, vor allem im Falle Turgenevs, die französische Schreibung russischer Personen- und Eigennamen. Diese hat — in Frankreich wie in Deutschland — während der letzten 150 Jahre so oft gewechselt, daß eine Übernahme der Turgenevschen Schreibweise die ohnehin babylonische Verwirrung nur noch gesteigert hätte. Hier empfahl sich vielmehr die in den einschlägigen Lexika üblich gewordene Transkription. — z. B. Turgenev, für Turgeneff, Turgéniew, Turgenjew (deutsch), und Tourguéneff (zu Zeiten Flauberts), Tourguéniew und Tourguéniev (in Frankreich heute).

Wenn in bestimmten, vor allem den aus Rußland geschriebenen Briefen Turgenevs das Datum sowohl nach dem in Rußland gebräuchlichen Julianischen als auch dem in Westeuropa üblichen Gregorianischen Kalender angegeben ist (der dem Julianischen um 13 Tage voraus war), wird diese Datierung beibehalten. Dasselbe gilt sinngemäß für Erscheinungsdaten z. B. russischer Zeitschriften und Zeitungen, sofern sie im Briefwechsel mit Flaubert für die Verständigung mit ihm eine Rolle spielten. — Im Prinzip sind Daten, die Turgenevs Leben in Deutschland und Frankreich betreffen, nach dem Gregorianischen Kalender angegeben, auch die seiner Reisen nach Rußland sind in den westlichen Kalender (»neuen Stils«) übersetzt. Daten, die ausschließlich russische Dinge berühren, bleiben beim im XIX. Jahrhundert in Rußland üblichen Kalender (etwa das Todesdatum Puškins, oder Gogols, das Datum der Inhaftierung Turgenevs 1852 usw.)

Die Kommentierung des Briefwechsels folgt der französischen Ausgabe nur bedingt. Verzichtet wurde — angesichts der Übersichtlichkeit der Korrespondenz — auf die Vielzahl pedantischer Querverweise, doppelter Erklärungen usw. Zum anderen mußte der Kommentar für den deutschen Leser heute erweitert, ergänzt und in wesentlichen Teilen anders konzipiert werden. Personen werden in den Anmerkungen nicht mehrfach, sondern dort erklärt, wo sie zum ersten Mal in dem Briefwechsel erscheinen. Ihre Auffindbarkeit ist durch das Personenregister im Anhang gewährleistet.

Der übergreifenden zeitlichen Orientierung dient die diesem Band beigefügte kurze Chronologie, die die Biographien beider Autoren einander gegenüberstellt.

Hierfür benützt wurde außer den oben genannten Werken ein autobiographisches Fragment Turgenevs aus dem Jahr 1853, das unter dem Titel ›Memorial‹ erstmals veröffentlicht wurde in Band Nr. 73 der Reihe ›Literaturnoe nasledstvo‹ (Literarisches Erbe) der Akademie der Wissenschaften, Moskau—Leningrad 1964.

Weidmoos, Juni 1989 P. U.

Kurze Chronologie Ivan Turgenev

1818

28. Oktober: (9. November neuen Stils): Ivan Sergeevič Turgenev in Orel geboren.
Vater Sergej Nikolaevič, Offizier im Elisavetgrader Kürassierregiment, damals in Orel stationiert.
Mutter: Varvara Petrovna, geborene Lutovina, Besitzerin des Gutes Spasskoe, Kreis Mcensk, Gouvernement Orel.
Bruder: Nikolaj Sergeevič, geboren 1816.

1821

18. März: Geburt des Bruders Sergej Sergeevič.
Im selben Jahr nimmt der Vater, im Dienstgrad eines Obersten, seinen Abschied und läßt sich auf Spasskoe nieder.

1824

Turgenev erhält auf dem elterlichen Gut Privatunterricht von »Lehrern verschiedener Nationalitäten, mit Ausnahme der russischen«. Er leidet unter der gescheiterten Ehe seiner Eltern, unter dem herrischen Regime seiner Mutter.

1827/33

Die Familie zieht nach Moskau, Turgenev erhält Unterricht in der Pension J.-Fr. Weidenhammer, ab 1831 im Lazarevskijschen Institut bei Krause.

1833

»Neujahr in Moskau (Erste Liebe). Fürstin Šachovskaja.«
September: Literaturstudium an der Universität Moskau.

1834

Mai: »Abreise der Mutter«, sie geht nach Italien.
Herbst: »Wir ziehen nach Petersburg.« Fortsetzung des Studiums. »Tod des Vaters am 30. Oktober.«
Dezember: Erstes episches Gedicht im Stile Byrons, ›Steno‹.

Kurze Chronologie Gustave Flaubert

1821

13. Dezember: Gustave Flaubert in Rouen geboren.
Vater: Achille-Cléophas, Chirurg am Krankenhaus in Rouen.
Mutter: Caroline, geborene Fleuriot, Arzttochter aus Pont-l'Evêque.
Bruder: Achille, geboren 1813.

1824

Geburt der Schwester Caroline.
In die Dienste der Familie tritt Julie, bleibt dort bis ans Lebensende Flauberts, gilt als Vorbild zur Gestalt der Félicité in der Erzählung ›Un cœur simple‹.

1830/31

Flaubert spielt, zusammen mit seinen Schulfreunden Alfred Le Poittevin und Ernest Chevalier, im Billardzimmer des Vaters Theater.

1832

Februar: Flaubert, dem die Mutter Lesen und Schreiben beigebracht hat, besucht ab der 8. Klasse das Collège Royal, Rouen.

1834

Flaubert redigiert in Rouen eine Schülerzeitschrift mit dem Titel ›Art et Progrès‹.
Bekanntschaft mit der Familie des englischen Marineoffiziers Collier, Freundschaft mit dessen beiden Töchtern.

1835

Winter: Fortsetzung des Studiums in St. Petersburg.
Juni: »Mutter kehrt nach Petersburg zurück.« Turgenev verbringt den Sommer, wie gewohnt, in Moskau und Spasskoe.

1837

29. Januar: Tod Aleksandr Puškins.
14. April: Turgenevs jüngerer Bruder Sergej stirbt.
Turgenev besteht das Examen »zum Kandidaten« der Wissenschaften. Im Winter Rückkehr nach St. Petersburg.

1838

15. Mai: »zum 1. Mal ins Ausland. - Reise durch Deutschland.«
September: »in Berlin.« Turgenev hört zwei Semerster Philosophie bei dem Hegelschüler Karl Werder.

1839

»Neujahr in Berlin. Reise im Frühjahr über Stettin zurück.«
14. Mai: Rückkehr nach St. Petersburg, verbringt den Sommer auf dem Land. Verhältnis mit Eleonora Tjutčeva.

1840

Januar: Reise nach Italien, »Rom, Neapel. Sommer in Berlin. Tod Stankevičs. Bekanntschaft mit Bakunin. Seine Schwester. Werder. Wohnung in Mittelstrasse, 60. Kant.«

1841

»Neujahr in Berlin. Im März Ständchen für Werder. – Bettina. – Abreise im Frühjahr über Lübeck.«
Sommer: In Spasskoe Verhältnis mit der Wäscherin Avdotja. Platonische Liebe zu Bakunins Schwester Tatjana, bis 1843.

1842

26. April: Geburt der Tochter Pelageja (Paulinette).
»Ich will Professor der Philosophie werden! – Magisterexamen. Um es abzulegen, reise ich nach Petersburg.«

1836

Sommer: Während der Ferien begegnet Flaubert in Trouville dem Ehepaar Schlésinger, verliebt sich in Elisa.
Beginn der Arbeit an den ›Mémoires d'un fou‹, in denen Madame Schlésinger als Maria porträtiert ist.

1837

Flaubert schreibt und veröffentlicht in der in Rouen erscheinenden Zeitung ›Le Colibri‹ die Erzählungen ›Une leçon de l'histoire naturelle: genre commis‹ und ›Bibliomanie‹.

1838

Flaubert schließt die ›Mémoires d'un fou‹ ab, die als Skizze zum Roman ›L'Éducation sentimentale‹ gelten.
Beginn der Arbeit an ›Smarh‹.

1839

Flaubert schreibt an mehreren Erzählungen, verfaßt das fünfaktige Drama ›Loys XI.‹ sowie eine Studie über Rabelais.
Heirat des Bruders Achille, nach dessen Promotion.

1840

August: Flaubert besteht in Rouen das Abitur. Unternimmt danach mit Dr. Jules Cloquet, dessen Schwester und Abbé Stephany eine Reise in die Pyrenäen und nach Korsika.

1841

Flaubert wird durch Losentscheid vom Dienst in der Armee befreit.
November: Er immatrikuliert sich an der rechtswissenschaftlichen Fakultät in Paris, lebt vorwiegend in Rouen.

1842

Juli: Flaubert zieht nach Paris.
In Paris Bekanntschaft mit Louis de Cormenin, dem späteren Gründer der Zeitschrift ›Revue de Paris‹.

August–November: Deutschland. »Dresden und Berlin. Herwegh.« Einakter: ›Die Versuchung des hl. Antonius‹.

1843

Februar: Bekanntschaft mit dem Kritiker Belinskij.
Ende Juli: Eintritt in den Staatsdienst, in das Institut des Lexikographen Vladimir Dal beim Innenministerium. ›Paraša‹, Verserzählung als Privatdruck, anonym [T. L.]
November: In St. Petersburg »Bekanntschaft mit Pauline. Italienische Oper etc.etc. (usw.usw.).« Die Opernsängerin Pauline Viardot, verheiratet mit Louis Viardot, wird Turgenevs große Liebe.

1844

»Neujahr in Petersburg. Erste Trennung.«
Frühjahr: Turgenev quittiert den Dienst. Begegnungen mit Belinskij. Bekanntschaft mit Aleksandr Herzen. *Oktober:* »Pauline kehrt zurück. – Wieder dans le tourbillon . . .«
November: ›Andrej Kolosov‹, Turgenevs erste Novelle, erscheint in den ›Otečestvennyja zapiski‹.

1845

»Neujahr in Petersburg. Moskau. Konzerte Paulines in Moskau, Gemeinsame Rückkehr. Abreise in fremde Lande. – Courtavenel. George Sand. Reise in die Pyrenäen. *Die glücklichste Zeit meines Lebens.* – Rückkehr im Winter. 19./31. Dezember Templario – der erste Kuß . . .«
Winter: In St. Petersburg macht Turgenev die Bekanntschaft des Schriftstellers Fëdor M. Dostoevskij.

1846

»Neujahr in Petersburg. Abreise Paulines . . . Ich reise aufs Land. – Dort bis Oktober.«
Turgenev schreibt die Erzählungen ›Drei Porträts‹ sowie die Skizze ›Chor und Kalinyč‹, die den Beginn der ›Aufzeichnungen eines Jägers‹ bildet.
Oktober: In den ›Otečestvennyja zapiski‹ erscheint die Komödie ›Kein Geld‹.
Winter: Rückkehr nach St. Petersburg.

25. Oktober: Flaubert schließt die Erzählung ›Novembre‹ ab. Widerwillig Fortsetzung des Studiums der Rechte.

1843

Februar: Beginn der Arbeit an der ersten Fassung des Romans ›L'Éducation sentimentale‹.
März: Bekanntschaft mit dem Schriftsteller Maxime Du Camp, der einer von Flauberts engsten Freunden wird.
21. August: Flaubert fällt durch das juristische Examen.
In Paris verkehrt Flaubert im Atelier des Bildhauers Pradier, dort Begegnungen mit Victor Hugo, sowie im Hause des Musikverlegers Schlésinger.

1844

Januar: Ausbruch der Nervenkrankheit Flauberts, die als Epilepsie diagnostiziert wurde, deren Charakter jedoch bis heute umstritten ist.
Mai: Flauberts Vater erwirbt das Landhaus in Croisset nahe Rouen, wo die Familie in Zukunft lebt.
Erste Orientreise des Freundes Maxime Du Camp.

1845

3. März: Flauberts Schwester Caroline heiratet Emile Hamard. Flaubert begleitet das Paar auf der Hochzeitsreise nach Südfrankreich und Italien. In Genua sieht er Brueghels Bild ›Die Versuchung des hl. Antonius‹, das Flaubert zu der Erzählung gleichen Titels anregt.
Abschluß der ersten Fassung des Romans ›L'Éducation sentimentale‹.

1846

15. Januar: Tod des Vaters.
23. März: Die Schwester Caroline stirbt im Kindbettfieber, ihre Tochter Caroline lebt seitdem in Croisset bei Flaubert und dessen Mutter.
Mai: Bekanntschaft mit Louis Bouilhet.
Juni: Alfred Le Poittevin heiratet die Schwester Guy de Maupassants.
29. Juli: Begegnung mit der verheirateten Louise Colet.

1847

Januar: »Neujahr in Petersburg.« In der Zeitschrift ›Sovremennik‹ erscheint die Erzählung ›Chor und Kalinyč‹.
12. Januar: Abreise nach Berlin, Wiederbegegnung mit Pauline Viardot. Reisen nach Salzbrunn, London, Boulogne, Paris. Die Mutter droht, Turgenev wegen seines Verhältnisses zu »dieser Zigeunerin« zu enterben.

1848

»Neujahr in Paris. – Reise nach Brüssel. – Die Revolution ohne mich! – 15. Mai. Dann der entsetzliche 19. Mai!« Die Niederschlagung der Revolution erlebt Turgenev in Paris.
28. Mai: In St. Petersburg stirbt Belinskij.
Sommer: »Reise nach Südfrankreich. Marseille. Kauf des Hauses Rue de Douai« in Paris durch Pauline Viardot.
Die Komödie ›Gnadenbrot‹ wird für den Druck verboten.

1849

»Neujahr in Paris. Den ganzen Sommer in Courtavenel ohne Geld. – ›Der Hagestolz.‹ Am 14./26. Juni bin ich das 1. Mal mit P. Im Sommer ›Das Frühstück beim Adelsmarschall‹.« Turgenev schreibt weiter an den ›Aufzeichnungen eines Jägers‹, Arbeit an der Novelle ›Tagebuch eines Überflüssigen‹.

1850

»Neujahr in Paris. *6. Januar.* – Gounod. Das Frühjahr in Courtavenel. – (Pauline in Berlin). Ihre Rückkehr; Trennung am 5./17. Juni.«
24. Juni: Rückkehr Turgenevs nach Rußland. Zerwürfnis mit der Mutter, Wiedersehen mit der Tochter, die Turgenev im Oktober nach Frankreich zu Pauline Viardot schickt.
16. November: Tod der Mutter.
November: Im ›Sovremennik‹ weitere ›Aufzeichnungen eines Jägers‹. ›Ein Monat auf dem Lande‹ wird verboten.

1851

»Neujahr in Moskau. Seit 1851 habe ich begonnen, ein Tagebuch zu führen« [das als verloren anzusehen ist].

1847

1. Mai–Juli: Dreimonatige Wanderung, zu Fuß und im Wagen, durch die Bretagne und die Touraine, gemeinsam mit seinem Freund Maxime Du Camp.
Von dem Buch, das beide gemeinsam darüber schreiben, erscheinen – posthum – nur die von Flaubert geschriebenen Kapitel ›Par les champs et par les grèves‹.

1848

24. Februar: Flaubert und seine Freunde Maxime Du Camp und Louis Bouilhet erleben die Februarrevolution in Paris, sind mit den Aufständischen in den Tuilerien.
4. April: Tod des Freundes Alfred Le Poittevin.
24. Mai: Flaubert beginnt die Arbeit an der ersten Fassung der Erzählung ›La Tentation de Saint Antoine‹.
Erstes Zerwürfnis mit Louise Colet.

1849

12. September: Beendet die ›Tentation‹, die seine Freunde Du Camp und Bouilhet für mißlungen halten.
29. Oktober: Auf Rat der Ärzte unternimmt Flaubert, in Begleitung von Du Camp, eine Reise in den Orient.
26. November: Ankunft in Kairo – bis Februar 1850.

1850

Februar: Reise den Nil aufwärts.
22. März: Am zweiten Nil-Katarakt beschließt Flaubert, die Heldin seines neuen Romans Bovary zu nennen.
Alexandria, Weiterreise nach Syrien; in Beirut Verzicht auf die Weiterreise nach Persien.
Oktober: Rhodos.
12. November: Ankunft in Konstantinopel.
Dezember: Aufenthalt in Griechenland. Reisen durch Sparta und den Peloponnes, bis Januar 1851.

1851

März: Rückreise durch Italien. Rom: 26. März. Dort Begegnung mit der Mutter, Du Camp reist allein nach Paris zurück.

Februar: Im ›Sovremennik‹ erscheint die Komödie ›Die Dame aus der Provinz‹, die noch im selben Jahr in Moskau uraufgeführt wird.
Arbeit an der Novelle ›Drei Begegnungen‹.

1852

»Neujahr in Petersburg« [Ende des Tagebuchprotokolls].
21. Februar: Nikolaj Gogol gestorben. Turgenev publiziert einen Nachruf, der von der Zensur verboten wird.
16. April: Turgenev wegen des Gogol-Nachrufs für einen Monat in der Admiralität zu St. Petersburg in Haft. Entlassen am 16. Mai und Verbannung nach Spasskoe.
August: Die ›Aufzeichnungen eines Jägers‹ erscheinen gesammelt als separater Band und begründen Turgenevs Ruhm.

1853

Winter: Gastspielreise Pauline Viardots durch Rußland. Mit gefälschtem Paß erreicht Turgenev ein Wiedersehen mit ihr in Moskau; danach bricht beider Briefwechsel ab.
Herbst: Turgenev erhält die Erlaubnis, wieder in den beiden Hauptstädten Rußlands zu leben, geht nach Moskau.

1854

Winter: Turgenev verkehrt in Moskau im Kreis des ›Sovremennik‹ um den Lyriker Nikolaj Nekrasov.
März: Im ›Sovremennik‹ erscheint die Novelle ›Mumu‹.
Turgenev hat eine kurze Liaison mit seiner Cousine Olga, die er zu heiraten beabsichtigt.
November: Bekanntschaft mit dem Schriftsteller Lev Tolstoj, der 1852 im ›Sovremennik‹ den Kurzroman ›Meine Kindheit‹ veröffentlicht hatte.

1855

Januar: Im ›Sovremennik‹ erscheint die Erzählung ›Zwei Freunde‹, im selben Heft die Komödie ›Ein Monat auf dem Lande‹.
April: ›Jakov Pasynkov‹.
Arbeit an dem ersten Roman – ›Rudin‹.
21. November: Turgenev empfängt Lev Tolstoj bei sich, der soeben aus dem Krimkrieg zurückgekehrt ist.

Sommer: Zurück in Croisset, nimmt Flaubert die Beziehung zur inzwischen verwitweten Louise Colet wieder auf.
19. September: Beginn der Arbeit an ›Madame Bovary‹.
1./2. Dezember: Staatsstreich. Victor Hugo geht ins Exil.

1852

Lebhafter Briefwechsel mit Louise Colet, die Flaubert seine »Muse« nennt; der Korrespondenz beider sind die Stadien der Entstehung von ›Madame Bovary‹ genauestens zu entnehmen: Flaubert arbeitet wie besessen an dem Roman.
Maxime Du Camp übernimmt die ›Revue de Paris‹, drängt Flaubert, nach Paris zu übersiedeln. Er wird nach Veröffentlichung der Photos von der Orientreise zum Ritter der Ehrenlegion; das Verhältnis der Freunde ist gespannt.

1853

Frühjahr: Korrekturarbeiten an Gedichten von Louise Colet, die sich um einen Lyrikpreis der Académie bewirbt.
Juli: Ankunft von Juliet Herbert als Gouvernante für Caroline. Louise Colet drängt, Flauberts Mutter vorgestellt zu werden.
November: Louis Bouilhet zieht nach Paris.

1854

April: Zerwürfnis mit Louise Colet.
Flaubert reist häufiger nach Paris, dort Begegnungen mit Olga Person, der Geliebten Louis Bouilhets.
Louis Bouilhets Stück ›Madame de Montarcy‹ wird vom Théâtre français abgelehnt.
Von J. Tourguéneff erscheinen bei Hachette, Paris, in der Übersetzung von Ernest Carrière, die ›Mémoires d'un chasseur‹.

1855

6. März: Endgültiger Bruch Flauberts mit Louise Colet, die sich im Jahr darauf rächt mit der Erzählung ›L'histoire de soldat‹ und Flaubert diffamiert.
Weiter angestrengte Arbeit an ›Madame Bovary‹.
Beginn einer zärtlichen Beziehung zu Juliet Herbert.
Oktober: Flaubert zieht nach Paris.

1856

Januar: Der Roman ›Rudin‹ erscheint. In den ›Otečestvennyja zapiski‹ die Erzählung ›Ein Briefwechsel‹.
Durch Beziehungen erhält Turgenev im Frühjahr den ersehnten Auslandspaß und beschließt, Rußland zu verlassen.
22. Juli: Abreise nach Paris, wo er Pauline Viardot wiederbegegnet.
Oktober: Im ›Sovremennik‹ erscheint die Novelle ›Faust‹.
Erste Werkausgabe in zwei Bänden.

1857

Januar: Physische und moralische Krise Turgenevs; er vernichtet sämtliche Manuskripte und Skizzen, bestehen bleibt der Plan, ›Don Quijote‹ ins Russische zu übersetzen.
Februar: Bekanntschaft mit Prosper Merimée.
April: Bekanntschaft mit Alexandre Dumas.
24. Mai–Juli: Turgenev in London zu Gast bei Aleksandr Herzen; lernt Carlyle, Disraeli, Thackeray u. a. kennen.
Aufenthalte in Berlin, Dresden, Kur in Bad Sinzig bei Koblenz. In Baden-Baden Roulette mit Lev Tolstoj.
Turgenev schreibt die Novelle ›Asja‹.

1858

Januar–Mai: Turgenev lebt in Paris.
15. März: Reise nach Florenz, Venedig, Wien und Leipzig, um Ärzte zu konsultieren.
Anfang Mai: Reise nach London, wo er Aleksandr Herzen über die politischen Verhältnisse in Rußland informiert.
Juni: Rückkehr nach Rußland – bis Mai 1859. Begegnungen mit Nekrasov, Fet, Lev Tolstoj, Ivan Gončarov.
Arbeit an dem Roman ›Ein Adelsnest‹.

1859

Januar: Im ›Sovremennik‹ erscheint ›Ein Adelsnest‹, der Roman erscheint noch im selben Jahr als Einzelausgabe.
Arbeit am zweiten Roman ›Am Vorabend‹ – »bis 6.IX.«
Mai: Rückkehr nach Paris.
19. Juni–13. Juli: Kuraufenthalt in Vichy.
Mitte September: Rückkehr nach Rußland auf das Gut Spasskoe.

1856

Januar–März: Flaubert in Paris, Aussöhnung mit Du Camp.
30. April: Flaubert schließt in Croisset ›Madame Bovary‹ ab, schickt das Manuskript an Maxime Du Camp.
Arbeit an der Neufassung des ›Saint Antoine‹ und Beginn der Novelle ›Légende de Saint Julien l'Hospitalier‹.
1. Oktober: ›Madame Bovary‹ erscheint in Fortsetzungen in der ›Revue de Paris‹.
›Faust‹ und ›Mumu‹ von Turgenev auf französisch.

1857

31. Januar: Eröffnung des Prozesses gegen Flaubert und die ›Revue de Paris‹ wegen Verstoßes gegen die öffentliche Moral. Der Prozeß endet mit Freispruch.
April: Die Buchausgabe von ›Madame Bovary‹ erscheint bei Michel Lévy und wird ein großer Erfolg.
Flaubert zögert mit der Veröffentlichung der zweiten Fassung des ›Saint Antoine‹. Beginn der Arbeit an einem neuen Roman, Arbeitstitel: ›Carthago‹.
In Paris Bekanntschaft mit Feydeau, Ernest Renan, dem Kritiker Sainte-Beuve, den Gebrüdern Goncourt.

1858

Januar–Mitte April: Flaubert lebt in Paris.
16. April: Zweimonatige Reise nach Tunesien an die Ruinen des alten Carthago, woraufhin Flaubert alle bisherigen Entwürfe zu seinem Roman vernichtet.
Sommer: Flaubert arbeitet angestrengt in Croisset, gelegentliche Aufenthalte zu Recherchen in Paris.
Von J. Tourguéneff erscheinen bei Hachette die ›Scènes de la vie russe‹, übersetzt von X. Marmier.

1859

Januar–Dezember: Flaubert lebt in Croisset.
Arbeit an dem Roman ›Salammbô‹, von dem erst die ersten drei Kapitel abgeschlossen sind; im Verlauf des Jahres beendet Flaubert die Kapitel IV–VII.
September: Flaubert liest ›La Légende des siècles‹ von Victor Hugo, von der er sehr beeindruckt ist.

1860

Januar: Im ›Russkij vestnik‹ erscheint ›Am Vorabend‹.
März: Die Erzählung ›Erste Liebe‹ erscheint.
April: Ehrengericht in Petersburg über den Vorwurf Gončarovs, der seinen Roman ›Der Abgrund‹ durch Turgenevs ›Adelsnest‹ plagiiert findet; Vorwurf wird zurückgewiesen.
6. Mai: Turgenev reist nach Paris und von dort zu einer Kur nach Bad Soden/Taunus – bis Mitte Juli.
August: Aufenthalt in London, dann Ventnor, wo Turgenev den Roman ›Väter und Söhne‹ entwirft.
12. Oktober: Turgenev nimmt mit seiner Tochter Wohnung in Paris in der Rue de Rivoli, 210.
Werkausgabe in vier Bänden im Verlag Osnovskij.

1861

Februar: Aufhebung der Leibeigenschaft in Rußland.
Ende April: Reise nach Rußland über München u. Berlin, Aufenthalt in Petersburg, Moskau und Spasskoe bis 10. Sept.
27. Mai: Zerwürfnis mit Lev Tolstoj über Paulinettes Erziehung, ein Duell wird mit Mühe abgewendet.
Turgenev schließt den Roman ›Väter und Söhne‹ ab.
28. September: Rückkehr nach Paris.

1862

Januar: Michail Bakunin, aus der Haft in Sibirien entflohen, kommt nach Paris, Turgenev unterstützt ihn.
Februar: Im ›Russkij vestnik‹ erscheinen ›Väter und Söhne‹; Rußlands linksliberale Öffentlichkeit reagiert darauf mit einem Proteststurm, wendet sich von Turgenev als einem »Verräter« der heiligen Ideale ab.
Ende Mai–Mitte August: Turgenev in Spasskoe.
21. August: Ankunft in Baden-Baden, wo sich seit dem Frühjahr die Familie Viardot aufhält.
27. Oktober: Rückkehr nach Paris.
Politische Divergenzen mit Aleksandr Herzen versucht Turgenev in einem offenen Brief an die Londoner Exilzeitschrift ›Kolokol‹ (Die Glocke) aufzuklären: Turgenev wendet sich gegen die Herzensche Vorstellung eines panslavischen Sozialismus.

1860

Januar–Frühsommer: Flaubert in Paris, führt dort ein geselliges Leben. Begegnungen mit den Freunden, Ernest Renan, den Gebrüdern Goncourt. Bekanntschaft mit Octave Feuillet, Paul de Saint-Victor, Alfred Maury u. a.

Sommer: Zurück in Croisset, arbeitet Flaubert an ›Salammbô‹, beendet 1860 die Kapitel VIII und IX.
Mißerfolg des Stückes ›L'Oncle Sam‹ seines Freundes Louis Bouilhet am Théâtre de l'Odéon. Bouilhet lebt aus finanziellen Gründen die meiste Zeit in Mantes.

Oktober: Liest die ›Paradies artificiels‹ von Charles Baudelaire, dankt ihm in einem Brief vom 22. X. für den Hinweis auf Thomas de Quincey.

1861

Januar–Mai: Flaubert verbringt Winter und Frühjahr in Paris, geht wenig aus, arbeitet weiterhin an ›Salmmbô‹.

Juni: Flaubert kehrt nach Croisset zurück, arbeitet verbissen weiter an seinem Roman, von dem er im Laufe des Jahres 1861 die Kapitel XII–XIV abschließt.

Herbst: Von den Gebrüdern Goncourt erscheint der Roman ›Sœur Philomène‹, den Flaubert bewundert.

1862

April: Flaubert zieht nach Paris.

24. April: Nach insgesamt fünf Jahren Arbeit schließt Flaubert den Roman ›Salammbô‹ ab. Er faßt den Plan zu seinem nächsten Roman ›L'Éducation sentimentale‹
Victor Hugos Roman ›Les Misérables‹ beurteilt Flaubert negativ.

August: Flaubert begleitet seine Mutter zu einem Kuraufenthalt nach Vichy.

September: Das Theaterstück ›Dolores‹ von Bouilhet wird am Théâtre français nur ein mäßiger Erfolg.

24. November: ›Salammbô‹ erscheint bei Michel Lévy. Die Kritik ist flau bis feindselig.
Von J. Tourguéneff erscheinen ›Dmitri Roudine‹, in einem Band mit den Novellen ›Drei Begegnungen‹ und ›Tagebuch eines überflüssigen Menschen‹, und ›Une nichée de gentilshommes‹.

1863

Januar: Turgenev hört in Paris Charles Dickens.
Mit Louis Viardot Arbeit an einer Übersetzung von Puškins ›Evgenij Onegin‹ ins Französische.
28. Februar: Turgenev lernt im Restaurant Magny Gustave Flaubert kennen, schickt ihm tags darauf seine Bücher.
3. Mai: Turgenev zieht mit seiner Tochter und der Gouvernante nach Baden-Baden, wohin Pauline und Louis Viardot übersiedelt sind, wohnt Schillerstraße 277.
September: Besuch Dostoevskijs in Baden-Baden.
Paulinette überwirft sich mit Pauline Viardot, geht zurück nach Frankreich.
23. November: Reise Turgenevs nach Frankreich, Besuch der Tochter in Passy, bis 3. Dezember.
Arbeit an der Erzählung ›Erscheinungen‹.

1864

13. Januar: Abreise nach Rußland, Zwischenstation in Berlin. In St. Petersburg hat sich Turgenev wegen seiner Kontakte zur russischen Emigration in London vor dem Senat zu verantworten; das Verfahren wird niedergeschlagen.
Januar: In Dostoevskijs Zeitschrift ›Epocha‹: ›Erscheinungen‹.
12. März: Rückkehr nach Baden-Baden.
23. März: Einmonatiger Aufenthalt in Paris.
6. Mai: Turgenev publiziert seinen Essay über Shakespeare zum 300. Geburtstag des Dichters.
September: Beginn der Bauarbeiten zur »Villa Turgenev« in Baden-Baden in der Tiergartenstraße.
Dezember: Reise nach Paris, um den künftigen Schwiegersohn, den Glasfabrikanten Gaston Bruère kennenzulernen.

1865

Februar: Turgenev hält sich in Paris auf.
22. Februar: Zu Gast bei dem Ehepaar Husson und Maxime Du Camp, zusammen mit Hippolyte Taine und Flaubert.
4. Juni: Abreise Turgenevs nach Rußland. Stationen, wie oft auch in den folgenden Jahren: St. Petersburg, Moskau, Spasskoe. Rückkehr nach Baden-Baden: 18. Juli.
12.–13. August: Besuch der Tochter in Rougemont.
Beginn der Arbeit an dem Roman ›Rauch‹.

1863

27. Januar: In der Tageszeitung ›La Presse‹ publiziert George Sand eine positive Besprechung des Romans ›Salammbô‹, die eine herzliche und lebenslange Freundschaft beider Autoren begründet.
28. Februar: Im Restaurant Magny lernt Flaubert Turgenev kennen, den »großen Moskowiter«.
März: Flaubert liest Turgenev.
Frühjahr: Flaubert ist häufig Gast bei Prinzessin Mathilde.
Juni/Juli: Kuraufenthalt in Vichy, gemeinsam mit der Mutter und seiner Nichte Caroline.
26. Oktober: Abschluß der Féerie ›Château des cœurs‹, gemeinsam mit Louis Bouilhet.
Von J. Tourguéneff erscheinen: ›Väter und Söhne‹ sowie ›Am Vorabend‹ (mit der Novelle ›Erste Liebe‹).

1864

Januar: Flaubert lebt die ersten Monate in Paris, nimmt regen Anteil am gesellschaftlichen Leben.
Dank seinen Bemühungen wird das aufwendige Stück ›Faustine‹ von Bouilhet mit großem Aufwand inszeniert und ein großer Erfolg am Théâtre de la Porte-Saint-Martin.
Vorbereitung auf den Roman ›L'Éducation sentimentale‹.
6. April: Flauberts Nichte heiratet den Holzhändler Ernest Commanville und zieht nach Dieppe.
Einladung Flauberts durch Prinzessin Mathilde zu einem Ball in den Tuilerien.
September: Flaubert beginnt die Arbeit an dem Roman.
12.–16. November: Einladung durch Prinzessin Mathilde zum Ball im Schloß von Compiègne im Beisein des Kaiserpaares.

1865

Januar–Dezember: Arbeit an der ›Éducation sentimentale‹.
22. Februar: Bei den Hussons Begegnung mit Turgenev.
Sainte-Beuve wird Senator. Flaubert, zusammen mit Louis Bouilhet, zum Ball des Prinzen Napoléon eingeladen.
Juli: Flaubert reist nach London, Wiederbegegnung mit Juliet Herbert, danach Besuch Maxime Du Camps in Baden-Baden.
Dezember: Flaubert beendet den I. Teil des Romans ›L'Éducation sentimentale‹.

1866

Januar–Dezember: Turgenev lebt ständig in Baden-Baden; er reist in diesem Jahr nicht nach Rußland.

Januar: In Petersburg erscheint die Erzählung ›Der Hund‹.

April: Turgenev unterbricht die Arbeit an ›Rauch‹ und begibt sich an die Niederschrift der Novelle ›Die Geschichte des Leutnants Ergunov‹.

Ende Mai: Reise nach Paris und Rougemont.

Dezember: In Rußland erscheinen die ›Märchen‹ von Charles Perrault mit einem Vorwort Turgenevs.
Turgenev ist mit der Endredaktion seines Romans ›Rauch‹ beschäftigt.

1867

3. März: Abreise Turgenevs nach Rußland. Rückkehr nach Baden-Baden am 19. April.

März: Im ›Russkij vestnik‹ erscheint ›Rauch‹. Nachdem sich Turgenev mit dem Roman ›Väter und Söhne‹ die Sympathien der linken Liberalen verscherzt hatte, wird ›Rauch‹ von der konservativen Kritik ungnädig aufgenommen.

15. Juni: Turgenev reist zum Besuch der Weltausstellung nach Paris.

10./11. Juli: Zerwürfnis mit Dostoevskij über den Roman ›Rauch‹ in Baden-Baden.
Turgenev verfaßt mehrere Libretti für Operetten, die, von Pauline Viardot vertont, in der Villa Turgenev in Baden-Baden aufgeführt werden:

August: ›Trop de femmes‹,

23. September: ›Le Dernier Sorcier‹, aufgeführt im Beisein des preußischen Königspaars.
Turgenev beendet die Novelle ›Der Brigadier‹.

1868

Januar: Turgenev lebt in Baden-Baden.
Im ›Vestnik Evropy‹ erscheint ›Der Brigadier‹, im ›Russkij vestnik‹ die ›Geschichte des Leutnants Ergunov‹. Buchausgabe des Romans ›Rauch‹.

24.–27. März: Turgenev in Paris, danach in Rougemont.

April: Turgenev bezieht sein neues Haus in Baden-Baden, die »Villa Turgenev« in der Thiergartenstr. Nr. 3.

1866

Januar–22. Mai: Flaubert lebt in Paris, danach wieder in Croisset, gelegentlich Reisen nach Paris.
Februar: Besuch der Porzellanmanufaktur von Sèvres.
Arbeit an der ›Éducation sentimentale‹.
16.–30. Juli: Reise von Croisset nach London, Wiederbegegnung mit Juliet Herbert.
August: Dank den Bemühungen von Prinzessin Mathilde wird Flaubert zum Ritter der Ehrenlegion ernannt.
29. Oktober: Flaubert und George Sand bei der Uraufführung der ›Conjuration d'Amboise‹ von Louis Bouilhet in Paris.
November: George Sand besucht Flaubert in Croisset.

1867

Februar–Mai: Flaubert hält sich in Paris auf.
Arbeit an der ›Éducation‹.
Zugleich faßt Flaubert den Plan eines Romans über den modernen Orient, Arbeitstitel: ›Harel Bey‹.
21. Mai: Rückkehr nach Croisset.
Anfang Juni: Einladung zu einem festlichen Ball in den Tuilerien zu Ehren des Zaren von Rußland.
4.–20. September: Flaubert wieder in Paris. Reisen nach Nogent und nach Dieppe.
7. November: Einwöchige Recherchen in Paris für seinen Roman ›Éducation sentimentale‹.
Louis Bouilhet wird zum Bibliothekar in Rouen ernannt, was ihn seiner finanziellen Schwierigkeiten, unter denen er trotz Erfolgen auf dem Theater litt, enthebt.
Juli–November: Im Feuilleton der Zeitung ›Le Correspondent‹ erscheint in Fortsetzungen die französische Übersetzung von Turgenevs Roman ›Rauch‹.

1868

29. Januar–4. Mai: Flaubert lebt in Paris.
Er diniert jeden Mittwoch mit Théophile Gautier und den Gebrüdern Goncourt bei Prinzessin Mathilde.
Weiter Arbeit an der ›Éducation sentimentale‹.
März: Flaubert liest die französische Buchausgabe des Romans ›Rauch‹ und nimmt, daraufhin, den Briefwechsel mit Turgenev wieder auf.

April: ›Die Geschichte des Leutnants Ergunov‹ in französischer Übersetzung in der ›Revue des Deux-Mondes‹.
18. Juni–21. Juli: Aufenthalt in Rußland; Arbeit an der Novelle ›Eine Unglückliche‹. Rückkehr nach Baden-Baden 23. Juli.
17. Oktober: Premiere der vierten Operette von Pauline Viardot nach Turgenevs Libretto, ›Der Spiegel‹.
28. November: Turgenev folgt Pauline Viardot für eine Spielzeit, bis Ende April 1869, nach Karlsruhe.

1869

Januar: Turgenev verbringt den Winter in Karlsruhe.
Im ›Vestnik Evropy‹ erscheint die Novelle ›Eine Unglückliche‹, zugleich Beginn der Werkausgabe in sieben Bänden bei Salaev, die noch im selben Jahr abgeschlossen wird.
Februar: Beginn der Arbeit am ›König Lear der Steppe‹.
25. März: Einwöchiger Besuch Turgenevs in Paris, dort Begegnungen mit Littré, Sainte-Beuve u. a.
28. März: Begegnung mit Flaubert.
8. April: Begleitet Pauline Viardot zum Gastspiel nach Weimar; er berichtet darüber in ›St. Peterburgskie vedomosti‹.
20. April: Rückkehr nach Baden-Baden.
Juni: Turgenev liest ›Krieg und Frieden‹ von Lev Tolstoj.
Oktober: ›Eine seltsame Geschichte‹ erscheint auf deutsch.
Beginn der deutschen Werkausgabe in zwölf Bänden im Verlag Erich Behre, Mitau, 1869–1884.
November: Band I der Werkausgabe bei Salaev enthält erstmals Turgenevs ›Literarische und Lebens-Erinnerungen‹.
In Paris, bei Hetzel, erscheinen die ›Nouvelles moscovites‹.

1870

Januar: Im ›Vestnik Evropy‹: ›Eine seltsame Geschichte‹.
13.–19. Januar: Turgenev ist zu Besuch in Paris, dort Begegnungen mit Flaubert und George Sand.
21. Januar: Aleksandr Herzen gestorben.
7. Februar: Turgenev folgt Pauline Viardot nach Weimar, bleibt dort bis Ende Mai. Arbeit am ›König Lear der Steppe‹ und an der Erzählung ›Poch ... poch ... poch ...‹.
2. Juni: Reise nach Rußland, über Berlin, St. Petersburg und Moskau nach Spasskoe (Mitte Juni – ca. 10. Juli).
15. Juli: Turgenev am Tag der Generalmobilmachung Preußens in Berlin, kehrt nach Baden-Baden zurück.

Flaubert bewundert den neuen Roman von Emile Zola, ›Thérèse Raquin‹.

20. Mai: Rückkehr nach Croisset.

8. Juli–23. August: Reisen nach Fontainebleau, Ouville, zu seiner Nichte nach Dieppe, nach Saint-Gratien.

22. November: Turgenev ist, zum ersten Mal, für einen Tag zu Gast bei Flaubert in Croisset. Flaubert liest ihm Auszüge aus der ›Éducation sentimentale‹ vor.

1869

Januar: Flaubert lebt den Winter über in Croisset, mit kurzen Reisen nach Paris für Recherchen zu seinem Roman.

24. März–7. Juni: Verlegt seinen Wohnsitz wieder nach Paris.

28. März: In Paris Begegnung mit Turgenev.

16. Mai: Flaubert schließt den Roman ›L'Éducation sentimentale‹ ab; liest ihn an vier Tagen hintereinander im Freundeskreis bei Prinzessin Mathilde vor und erntet dort »ein Höchstmaß an Begeisterung«.

30. Mai: Zieht innerhalb von Paris zu seiner Nichte in die Wohnung Rue Murillo 4, danach Rückkehr nach Croisset.

Mitte Juni: Flaubert nimmt die Arbeit an der ›Tentation de Saint Antoine‹ wieder auf.

18. Juli: Louis Bouilhet gestorben.

7. August: Flaubert zieht wieder nach Paris, wo er bis zum Frühjahr 1870 bleibt.

13. Oktober: Sainte-Beuve gestorben.

17. November: Der Roman ›L'Éducation sentimentale‹ erscheint. Das Echo der Kritik ist beinahe ausnahmslos negativ.

1870

Januar–Februar: Flaubert bemüht sich ergebnislos um eine Aufführung seiner Féerie ›Château des cœurs‹.
Begegnung mit Turgenev in Paris.

12. Februar: Veranstaltung zu Ehren Louis Bouilhets im Théâtre de l'Odéon.

1. März: Jules Duplan gestorben.

6. Mai: Flaubert kehrt nach Croisset zurück, schreibt ein Vorwort zu den ›Chansons dernières‹ von Louis Bouilhet.

20. Juni: Jules Goncourt gestorben.

August: Auf der Flucht vor den Armeen Preußens suchen Verwandte Zuflucht bei Flaubert in Croisset.

1. September: Niederlage Frankreichs bei Sedan.
Oktober: Im ›Vestnik Evropy‹: ›Ein König Lear der Steppe‹.
18. Oktober: Turgenev begleitet Pauline Viardot und deren Töchter auf dem Wege nach London bis Ostende.
27. Oktober: Kapitulation von Metz.
10. November: Turgenev und Louis Viardot begeben sich ebenfalls nach London.
Beginn der Arbeit an dem Roman ›Frühlingsfluten‹.

1871

Januar: Im ›Vestnik Evropy‹ erscheint die Erzählung ›Poch... poch... poch...‹.
Turgenev lebt in London.
28. Januar: Deutsch-französischer Waffenstillstand.
18. Februar: Turgenev reist, mit Zwischenstation in Baden-Baden, nach Rußland, bleibt dort bis Anfang April.
Er findet sich von Dostoevskij karikiert in der Gestalt des Karmazinov im Roman ›Die Dämonen‹.
7. April: Rückkehr Turgenevs nach London.
10.–16. August: Aufenthalt in Edinburg; Turgenev hält einen Vortrag zur Feier des 100. Geburtstages von Walter Scott.
21. August: Turgenev reist nach Baden-Baden, um dort sein Haus zu verkaufen.
Schließt den Roman ›Frühlingsfluten‹ ab.
11. November: In Paris stirbt der Dekabrist und Schriftsteller Nikolaj Turgenev, ein Onkel Ivan Turgenevs.
20. November: Turgenev läßt sich in Paris nieder, Haus Nr. 48 in der Rue de Douai, dem Haus der Familie Viardot.
30. November: Begegnung mit Flaubert.

1872

Januar–Mitte Mai: Turgenev lebt in Paris.
Januar: Im ›Vestnik Evropy‹: ›Frühlingsfluten‹.
13. Januar: Die Uraufführung des ›Monats auf dem Lande‹ am Kleinen Theater Moskau wird ein Mißerfolg.
27. Januar: Begegnung mit Flaubert. Weitere Begegnungen mit ihm im Februar und März.
22. Februar: Turgenev stellt Flaubert Pauline Viardot vor.
24. Mai: Turgenev reist nach Rußland, hält sich 1872 nur in den Metropolen St. Petersburg und Moskau auf und kehrt um den 10. Juli nach Paris zurück.

1. September: Niederlage Frankreichs bei Sedan, Gefangennahme Napoléons III.
4. September: Proklamation der Republik. Der Krieg ist damit nicht zu Ende.
27. Oktober: Kapitulation von Metz.
5. Dezember: Die Deutschen besetzen Rouen, deutsche Einquartierung auch in Croisset. Flaubert wohnt bei seiner Nichte Caroline Commanville.

1871

Anfang Februar: Flaubert zieht vorübergehend nach Dieppe.
1. März: Der Friedensvertrag im Schloß von Versailles wird ratifiziert. Flaubert ist während des deutschen Triumphmarsches über die Champs Elysées in Paris.
16. März: Reise nach Brüssel zu Prinzessin Mathilde, weiter nach London, dort Begegnung mit Juliet Herbert.
1. April: Rückkehr nach Croisset, wo Flaubert die Arbeit an der ›Tentation de Saint Antoine‹ wieder aufnimmt.
Anfang Mai: Flaubert zu Recherchen in Paris.
21.–28. Mai: Niederschlagung der Commune, die so genannten Blutwochen von Paris.
20. Juli–18. August: Flaubert erneut in Paris, Arbeit am ›Saint Antoine‹. Versuche, eine Aufführung der ›Mademoiselle Aïssé‹ von Louis Bouilhet zustandezubringen.
8. November: Madame Schlésinger zu Gast in Croisset.
16. November: Flaubert verlegt seinen Wohnsitz nach Paris, wo er den Winter über bleibt.
30. November: Flaubert liest Turgenev Auszüge aus der Novelle ›La Tentation de Saint Antoine‹ vor.

1872

6. Januar: Die Uraufführung der ›Mademoiselle Aïssé‹ von Bouilhet fällt durch; im selben Monat erscheinen die ›Chansons dernières‹ mit Flauberts Vorwort.
In der Zeitung ›Le Temps‹ protestiert Flaubert gegen die Ablehnung eines Denkmals für Bouilhet in Rouen.
27. Januar: Flaubert liest Turgenev die vollständige Version der ›Tentation de Saint Antoine‹ vor.
22.Februar: Flaubert lernt Pauline Viardot kennen.
25. März: Rückkehr nach Croisset.
6. Mai: Flauberts Mutter stirbt in Croisset.

15. Juli: Turgenev und Familie Viardot in Valéry-sur-Somme. Beginn der Arbeit an der Novelle ›Punin und Baburin‹.

18. Juli: Geburt der Enkelin Jeanne.

3. Oktober: Besuch Turgenevs bei George Sand in Nohant.

November: ›Čertopchanovs Ende‹ im ›Vestnik Evropy‹.

1. Dezember: ›Čertopchanovs Ende‹ erscheint in französischer Übersetzung in der ›Revue des Deux-Mondes‹.

1873

Januar–Anfang Juni: Turgenev lebt in Paris.

Während des Jahres Arbeit an der Novelle ›Punin und Baburin‹.

16. April: Turgenev zu Gast bei George Sand in Nohant, dort Begegnung mit Flaubert.

6. Juni: Abreise nach Karlsbad, mit Zwischenstationen in Baden-Baden und Wien.

20. Juni–24. Juli: Turgenev unterzieht sich in Karlsbad einer Kur gegen die vermeintliche Gicht.

27. Juli–20. Oktober: Turgenev und die Familie Viardot verbringen den Sommer in Bougival bei Paris.

23.–29. September: Turgenev erneut zu Gast bei George Sand.

2.–5. Oktober: Turgenev besucht Flaubert in Croisset.

Ende Oktober: Rückkehr nach Paris.

1873 erscheinen auf französisch der Band ›Seltsame Geschichten‹, Paris, Hetzel, sowie ›Frühlingsfluten‹ (zusammen mit der Novelle ›Čertopchanovs Ende‹).

17. November: Turgenev schlägt Stasjulevič vor, Flauberts Novelle ›La Tentation de Saint Antoine‹ für den ›Vestnik Evropy‹ ins Russische zu übersetzen.

1874

Januar–12. Mai: Turgenev lebt in Paris.

Februar–März: Die Werkausgabe bei Salaev erscheint in zweiter, erweiterter Auflage.

11. März: Turgenev auf der Premiere des ›Candidat‹.

März: Bemühungen, in Deutschland Interesse für ›La Tentation de Saint Antoine‹ zu wecken.

April: Im ›Russkij vestnik‹ erscheint ›Punin und Baburin‹.

14. April: Turgenev im Café Riche auf dem ersten »Dîner des Cinq«, mit Flaubert, Daudet, Edmond de Goncourt, Zola.

12. Mai: Abreise nach Baden-Baden mit dem Ziel Rußland.

14. Juni: Flaubert auf einer Soirée im Hause Viardot, gemeinsam mit George Sand.
7. Juli–10. August: Reise mit Caroline in die Pyrenäen. Flaubert faßt den Plan zu dem Roman ›Bouvard et Pécuchet‹.
7.–22. September: Aufenthalt in Paris.
23. Oktober: Théophile Gautier gestorben.
30. Dezember: Flaubert zieht für den Winter nach Paris.

1873

Januar–Februar: Flaubert in Paris, erkrankt; bereitet sich lesend auf seinen Roman ›Bouvard et Pécuchet‹ vor. Zögert mit der Veröffentlichung des ›Saint Antoine‹, ermuntert Guy de Maupassant zum Schreiben.
12.–19. April: Flaubert in Nohant zu Gast bei George Sand.
17. Mai: Rückkehr nach Croisset. Schreibt dort Bouilhets Stück ›Le Sexe faible‹ neu.
Anfang August: Liest Turgenevs Roman ›Frühlingsfluten‹.
5. August–4. September: Reisen nach Dieppe, Paris, Saint-Gratien. Reise in die Brie.
7. September: Nimmt die Arbeit an der Komödie ›Le Candidat‹ auf, die Ende November abgeschlossen wird.
2.–5. Oktober: Flaubert besichtigt mit seinem Gast Turgenev die Klosterruine von Jumèges bei Rouen.
20.–30. Oktober: Flaubert in Paris, bemüht sich um eine Inszenierung des ›Sexe faible‹.
22. November: Verlegt seinen Wohnsitz nach Paris.
Der Verleger Charpentier, Paris, erwirbt von Flaubert die Verlagsrechte für die inzwischen vergriffenen Romane ›Madame Bovary‹ und ›Salammbô‹.

1874

Januar–Mitte Mai: Flaubert lebt in Paris.
Begegnungen mit Turgenev.
11. März: Uraufführung der Komödie ›Le Candidat‹ im Théâtre de Vaudeville, das Stück fällt durch.
31. März: Bei Charpentier erscheint die ›Tentation de Saint Antoine‹; der Roman wird von der Kritik überwiegend negativ beurteilt.
14. April: Begegnung mit Turgenev im Café Riche beim ersten »Dîner des Cinq«.
19./20. Mai: Rückkehr nach Croisset.

17. Juni–10. Juli: Turgenev in Spasskoe. Rückreise über Moskau, St. Petersburg. Beginnt mit der Erzählung ›Die Uhr‹.
3.–25. August: Zweite Kur in Karlsbad.
26. August–6. Okt.: Turgenev und die Viardots in Bougival.
27. August: Flaubert besucht Turgenev in Bougival.
5. November: Turgenev erwirbt, zusammen mit den Viardots, das Grundstück Les Frênes in Bougival.

1875

Januar–Ende Mai: Turgenev lebt in Paris.
Februar: Turgenev veröffentlicht zur französischen Ausgabe der ›Zwei Husaren‹ von Lev Tolstoj ein Vorwort.
Februar–März: Turgenev empfiehlt dem Herausgeber des ›Vestnik Evropy‹ Emile Zola als Frankreich-Korrespondenten.
31. Mai: Reise nach Baden-Baden.
4. Juni–14. Juli: Turgenev unterzieht sich zum dritten Mal einer Kur in Karlsbad.
18. Juli: Rückkehr nach Bougival, lebt in der Villa Viardot.
20. September: Turgenev bezieht das inzwischen fertige Chalet »Les Frênes« in Bougival.
16./20. November: Turgenev schließt in St. Germain-en-Laye die Erzählung ›Die Uhr‹ ab.
20. November: Rückkehr nach Paris.
22. November: In Paris Begegnung mit Henry James.

1876

Januar: Im ›Vestnik Evropy‹ erscheint ›Die Uhr‹.
Januar–Mai: Turgenev lebt in Paris. Dort Begegnungen mit Flaubert, Teilnahme an den »Dîners des Cinq«.
31. Mai: Abreise nach Rußland über Wiesbaden und Berlin.
5.–13. Juni: St. Petersburg. Turgenev vereinbart mit Stasjulevič die russische Übersetzung des ›St. Julien l'Hospitalier‹.
18. Juni–29. Juli: Turgenev in Spasskoe, dort Arbeit an seinem neuen Roman ›Neuland‹.
15. Juni: In der Zeitung ›Novoe vremja‹ erscheint ein Nachruf Turgenevs auf George Sand.
6. August: Rückkehr nach Bougival. Weiter Arbeit an ›Neuland‹, zugleich Übersetzung von Flauberts ›St. Julien‹.
20.–22. September: Turgenev besucht Flaubert in Croisset.
10. November: Rückkehr nach Paris. Dort Begegnungen mit Emile Zola, Edmond de Goncourt u. a.

18.–23. Juni: Flaubert bereist auf der Suche nach einem Ort für ›Bouvard et Pécuchet‹ mit Edmond Laporte die Normandie.
30. Juni–19. Juli: Kuraufenthalt in Kaltbad Rigi.
1. August: Beginn der Arbeit an ›Bouvard et Pécuchet‹.
Ende August–17. September: Flaubert fährt nach Paris, bemüht sich um eine Inszenierung des ›Sexe faible‹.
16. November: Flaubert zieht nach Paris.

1875

Januar–8. Mai: Flaubert lebt in Paris, arbeitet die ersten drei Viertel des Jahres angestrengt an seinem Roman.
April: Ernest Commanville, Ehemann von Flauberts Nichte, gerät in Zahlungsschwierigkeiten.
9. Mai: Rückkehr nach Croisset. Flaubert lebt den Sommer über in der Angst, Croisset verkaufen zu müssen; im August droht Commanville der Bankrott.
13./14. September: Flaubert verkauft einen geerbten Bauernhof in Deauville; mit dem Verkaufserlös und der Unterstützung durch Edmond Laporte kann der Bankrott von Commanville abgewendet werden.
16. September–Oktober: Flaubert in Concarneau, Beginn der Arbeit an der ›Légende de Saint Julien l'Hospitalier‹.
1. November: Rückkehr nach Paris, Flaubert zieht zur Nichte Caroline ins Haus Nr. 240, Rue du Faubourg-St. Honoré.

1876

Januar–Juni: Flaubert lebt vorwiegend in Paris.
17. Februar: Abschluß der Novelle ›St. Julien l'Hospitalier‹, Flaubert beginnt mit der Novelle ›Un cœur simple‹.
8. März: Louise Colet gestorben.
10. April: Reise nach Pont-l'Evêque und Honfleur.
Mai: Aufenthalt in Chenonceaux bei Madame Pelouze.
8. Juni: George Sand gestorben. Flaubert reist zur Beerdigung nach Nohant.
12. Juni: Rückkehr nach Croisset.
17. August: Flaubert schließt ›Un cœur simple‹ ab.
September: Er verbringt vierzehn Tage mit Prinzessin Mathilde auf deren Schloß in Saint-Gratien.
20.–22. September: Turgenev in Croisset.
Oktober: Zolas Roman ›L'Assommoir‹ beginnt zu erscheinen.
November: Flaubert beginnt mit der Novelle ›Hérodias‹.

1877

Januar–Mai: Turgenev lebt in Paris. Begegnungen dort mit Flaubert, mit Victor Hugo u. a.
Januar: Die Erzählung ›Ein Traum‹ erscheint in der Zeitung Suvorins, ›Novoe vremja‹; im ›Vestnik Evropy‹ erscheint Teil I des Romans ›Neuland‹ (Teil II folgt in der Februar-Ausgabe). Die Kritik ist überwiegend negativ.
13. Januar: Abschluß der Erzählung ›Vater Aleksej‹.
März: Turgenev beendet die Übersetzung des ›St. Julien‹, übersetzt ›Hérodias‹ ins Russische.
April: Im ›Vestnik Evropy‹ erscheint, mit einem Vorwort Turgenevs, ›St. Julien l'Hospitalier‹.
24. April: Ausbruch des Russisch-Türkischen Krieges.
Mai: Im ›Vestnik Evropy‹ erscheinen Turgenevs Erzählung ›Vater Aleksej‹ sowie seine Übersetzung von ›Hérodias‹.
3. Juni–6. Juli: Turgenev in St. Petersburg.
9. Juli: Rückkehr nach Bougival.
20. Juli: Turgenev schreibt sein erstes ›Gedicht in Prosa‹ – er überschreibt den Zyklus ›Senilia‹.
25. August: In Paris Begegnung mit Flaubert.
28. Oktober: Rückkehr aus Bougival nach Paris.

1878

Januar–Mitte Juni: Turgenev lebt in Paris.
5. Februar: In Bulgarien stirbt Turgenevs Freundin, die Baronesse Vrevskaja, an Typhus. Ein Zyklus der ›Gedichte in Prosa‹ ist ihr gewidmet.
20. April: Turgenev ist gezwungen, einen Großteil seiner Gemäldesammlung zu verkaufen.
20. Mai: Brief Turgenevs an Lev Tolstoj, der die Aussöhnung beider Autoren einleitet.
11. Juni: Eröffnung des Internationalen Kongresses für Literatur, Turgenev ist Vizepräsident, Vorsitz führt Victor Hugo.
16. Juni–Ende Juli: Turgenev in Bougival.
8. August–18. September: Turgenev in Rußland, verbringt drei Wochen in Spasskoe.
20./21. August: Turgenev bei Lev Tolstoj in Jasnaja Poljana.
spätestens 25. September: Rückkehr nach Bougival, von dort Ende Oktober einwöchige Reise nach England.
31. Oktober: Rückkehr nach Paris.
22. November: Beerdigung von Turgenevs Freund Chanykov.

1877

Januar: Flaubert beendet in Croisset die Novelle ›Hérodias‹, begibt sich danach Anfang Februar nach Paris.
Februar: Vorbereitung des Bandes ›Trois contes‹.
April: In den Zeitungen ›Le Moniteur‹ und ›Le Bien public‹ erscheinen die ›Trois contes‹. Noch im selben Monat folgt bei Charpentier die Buchausgabe. Die Kritik ist positiv, der Erfolg beim Publikum mäßig.
Flaubert liest die Buchausgabe von Turgenevs Roman ›Neuland‹, äußert sich darüber sehr positiv.
Mai: Flaubert zu Gast bei Madame Pelouze in Chenonceaux.
Juni: Rückkehr nach Croisset. Flaubert begibt sich wieder an den Roman ›Bouvard et Pécuchet‹.
25. August: Trifft sich in Paris mit Turgenev.
September: Flaubert unternimmt, gemeinsam mit Edmond Laporte, eine weitere Reise in die Normandie, auf der Suche nach einem geeigneten Domizil für seine Romanhelden.
November: Flaubert liest den Roman ›Le Nabab‹ seines Freundes A. Daudet, der ihn, wie zuvor Zolas Roman ›L'Assommoir‹, nur wenig befriedigt.
Bleibt bis Jahresende in Croisset.

1878

Januar–Ende Mai: Flaubert lebt in Paris.
Flaubert lernt den Republikaner Gambetta kennen, von dem er beeindruckt ist.
Weitere vorbereitende Lektüre für ›Bouvard et Pécuchet‹.
Mai: Flaubert für fünf Tage in Chenonceaux.
29. Mai: Rückkehr nach Croisset.
16. Juli: Beendet das Kapitel V von ›Bouvard et Pécuchet‹.
August: Vorbereitung des Kapitels über die Politik, das im November abgeschlossen wird.
September: Flaubert in Paris und in Saint-Gratien.
10.–12. Oktober: Reise mit Guy de Maupassant nach Eretrat, zu Recherchen für ›Bouvard et Pécuchet‹; dort Begegnung mit der schwerkranken Laure de Maupassant.
Herbst: Erneut finanzielle Sorgen, verursacht durch geschäftliche Schwierigkeiten von Ernest Commanville.
Flaubert plant für die Zeit nach ›Bouvard et Pécuchet‹ einen Roman über die Schlacht bei den Thermopylen.
Er bleibt den ganzen Winter in Croisset.

1879

Januar: Turgenev lebt bis Mitte Juni in Paris.
19. Januar: In Rußland stirbt Turgenevs Bruder Nikolaj, der ihm testamentarisch 100.000 Rubel hinterlassen hat.
3.–4. Februar: Turgenev in Croisset, wo er Flaubert in der Frage der Bibliothèque Mazarine umzustimmen versucht.
5.–12. Februar: Turgenev und Freunde bemühen sich erfolglos, die Anstellung Flauberts als Bibliothekar in der Bibliothèque Mazarine zu erwirken.
15. Februar: Abreise Turgenevs nach Rußland, um sich dort um seine Erbschaftsangelegenheiten zu kümmern. Sieht in St. Petersburg die erfolgreiche Inszenierung des ›Monats auf dem Lande‹ (Premiere: 17. Januar 1879) mit M. G. Savina.
Anfang April: Rückkehr nach Paris.
4.–6. Mai: Turgenev in Croisset.
um 10. Juni: Turgenev begibt sich nach Bougival.
15.–22. Juni: Aufenthalt in England, wo Turgenev die Ehrendoktorwürde der Universität von Oxford entgegennimmt.
September: Turgenev schreibt die Erzählung ›Der Mann mit der grauen Brille, Erinnerung an 1848‹, übersetzt den Text selbst ins Französische (›Monsieur François‹).
15. September: Begegnung mit Flaubert in Paris.
November: Turgenev und Pauline Viardot lesen in Bougival die Neuausgabe der ›Éducation sentimentale‹.
1. Dezember: Rückkehr nach Paris.
12. Dezember: Turgenev zu Besuch bei Flaubert in Croisset.
15. Dezember: ›Monsieur François‹ erscheint in der ›Nouvelle Revue‹.
Ende Dezember: Turgenev schickt Flaubert die französische Übersetzung von Tolstojs ›Krieg und Frieden‹.

1880

Januar: Turgenev lebt in Paris, plant jedoch einen längeren Aufenthalt in Rußland, wo eine erweiterte Neuauflage seines Gesamtwerks vorbereitet wird.
24. Januar: Turgenev teilt Tolstoj Auszüge aus Flauberts Brief vom 21. Januar mit.
3. Februar: Abreise nach Rußland.
9. Februar: Ankunft in St. Petersburg.
In Petersburg häufige Begegnungen mit der jungen Schauspielerin Marija G. Savina.

1879

25. Januar: Flaubert bricht sich im Garten von Croisset infolge von Glatteis das Wadenbein, muß wochenlang das Bett hüten; er wird versorgt von Edmond Laporte.

3.–4. Februar: Turgenev zu Gast in Croisset, es gelingt ihm, Flaubert umzustimmen: die Anstellung bei der Bibliothèque Mazarine hätte Flaubert seiner Geldsorgen enthoben.
Die finanzielle Lage Ernest Commanvilles ist weiter besorgniserregend.

März: Das Sägewerk Ernest Commanvilles kann zu günstigen Bedingungen verkauft werden.

27. April: Flaubert verläßt erstmals wieder das Haus, fährt nach Rouen.

4.–6. Mai: Flaubert liest Turgenev in Croisset Fragmente seines Romans ›Bouvard et Pécuchet‹ vor.

1. Juni: Flaubert in Paris, Bemühungen um eine Inszenierung des ›Châteaux des cœurs‹ schlagen abermals fehl.

September: Flaubert ist für einige Tage bei Prinzessin Mathilde zu Gast in Saint-Gratien.

15. September: Begegnung mit Turgenev in Paris.

22. September: Rückkehr nach Croisset, das er nicht mehr verlassen wird.

Oktober: ›Salammbô‹ in einer Neu-Ausgabe bei Lemerre.

November: Neuausgabe der ›Éducation sentimentale‹ bei Charpentier. ›Nana‹, Zolas neuer Roman, beginnt zu erscheinen.

12. Dezember: Flaubert feiert, allein mit Turgenev, seinen 58. Geburtstag in Croisset.
Durch Intrige von Caroline Zerwürfnis mit Edmond Laporte, der die Bürgschaft für ihren Gatten Ernest Commanville nicht erneuern will.

1880

Januar: Flaubert arbeitet in Croisset angestrengt an seinem Roman.

21. Januar: Äußert sich in einem Brief an Turgenev begeistert über ›Krieg und Frieden‹ von Tolstoj.

Ende Januar: Flaubert tritt mit einem Offenen Brief für Guy de Maupassant ein, dem ein Prozeß wegen Verstoßes gegen die öffentliche Moral droht. Das Verfahren wird eingestellt.

Februar: Flaubert liest die Buchausgabe des neuen Romans von Zola, ›Nana‹.

30. April: Turgenev reist weiter nach Moskau. Er beschließt, an den für Juni festgesetzten Feierlichkeiten der Enthüllung des Puškin-Denkmals in Moskau teilzunehmen.

16. Mai: Ankunft in Spasskoe.

17./18. Mai: In Spasskoe erreicht Turgenev die Nachricht vom Tod Gustave Flauberts.

Anfang Juli: Rückkehr Turgenevs nach Bougival, Gründung eines Komitees für die Errichtung eines Flaubert-Denkmals.

November: Turgenev vermittelt zwischen Caroline Commanville, der Erbin Flauberts, und Juliette Adam wegen der Veröffentlichung des Romans ›Bouvard et Pécuchet‹.

22. November: Turgenev gewinnt Victor Hugo für den Vorsitz im Komitee für das Flaubert-Denkmal.

1881

November: Im ›Vestnik Evropy‹ erscheint, Flaubert gewidmet, der ›Triumphgesang der Liebe‹, gleichzeitig in der ›Nouvelle Revue‹, übersetzt von Pauline Viardot.

1883

3. September: Ivan Turgenev stirbt in Bougival.

28. März: Bei Flaubert in Croisset zu Gast sind Edmond de Goncourt, Zola, Daudet, Guy de Maupassant und ihr Verleger Charpentier sowie der Arzt Fortin.

April: Der Sammelband ›Soirées de Médan‹ der Naturalisten erscheint, er ist Flaubert gewidmet.

8. Mai: Gustave Flaubert stirbt in Croisset.

11. Mai: Flaubert wird in Rouen beerdigt.

15. Dezember: In der ›Nouvelle Revue‹ erscheint die erste Folge des Roman-Fragments ›Bouvard et Pécuchet‹. Die Veröffentlichung zieht sich bis zur 1. März-Ausgabe der Zeitschrift hin.

Mit den ersten Kapiteln erscheinen Guy de Maupassants Notizen ›Gustave Flaubert dans sa vie intime‹.

Anmerkungen

1

Erster Brief Turgenevs an Flaubert – beide waren einander tags zuvor, am 28. Februar 1863 bei einem Diner im Restaurant Magny in Paris vorgestellt worden.

die zwei beiliegenden Bände – den Band ›Scènes de la vie russe‹, Paris 1858, und ›Dmitri Roudine‹, Paris 1862. Letzterer, übersetzt von L. Viardot und Turgenev, enthielt außer dem Roman ›Rudin‹ die Novellen ›Drei Begegnungen‹ und das ›Tagebuch eines überflüssigen Menschen‹.
Die ›Scènes‹, übersetzt von X. Marmier, enthielten die Erzählungen ›Der Duellant‹, ›Drei Porträts, ›Mumu‹, ›Der Gasthof‹, ›Zwei Freunde‹, ›Ančar‹, ›Ein Briefwechsel‹, ›Faust‹, ›Jakov Pasynkov‹ sowie die beiden Dramen ›Das Frühstück beim Adelsmarschall‹ und ›Gnadenbrot‹.

zwei weitere – Frühjahr 1863 waren in Vorbereitung die Buchausgabe von ›Väter und Söhne‹, Vorwort von Prosper Mérimée, sowie der Band ›Nouvelles scènes de la vie russe‹; er enthielt den Roman ›Am Vorabend‹ und die Novelle ›Erste Liebe‹.

Wohnung in der Nähe von Rouen – Croisset.

Rue de Rivoli, 210 – Turgenevs Wohnung in Paris, wo er seit Oktober mit seiner Tochter Paulinette, 1842–1919, und einer englischen Gouvernante lebte.

ein paar Freunde – am 2. März 1863 waren der Schriftsteller und Dekabrist Nikolaj Turgenev sowie dessen Frau und Tochter zu Gast.

Madame Viardot – Pauline García-Viardot, 1821–1910, Sängerin 1835–1861, danach Gesangspädagogin, Komponistin, Turgenevs große Liebe, femme fatale seines Lebens. Pauline war seit 1840 verheiratet mit dem Schriftsteller, Kunsthistoriker und Übersetzer Louis Viardot, 1800–1883, mit dem sie vier Kinder hatte: Louise, 1841–1918, Claudie, 1852–1914, Marianne, 1854–1913, und Paul, 1857–1941.
Turgenev hatte Pauline Viardot 1843 in St. Petersburg kennengelernt; Flaubert machte ihre Bekanntschaft erst 1872. Turgenevs Verhältnis zu Pauline Viardot – der er während seiner zahlreichen Reisen beinahe täglich schrieb – ist vielleicht am schönsten beschrieben in einem Brief aus St. Petersburg vom 10. März 1867:

»Je commence à revenir un peu à moi – ou plutôt – à revenir sur l'eau. – Ich kann Ihnen nicht sagen, wie unendlich traurig ich war. Diese Tage in Berlin – dieses plötzliche, herrliche Wiedersehen – das alles, – und dann diese herbe Trennung – das ist wirklich etwas zu viel für mich gewesen – und ich bin unter der Last der unvergesslichen Eindrücke förmlich zusammengebrochen, wie es mir noch nie geschehen ist. Ach – meine Gefühle für Sie – sind zu gross und zu mächtig. Ich kann nicht mehr – ich kann nicht weit von Ihnen leben, – ich muss Ihre liebe Nähe fühlen, geniessen – der Tag, wo mir Ihre Augen nicht geleuchtet haben – ist ein verlorner ... Aber genug – genug – sonst werd ich nicht meiner mächtig ...«

2

Schon seit langem ... ein Meister – von Turgenev kennen konnte Flaubert (außer den beiden Bänden) die ›Aufzeichnungen eines Jägers‹, 1854 in der ›Revue des Deux-Mondes‹ erschienen (Buchausgabe 1858), sowie die Novellen ›Faust‹ und ›Mumu‹, ferner die Novelle ›Asja‹, 1856 bzw. 1858 in der ›Revue‹. Turgenev dürfte den November 1862 erschienenen Roman ›Salammbô‹ gelesen haben, vor allem aber ›Madame Bovary‹: »1864 schrieb der Freund mir in ein Exemplar von dessen erstem Meisterwerk ›Madame Bovary‹, das er mir in Baden schenkte, die bezeichnenden Worte: ›Der einzige gute Roman der französischen Literatur.‹« (Ludwig Pietsch, Erinnerungen an Iwan Turgenjew)

Telega – franz. télègue, russischer Bauernwagen, Fuhrwerk, auf Rädern.

3

Buch, das gerade erschienen ist – ›Nouvelles scènes‹; Widmung: »A Gustave Flaubert, son tout dévoué J. Tourguéneff.«

ein weiteres – ›Väter und Söhne‹.

4

›Geschichte von Eléna‹ – Titel der franz. Übersetzung des Romans ›Am Vorabend‹, der weiblichen Hauptfigur.

Šubin – Gestalt aus ›Am Vorabend‹.

Zinočka – Fürstin Zinaida Zasekina, zentrale Frauengestalt in der Novelle ›Erste Liebe‹.

»Ich empfand für meinen Vater ...« – ›Erste Liebe‹, Kapitel

XX, nachdem der 16jährige Ich-Erzähler seinen Vater bei einem Rendezvous mit der angebeteten Zinočka ertappt hatte.

5

Ich verlasse Paris – Turgenev folgte dem Ehepaar Viardot, das Frankreich aus politischen Gründen verließ, nach Baden-Baden. Louis Viardot war erklärter Gegner des Zweiten Kaiserreichs und Napoléons III., dessen Polizei 1857 bei ihm eine Haussuchung veranstaltet hatte auf der Suche nach Papieren eines italienischen Verschwörers.
Turgenev wohnte in Baden-Baden, ehe er im April 1868 die »Villa Turgenev« in der Thiergartenstr. 3 beziehen konnte, in unmitelbarer Nähe der Viardots, Schillerstr. 227.

6

mehrere unumgängliche Verpflichtungen – neben der Arbeit (an der Féerie ›Château des Cœurs‹, die er im Oktober abschloß) und Besuchen bei Prinzessin Mathilde vergl. Brief *9*, in die er verliebt war, vor allem der Kur-Aufenthalt in Vichy (Juni/Juli) zusammen mit seiner Mutter und Nichte Caroline.

7

Ihr Brief – Flauberts erster Brief an Turgenev nach fünfjähriger Pause, in der ›Bibliographie de la France‹ datiert auf den 28. März 1868, gilt als verloren. Wie aus Turgenevs Antwort hervorgeht, hatte er den Roman ›Rauch‹ zum Gegenstand, der im März 1868 in Paris bei Hetzel erschienen war. Während der fünf Jahre waren sich beide Schriftsteller nur einmal, am 22. Februar 1865, in Paris begegnet.
nur drei Tage in Paris – vom 24. bis 27. März, um tags darauf weiterzureisen zu Paulinette, die, inzwischen verheiratet mit Gaston Bruère, in Rougemont lebte (Loir-et-Cher). Ein Essen bei Maxime Du Camp am 26. März, bei dem er Flaubert zu treffen hoffte, hatte Turgenev absagen müssen, woraufhin Flaubert den Briefwechsel wieder aufnahm.
Ihr Roman – auch in folgenden Briefen: ›L'Éducation sentimentale‹.
Sie zum ersten Mal gesehen – 1863 im Restaurant Magny.
In zwei Wochen ... nach Rußland – am 14. Juni 1868; nach dem üblichen Zwischenaufenthalt in Berlin (15./16. Juni) traf Turgenev am 18. in St. Petersburg ein, reiste wenige

Tage später nach Moskau und von dort weiter auf sein Gut Spasskoe, Gouvernement Orel. Rückkehr nach Baden-Baden: 23. Juli 1868.
meine Tochter – Paulinette hatte am 11. Juli eine Fehlgeburt.

9
Prinzessin Mathilde – Mathilde Bonaparte, 1820–1904, Cousine Napoléons III., bei dessen Amtsantritt in den Stand einer Prinzessin erhoben, Freundin Flauberts ab 1863, in deren Salon er oft zu Gast war, sowohl in Paris als auch im Schloß von Saint-Gratien. Auch Turgenev verkehrte bei ihr ab 1872.
eine meiner Nichten – Caroline, 1846–1931, Tochter von Flauberts Schwester Caroline, seit 1864 mit dem Holzhändler Ernest Commanville verheiratet: stand in den 70er Jahren in enger freundschaftlicher Beziehung zu Turgenev.

10
Du Camp nicht gesehen – Maxime Du Camp, 1822–1894, enger Freund Flauberts noch aus der Schulzeit, Schriftsteller, auch mit Turgenev bekannt; lebte 1863–1870 in Baden-Baden, zog sich nach dem Deutsch-Französischen Krieg und der Pariser Commune von den Freunden zurück.

11
Ihre Frau Mutter – Caroline Flaubert, geb. Fleuriot, 1793–1872, lebte mit ihrem Sohn in Croisset, wo Turgenev sie am 22. November 1868 kennenlernte.

15
den zauberhaften Tag – Besuch Turgenevs in Croisset am 22. November 1868.
Schmöker, den ich Ihnen schicke – ungeklärt; möglicherweise die Buchausgabe des Romans ›Ein Adelsnest‹ (›Une nichée de gentilshommes‹), Paris 1862.
Karlsruhe, postlagernd – Ende November 1868 folgte Turgenev dem Ehepaar Viardot für eine Spielzeit nach Karlsruhe, er kehrte am 20. April 1869 nach Baden-Baden zurück.

16
für die Photographie gedankt – ungeklärt, welche.
etwas wie Fragmente, literarische Erinnerungen – lose Folge von Aufsätzen, später zusammengefaßt als Literarische und

Lebens-Erinnerungen – u. a. an Puškin, Ivan Krylov, Lermontov, Gogol, den Kritiker V. Belinskij; diese Erinnerungen erschienen ab 1867/68 und, in den nachfolgenden Werkausgaben, als Einleitung.

Mein Verleger – Michail Matveevič Stasjulevič, 1826–1911, Historiker, Kritiker, Herausgeber und Redakteur der Literaturzeitschrift ›Vestnik Evropy‹ (Europäischer Bote), in der Turgenev ab 1868 hauptsächlich publizierte.

Sainte-Beuve – Charles-Augustin, 1804–1869, Schriftsteller, Kritiker, Literaturhistoriker, enger Freund Flauberts.

17

in Paris – vom 25. Januar bis 1. Februar, zu Recherchen für die ›Éducation sentimentale‹.

noch mindestens vier Monate – Flaubert schloß das Manuskript am 16. Mai 1869 ab; die Buchausgabe erschien im November desselben Jahres und wurde, bei der Kritik, ein Mißerfolg.

Taine – Hippolyte, 1828–1893, Schriftsteller, Kritiker, mit Flaubert seit 1863 befreundet; Turgenev hatte ihn am 22. Februar 1865 kennengelernt.

La Harpe – Jean-François, auch Delaharpe, Delharpe, 1739 bis 1803, französischer Dichter, Kritiker und Literaturhistoriker, berühmt durch seinen ›Cours de littérature‹ aus dem Jahr 1799.

19

am Mittwoch nach Paris – Turgenev reiste am 24. März, blieb bis 3. April, traf mit Flaubert, Sainte-Beuve u. a. zusammen

20

Boulevard du Temple, 42 – Flauberts Pariser Adresse bis 1869.

bei den Hussons – Émile Husson und Frau Adèle, 1822–1871, Flaubert befreundetes Ehepaar, zu dem Maxime Du Camp in ähnlicher Beziehung stand wie Turgenev zum Ehepaar Viardot. Im Hause Husson waren sich Flaubert und Turgenev am 22. Februar 1865 begegnet.

21

am Sonntag – dem 28. März 1869. Turgenev beschreibt diese Begegnung in einem Brief an Claudie Viardot vom 29. März: »Dann – der dicke Flaubert. Ein Künstler, ein Maler, er – zerlumpt, als Türke gekleidet – Weste rot und braun gestreift – das Zimmer rot gestrichen – mit Türen in blau und goldenen Halbmonden darauf – sein Gesicht ist ebenfalls rot, beeindruckender Bauch, grüne Pantoffeln. Originell und *natürlich*, was sehr selten ist; ein sehr guter Junge, sehr intelligent, bildlich im Ausdruck und sympathisch: denn ich spüre, daß er mir zugetan ist, und das ist immer angenehm.«

23

der ›Russische Bote‹ – meint den ›Vestnik Evropy‹, die Zeitschrift, in der Turgenev publizierte, und zwar einen Aufsatz von Aleksej Suvorin, ›Die französische Gesellschaft im neuen Roman von G. Flaubert‹, in dem Suvorin Parallelen zwischen der ›Éducation sentimentale‹ und Turgenevs Roman ›Rauch‹ zog.

›Revue des Deux-Mondes‹ – führende Literaturzeitschrift in Frankreich, herausgegeben und redigiert von François Buloz, 1803–1877, danach von seinem Sohn Charles, 1843–1905.

verlasse Baden – im Gefolge von Pauline Viardot, die in Weimar Konzerte gab; Turgenev blieb dort bis 29. Mai. Vom 13. bis 19. Januar hatte sich Turgenev in Paris aufgehalten.

Ihr Antoine – Flaubert hatte die Arbeit an der ›Tentation de Saint Antoine‹ wieder aufgenommen.

Madame Sand – George Sand, 1804–1876, Schriftstellerin. Turgenev war ihr 1845 zum ersten Mal begegnet, dann wieder erst im Januar 1870 in Paris.

tutti quanti – italien., all die anderen.

24

Rue Murillo 4 – Flauberts Pariser Adresse 1869–1875.

Berliner Zeitschrift – ›Preußische Jahrbücher‹, vgl. Brief *25*.

alles für Lévy – Michel Lévy, 1821–1875, Verleger von Flauberts Roman ›L'Éducation sentimentale‹.

Habent libelli – latein., geflügeltes Wort nach Horaz: Bücher haben ihre Schicksale.

Prudhomme – im französischen Sprachgebrauch: der Biedermann, Philister, der Spießer schlechthin, verkörpert in der Titelfigur des Stückes ›Grandeur et décadence de M. Joseph Prudhomme‹ von Henry Monnier (1852), dort der Neureiche und Bourgeois, der sich einer pompös-majestätischen Sprache befleißigt.

Denkmal für Bouilhet – Louis Bouilhet, 1822–1869, engster Freund Flauberts, Dichter, Dramatiker, war am 18. Juli 1869 gestorben. Flaubert sammelte Geld für ein Denkmal Bouilhets in Rouen. Die Veranstaltung im Théâtre de l'Odéon fand am 12. Februar statt.

›*Château des Cœurs*‹ – das Théâtre de la Gaîté lehnte eine Inszenierung des Stückes im Februar endgültig ab.

25

Julian Schmidt – 1818–1886, deutscher Kritiker, Literaturhistoriker, mit Turgenev befreundet, Autor zahlreicher Essays über Turgenev, hat über die ›Éducation sentimentale‹ offenbar nicht geschrieben. Turgenev schickte ihm das Buch erst 1876.

Aufsatz über ›Madame Bovary‹ – Erscheinungsort nicht ermittelt, 1871 aufgenommen in den Essayband ›Bilder aus dem geistigen Leben unserer Zeit‹.

el hombre debe ser feroz – span., Der Mensch muß grausam (gegen sich selbst) sein. Turgenev, der Spanisch gelernt hatte, um Cervantes zu übersetzen, diesen Spruch möglicherweise aber auch im Hause García gehört hatte, zitiert das Wort auch in Kapitel XIX von ›Väter und Söhne‹.

winzige Sache in der Revue – ›Eine seltsame Geschichte‹.

bereite mich aufs Arbeiten vor – sehr wahrscheinlich auf den ›König Lear der Steppe‹, der im Oktoberheft des ›Vestnik Evropy‹ erschien.

Ich bleibe gut zehn Tage – Turgenev kam vor seiner Rußlandreise 1870 nicht mehr nach Paris, sondern fuhr von Weimar direkt nach Berlin.

26

Jules Duplan – 1822–1870, Maler, später Händler in Orientteppichen, enger Freund Flauberts, gestorben am 1. März 1870.

Feydeau – Erneste Feydeau, 1821–1873, Romanschriftsteller, berühmt durch den Roman ›Fanny‹, seit 1856 mit Flaubert befreundet.

Jules de Goncourt – 1830–1870, Schriftsteller, mit Flaubert befreundet seit 1856, endete am 20. Juni 1870 im Wahnsinn.

Sainte-Beuve – war am 13. Oktober 1869 an Krebs gestorben.

mein Dienstbote – Émile Colange, 1844–1919; 1870–76 in Diensten Flauberts.

Lassouche – Baron Bouquin de L., 1828–1909, Schauspieler,

Künstlername Louis Ange, spielte am Théâtre du Palais Royal.

nach Croisset zurück – am 6. Mai, das Vorwort schloß Flaubert am 20. Juni ab, das Buch erschien erst 1872.

›Aïssé‹ – Versdrama von Louis Bouilhet. Premiere am Théâde l'Odéon war am 5. Januar 1872.

ex imo – latein., aus tiefstem Herzensgrund.

27

Unglück, das Sie trifft – ›Le Temps‹ vom 28. April hatte das Ableben von Pauline Viardot gemeldet.

Was für ein Jahr! – noch während des Deutsch-Französischen Krieges (Waffenstillstand am 28. 1. 1871): Frankreichs Niederlage, Abdankung Napoléons III. nach dessen Gefangennahme bei Sedan, Ausrufung der Republik durch Gambetta (4. September 1870), Demütigung Frankreichs durch die Krönung Wilhelms I. zum deutschen Kaiser im Spiegelsaal zu Versailles (18. Januar 1871); auch Rouen wurde von deutschen Truppen besetzt. Am 18. März 1871 Aufstand der Pariser Commune, die am 28. Mai blutig niedergeschlagen wurde.

28

Ich bin seit drei Wochen hier – zurück aus Rußland (am 7. April). Turgenev war im November 1870 der Familie Viardot, die durch den Krieg große Teile ihres Vermögens verloren hatte, nach London gefolgt.

reise über Frankreich nach Baden – wo er sich zwischen dem 21. August und dem 19. November 1871 aufhielt, sein Haus verkaufte und sich danach in Paris niederließ.

29

Die Ereignisse in Paris – der Aufstand der Commune und ihre Niederwerfung.

das »grouse« zu jagen – engl. das Birkhuhn; s. Brief *34*.

im Augenblick ist Deutschland stark – Turgenev 1879 an Ludwig Pietsch: »Sie wünschen meine Meinung über Deutschlands und Rußlands Verhältnisse zu wissen? – Nun – meine Meinung ist – daß es werden keine 5 Jahre vergehen – und es beginnt ein Vernichtungskrieg zwischen beiden Völkern – und *Deutschland wird anfangen.* – Da ich aber mit absoluter Gewißheit weiß, daß ich im Jahre 1881 sterbe (wahrscheinlich im Oktober) – so ist das alles mir – Pomade oder Kaviar, ad libitum.«

Schwere Noth – im Original deutsch.

30

Madame Husson ist verrückt – Adèle Husson hatte seit Ausbruch des Krieges mehrere Selbstmordversuche unternommen, von denen Du Camp Flaubert erzählte. Du Camp selbst litt unter beständiger Schlaflosigkeit.

Erfolg der ›Lanterne‹ – ›La Lanterne‹, satirisches Wochenblatt, ab 1. Juni 1868 herausgegeben von Henri de Rochefort, 1830–1913, mit heftiger Tendenz gegen das Kaiserreich Napoléons III. Rochefort, Journalist des ›Figaro‹, wurde wegen Vergehens gegen das Pressegesetz (in der ›Lanterne‹) verurteilt, floh nach Brüssel, war 1869 Abgeordneter, Mitglied der Regierung der Nationalen Verteidigung, 1871 wegen Beteiligung an der Commune zur Deportation nach Neukaledonien verurteilt.

Troppmann – Jean-Baptiste, 1849–1870, der »Mörder von Pantin«, der in Pantin nahe Paris eine ganze Familie ermordet hatte. An Troppmanns Hinrichtung am 19. 1. 1870 nahm Turgenev als Beobachter teil, schrieb darüber im ›Vestnik Evropy‹ einen langen Bericht.

34

im tiefsten Schottland – wohin Turgenev, nach den Feiern zum 100. Geburtstag Walter Scotts in Edinburg, zur Jagd eingeladen war.

38

Rue de Douai, 48 Turgenevs Pariser Adresse bis an sein Lebensende, im Hause der Viardots bewohnte er eine der oberen Etagen.

41

Nikolaj Turgenev – geb. 1879, Schriftsteller, war am 11. November 1871 in Paris gestorben. Turgenevs Nachruf im ›Vestnik Evropy‹ erschien noch in der Dezember-Ausgabe.

42

Und wenn ich nicht gestorben bin – die Londoner ›Times‹ hatte Turgenevs Tod gemeldet und Ivan mit Nikolaj verwechselt.

43

befreundete schöne Dame – Jeanne de Tourbey, 1837–1908, die in Paris einen berühmten Salon führte, in dem Flaubert wie auch Turgenev verkehrten.

Gautier – Théophile, 1811–1872, Dichter, Literatur- und Kunstkritiker, eng befreundet mit Flaubert, bei dem ihm Turgenev am 2. März 1872 erstmals begegnete.

Renan – Ernest, 1823–1892, Historiker, Philosoph, Freund Flauberts. Turgenev machte seine Bekanntschaft im Salon de Tourbey am 16. Februar 1872, nachdem er zuvor immer abgelehnt hatte, sich ihm vorstellen zu lassen (»il me déplaît, ce séminariste ›délicat‹«, 1868 an Pauline Viardot).

de Goncourt – Edmond, 1822–1896, Schriftsteller, älterer Bruder Jules de G.s, mit Turgenev seit 1863 bekannt. Ab 1872 häufige Begegnungen im Café Riche bei den legendären »Dîners des Cinq« – Flaubert, Turgenev, Goncourt, Zola und Alphonse Daudet. Vgl. hierzu das Tagebuch der Gebr. Goncourt.

46

Viardot – Louis Viardot.

Madame V. – Pauline Viardot, vor der Turgenev so gut wie keine Geheimnisse hatte.

heute – am 22. Februar 1872 machte Turgenev Flaubert mit Pauline Viardot bekannt; während Pauline Viardot schon lange neugierig war, blieb Flauberts Verhältnis ihr gegenüber zeitlebens gespannt: »il se plaignait de l'empire exercé sur lui par P. V.«, schrieb Flauberts Nichte Caroline in ihren Erinnerungen, und Flaubert selbst beschreibt die erste Begegnung in einem Brief an George Sand reserviert: »J'ai fait la connaissance de Mme Viardot, que je trouve une nature bien curieuse. C'est Tourguéneff qui m'a mené chez elle. Je comprends son goût (à lui), et son goût (à elle).« Flauberts Eifersucht auf Pauline Viardot äußert sich in zahlreichen spitzen Bemerkungen gegenüber Dritten.

47

noch zu gebrochen – am 6. April 1872 war in Croisset Flauberts Mutter gestorben.

Zusendung seines Bandes – Louis Viardot, ›Libre examen‹, Paris 1872, philosophische Schrift, die Viardot ihm mit Widmung geschickt hatte.

48

Ronsard – Pierre de, 1524–1585, Dichter, in dessen Geburtsort Vendôme ein Denkmal enthüllt wurde, 1872.

Im Juli wahrscheinlich – in Bagnères-de-Luchon war Flaubert vom 7. Juli bis 10. August.

Meine Angelegenheiten – Erbschaftssachen, nach dem Tode der Mutter.

ein lieber Vetter – Louis Bonenfant, Anwalt in Nogent, Onkel väterlicherseits von Flaubert, dessen Vermögenssachwalter.

Dupanloup – Félix Antoine Philbert, 1802–1878, Prälat, Bischof von Orléans, 1871–76 Abgeordneter der Nationalversammlung, hatte dort am 29. Mai 1872 eine Rede über das Militärrecht gehalten und die Rolle der klassischen Bildung und Literaturen hervorgehoben.

49

Pläne für den Sommer geschickt – Turgenev war um den 20. Mai nach Rußland aufgebrochen, Pauline Viardot, mit der er praktisch täglich Briefe wechselte, hatte ihm Flauberts Brief nachgesandt.

Im Augenblick in Moskau – vom 4. Juni bis spätestens 3. Juli; vom 8. bis 11. Juli war Turgenev in Spasskoe gewesen.

musikalische Soirée bei Madame Viardot – am 14. Juni 1872, gemeinsam mit George Sand.

mein Gemälde – Turgenev, leidenschaftlicher Kunstsammler, hatte auf dem Salon 1872 ein Bild des Malers E. T. Blanchard, ›Die Courtisane‹, erstanden, »den schönsten Frauenkörper, den es auf diesem Salon gab« (an Th. Gautier, 18. 5. 1872).

50

ungeachtet des Herrn Cicero – meint den Essay ›Cato der Ältere oder Über das Alter‹, das, im Vergleich zur Jugend, die größeren Freuden für den Menschen bereithalte.

Diese Anleihe von 9, 12, 15 Milliarden – ironisch: im Juni 1871 hatte die Regierung Thiers, um die Kriegskontributionen an Deutschland zahlen und so die Besatzung beenden zu können, eine Anleihe von 2,5 Milliarden Francs aufgenommen; durch eine zweite Anleihe in Höhe von 3 Milliarden im Juli 1872 wurde dieses Ziel bereits 1873 erreicht, allerdings aufkosten einer hohen Staatsverschuldung, deren Folge höhere Steuern und Zölle waren.

51
nur eine Arznei, der ich Vertrauen schenke – Selbstmord? Der Kommentar der franz. Ausgabe verweist auf Kapitel VIII des Romans ›Bouvard et Pécuchet‹ und den Brief *61*.

53
Reise nach Nohant – dem Wohnort George Sands, vgl. Brief *54*.
den Plan zu einem Buch – Turgenev gegenüber die erste Erwähnung des Romans ›Bouvard et Pécuchet‹, an dem Flaubert bis an sein Lebensende arbeitete.
Homme-Femme – ›L'Homme-Femme‹, Schrift Alexandre Dumas'-fils, die 1872 die 37. Auflage erreichte, Antwort auf Henry d'Ideville, der gegen das franz. Gesetz protestiert hatte, das dem Mann das Recht gab, im Falle des Ehebruchs seine Frau zu töten.

54
ich fahre nach Nohant – am 3. Oktober 1872 war Turgenev das erste Mal zu Besuch bei George Sand.

58
mein Geburtstag – der 9. November westlichen Stils entspricht dem 28. Oktober.
Madame Viardots Töchtern – Claudie und Marianne.

59
Tod meines alten Théo – Théophile Gautier war am 13. Oktober 1872 gestorben.
Seit drei Jahren . . . – Louis Bouilhet, Sainte-Beuve, Jules Duplan, Théophile Gautier, Jules de Goncourt.
gestern George Sand geschrieben – am 28. Oktober 1872, vgl. die deutsche Ausgabe der Briefe Flauberts.
die Plebs – latein., das Volk, der Pöbel.

60
Abendessen bei Ihnen – vom 22. März 1872, das, seinem Tagebuch zufolge, bei Edmond de Goncourt stattfand.
Madame Sand spricht von Ihnen – in einem kurzen Brief vom 1. 11. 1872: »Flaubert soupire après vous. Il est triste, triste, guérissez-le donc!«
etiam si omnes, ego non – latein., »Mögen alle so sein, ich nicht.« Vgl. Matthäus 26, 33.

Monsieur Sardou und ... – Victorien *Sardou*, 1851–1908, erfolgreicher Dramatiker; Jacques *Offenbach*, 1819–1880, der tonangebende Operettenkomponist; Auguste *Vacquerie*, 1819–1895, Lyriker, Dramatiker, Journalist, Übersetzer.
Wort von Cambronne – von General de Cambronne, 1779–1842, wird beschönigend das Wort »Die Garde stirbt, aber ergibt sich nicht« überliefert; das ›mot de Cambronne‹ gilt im Französischen als Umschreibung für das Wort »merde«, Scheiße – analog zur deutschen Formel des ›Götz von Berlichingen‹.
taedium vitae – latein., Lebensüberdruß, Ekel vor dem Leben.

61
Zirkular Simons' – Jules Simon, 1814–1896, Politiker, Philosoph, 1870/71 Minister der instruction publique (Bildung und Kultur) unter Thiers; das erwähnte Zirkular erschien 1874 als Buch: ›La Réforme de l'enseignement secondaire‹ – das Kapitel über Sport und Gymnastik umfaßte 38, das über französische Sprache 12 Seiten.
ihr Stück – ›Mademoiselle La Quintinie‹ von G. Sand war zur Premiere Ende November vorgesehen, wurde schließlich verboten.

62
wie die Nationalversammlung – tagte in Versailles seit 10. März 1871, bis zum 31. Januar 1875.

63
Zeitpunkt meiner Wintersaison – den Winter verbrachte Flaubert gewöhnlich in Paris, oft schon ab Mitte November oder Anfang Dezember. 1872 kam Flaubert am 30. Dezember nach Paris.
weil man ihr Stück nicht spielen wird – am 29. November hatte George Sand Flaubert mitgeteilt: »Die Zensoren haben erklärt, es sei ein *chef-d'œuvre der höchsten und gesündesten Moralität*, aber sie könnten es nicht *auf sich nehmen*, seine Vorstellung zu gestatten.«
Buch, das ich vorhabe – ›Bouvard et Pécuchet‹.
›Le Nouvelliste de Rouen‹ – Tageszeitung, konservativ, herausgegeben von Flauberts Bekanntem, Charles Lapierre, der zugleich Chefredakteur war. Zuvor war die Übersetzung der Novelle bereits am 15. März in der ›Revue des Deux-Mondes‹ erschienen.

Tibissimi – latein., ganz Dir; Flaubert und Turgenev haben sich nie geduzt.

Mögen wir ... – auch: Könnten wir, franz.: Puissions-nous dans cent ans / Répéter tous gaiement / Aimez Aimée / Aimez Aimée.

64

›*Čertopchanovs Ende*‹ – franz. Titel ›Un Gentilhomme de la steppe‹, erschienen am 1. Dezember 1872 in der ›Revue des Deux-Mondes‹. Nachsatz zu der Skizze ›Čertopchanov und Nedopjuskin‹, geschrieben 1872, in die späteren Redaktionen der ›Aufzeichnungen eines Jägers‹ aufgenommen. Vgl. Brief *75*.

Badinguet – Spottname Napoléons III., der am 9. 1. 1873 im englischen Exil in Chislehurst gestorben war; Badinguet hieß der Maurer, in dessen Kleidern Napoléon III. 1846 aus der Gefangenschaft in Ham geflohen war.

67

Ernesta Grisi – italien. Sängerin, debütierte zusammen mit Pauline Viardot 1838/39 am Théâtre Italien in Paris, deren Rivalin – und von Pauline Viardot durchaus nicht vergessen.

»unmentionable« Haus – der Prinzessin Mathilde, das Flaubert aus Rücksicht auf Louis Viardot nicht nennt.

69

Wir warten auf Sie – Turgenev kam am 16. April nach Nohant.

70

Ihr neues Buch – die Sammlung ›Etranges histoires‹, Paris 1873. Sie enthielt die Erzählungen ›Ein König Lear der Steppe‹, ›Eine Unglückliche‹, ›Poch ... poch ... poch!‹ sowie, von Prosper Merimée übersetzt, die Titelnovelle ›Eine seltsame Geschichte‹.

Karlsbad – wo sich Turgenev vom 20. Juni bis 24. Juli zur Kur aufhielt, vgl. Anmerkung *72*.

›*Sex faible*‹ – Theaterstück Flauberts nach einem Entwurf von Louis Bouilhet, wie auch das Märchenspiel ›Château des Cœurs‹.

71
Die erste Erzählung – Titelgeschichte des Bandes, zuvor erschienen in der ›Revue des Deux-Mondes‹ am 1. 3. 1870.

72
ich reise morgen ab – am 6. Juni, über Baden-Baden und Wien, nach Karlsbad.
einen anderen Band – ›Frühlingsfluten‹, vgl. Brief *74, 75.*

73
Madame Sand schrieb mir – am 4. Juli, ihrerseits von Pauline Viardot informiert, Turgenev habe sich, beim Aussteigen aus dem Wagen, am Knie verletzt.

74
schickt mir ein Buch – den Band ›Frühlingsfluten‹, franz. Titel ›Les Eaux printanières‹, Paris 1873, der auch die zweiteilige Novelle um Čertopchanovs Leben und Ende enthielt. Widmung: »A l'ami Flaubert, son vieux fidèle J. Tourguéneff.«
Carvalho – Léon, 1825–1897, Direktor des Theaters Vaudeville, an dem ›Le Sexe faible‹ vorbereitet wurde.
Raoul-Duval – Edgar, 1832–1887, Anwalt und Politiker, Abgeordneter; Gründer der Zeitung ›La Nation‹.
Plan zu einer politischen Komödie – ›Le Candidat‹; am 20. Juli an George Sand: »Mein geschriebener Plan umfaßt zwanzig Seiten. Aber ich habe niemanden, dem ich ihn zeigen könnte. Leider! Also werde ich ihn in einer Schublade lassen und mich wieder an mein Buch machen.«
meine beiden Biedermänner – Bouvard et Pécuchet.

75
den zweiten Teil – ›Čertopchanovs Ende‹, 1872. Teil I der Erzählung ›Čertopchanovs und Nedopjuskin‹, 1849, war bereits in den ›Aufzeichnungen eines Jägers‹ enthalten.
›Frühlingsfluten‹ – der Liebesroman des russischen Reisenden Sanin mit dem italienischen Mädchen Gemma, der abrupt endet durch eine Wette der Marija Nikolaevna mit ihrem älteren Mann, daß es ihr gelingen würde, Sanin zu verführen.
das Innere der Konditorei – der »italienischen Konditorei von Giovanni Roselli« zu Frankfurt am Main, wo der Roman hauptsächlich spielt, in der Sanin Gemma kennenlernt; Kapitel I und II.

der Spaziergang zu zweien – Kapitel XXVII und XXVIII.
Pantaleone – der alte Opernbariton Pantaleone Cippatola aus Varese, der Pudel Tartaglia – alle aus der Konditorei.
Äneas – das Stichwort vor der Verführung in Kapitel XLII, zuvor war auf die Szene zwischen Dido und Äneas im Walde die Rede.
der Schluß – an dem Sanin, dreißig Jahre später, reich, aber vereinsamt und gebeugt, nach Frankfurt am Main zurückkommt, um die Spur Gemmas zu suchen, Kapitel XLIV.

76
»laudari a laudato viro« – nach Cicero, latein., »gerühmt werden von einem berühmten Mann«.
Ende September nach Nohant – Turgenev besuchte George Sand am 23. September, blieb mehrere Tage.

77
Saint-Gratien – auf das Schloß der Prinzessin Mathilde.
Umgebung von Rambouillet – Flaubert war noch immer auf der Suche nach einem Ort, an dem sein Roman, ›Bouvard et Pécuchet‹, spielen konnte.

78
Bullock – William Henry, 1837–1904, Besitzer eines Guts in Six Miles Bottom, zwischen Cambridge und Newmarket.

79
ob »Gautier d'Aulnay ...« – Zitat aus dem Stück ›Tour de Nesle‹ von Alexandre Dumas und Frédéric Gauillardet, 1832.

80
Sie haben die Militärdiktatur – am Tage zuvor, dem 18. November 1873, war General MacMahon als Präsident der Republik in sein Amt eingeführt worden; dazu gewählt worden war er bereits am Tag des Rücktritts von Thiers (24. Mai). In den Monaten bis November war die Frage, ob Frankreich zur Monarchie zurückkehren sollte, letztlich zugunsten der Republik entschieden worden.
Unter MacMahon, 1808–1893, wurde vor allem die franz. Heeresreform, begonnen schon unter Thiers, fortgeführt und der Einfluß der Klerikalen weiter gestärkt. MacMahon war (durch Beschluß der Nationalversammlung, das sog.

Septennat) auf sieben Jahre gewählt, trat am 30. 1. 1879 zurück.

die von Sardou – ›*L'Oncle Sam*‹, Premiere am 9. November 1873.

›*Rabagas*‹ – Komödie von V. Sardou, die am 1. 2. 1872 einen Skandal provoziert und danach einen großen Erfolg hatte.

81

Machen Sie nie Theater! – hier im Sinne: kümmern Sie sich nie um die Inszenierung Ihrer Stücke. Turgenev, Mitglied der Gruppe der Fünf (ausgepfiffenen Theaterautoren) hatte seine literarische Karriere mit Bühnenstücken begonnen. Vgl. Brief *86*.

Meine Nichte ... in Schweden – aufgrund der Verschlechterung der geschäftlichen Lage waren Ernest und Caroline Commanville zu Verhandlungen nach Stockholm gereist.

82

drei Tage bei meiner Tochter – in Rougemont, 2.–5. Dezember.

die Nerven stählen – im Original: »aciérer (du mot: acier) vos nerfs.«

Monsieur Alphonse – von Alexandre Dumas-fils, Premiere am 26. November 1873.

83

noch keine Loge für Sie – Turgenev wohnte dem Reinfall der Premiere des ›Candidat‹ am 11. März 1874 dennoch bei.

84

K. Frenzel – Karl Wilhelm, 1827–1914, deutscher Journalist und Kritiker, 1861–1908 Leiter des Feuilletons der ›Berliner Nationalzeitung‹, hatte am 13. Mai 1874 über die ›Versuchung des hl. Antonius‹ geschrieben.

Julian Schmidt – bekam das Buch erst Herbst 1874, schrieb darüber in den ›Preußischen Jahrbüchern‹.

Ludwig Pietsch – 1824–1911, Maler, Illustrator, Feuilletonist, Kritiker, engster deutscher Vertrauter Turgenevs in deutschen Belangen, Autor mehrerer Essays über Turgenev sowie von Erinnerungen an ihn.

Am 2. April 1874 hatte Turgenev Pietsch das Buch mit folgenden Worten angekündigt: »Lesen Sie es – und wenn, wie ich nicht zweifle, es Ihnen gefällt – so machen Sie sich darüber mit Ihrer feinen und geistreichen Feder – und schreiben Sie einen recht pompösen Artikel – wofür ich Ihnen aufs höchste dankbar sein werde. – Lassen Sie mich wissen, in welcher Zeitung jener Artikel erscheinen wird.« Aus Pietschs Besprechung in der ›Schlesischen Zeitung‹ (25. 12. 1874 und 1. 1. 1875): »... ist unzweifelhaft das seltsamste, eigenartigste Produkt der heutigen poetischen Literatur, nicht nur der Franzosen. Seine kompositionellen Schwächen, seine unerhörten Sonderbarkeiten in Inhalt und Form, seine Ungleichartigkeit, seine Überladung, seine teilweisen Geschmacklosigkeiten – das alles ist so offenbar, daß man darüber kein Wort zu verlieren braucht und eine Rechtfertigung derselben unmöglich wäre. Aber die poetische Schönheit ist so reich, die erfinderische Dichtkraft so groß, Tiefsinn und Weisheit so mächtig darin, daß man mit dem Dichter nicht weiter rechten kann.«

85

über Madame Viardot – am 9. Juni in Moskau.

auf den Rigi – auf Rat seines Arztes, Dr. Hardy, machte Flaubert vom 30. Juni bis 19. Juli eine Kur in Kaltbad Rigi. Vgl. Brief *87*.

Perrin – Emile, 1814–1885, Maler, Kritiker, aus Rouen gebürtig, Theaterleiter, 1870 zum General-Administrator der Comédie Française ernannt.

›La Conquête de Plassans‹ – Band IV der Rougon-Macquarts, erschienen im Mai 1874. ›Le Ventre de Paris‹: 1873.

Madame Sand – der Band ›Ma Sœur Jeanne‹ erschien 1874.

für dieses vermaledeite Buch – ›Bouvard et Pécuchet‹.

in St. Petersburg die Auskunft erhalten – Turgenev war im Sommer 1874 u. a. nach Rußland gefahren, um sich näher über die Bewegung der Narodniki (Volkstümler) zu informieren.

Charpentier – Georges, 1846–1905, Verleger der ›Naturalisten‹, bei dem 1874 die ›Tentation de St. Antoine‹ und zuvor schon einige Bücher Turgenevs erschienen waren.

86

wenn ich arbeiten kann – in Spasskoe begann Turgenev mit der Erzählung ›Die Uhr‹, er blieb bis spätestens 10. Juli.

nach Karlsbad – vom 3. bis 26. August.

mit Zolas Roman zufrieden? – Turgenev hatte Zola dazu am 1. Juni einen sehr positiven Brief geschrieben.

seine Angelegenheit für die Zukunft – die Honorierung für den Abdruck seiner Romane in russischer Übersetzung im ›Vestnik Evropy‹.
soeben seine Curée – St. Petersburg, 1874, in gekürzter Fassung; der integrale Text war von der Zensur verboten worden.
sogar in Rußland – Turgenev am 25. Mai an Marianne Viardot: »Die ›Tentation‹ des armen Flaubert hat hier ein schreckliches Fiasko erlitten; man hatte vermutet, der Verkauf würde verboten werden; nichts dergleichen, man sieht den Band in den Auslagen der Buchhandlungen, aber er verkauft sich nicht.«
cara patria – ital., mein liebes Vaterland. Turgenev am 1. Juni an L. Pietsch: »Mir geht es so ziemlich – meine *cara patria* ist doch ein wunderlich Ding!« – Meint vermutlich den Zulauf, den die Bewegung der Narodniki unter der studentischen Jugend Rußlands genoß; 1873 war diese im sog. »Verrückten Sommer« den Aufrufen A. Herzens und Bakunins gefolgt, »ins Volk zu gehen«, eine Kampagne, die die zaristische Regierung mit scharfen Repressalien beantwortete und damit der terroristischen Bewegung neue Gründe lieferte, das System sei nur gewaltsam zu beseitigen.
was für eine vermaledeite Politik – unklar, ob die in Frankreich oder in Rußland; möglicherweise die panslavistisch orientierte Destabilisierungspolitik Rußlands auf dem Balkan, die in den Russisch-Türkischen Krieg führte.
Abendessen für ausgepfiffene Theaterautoren – die »Dîners des Cinq«, die am 14. April 1874 wieder aufgenommen worden waren: alle Beteiligten konnten auf Mißerfolge am Theater zurückblicken: Flaubert mit dem ›Candidat‹ und seiner Féerie, Zola mit ›Thérèse Racquin‹, Daudet mit der ›Arlésienne‹ und ›Lise Tavernier‹, de Goncourt mit den Stücken ›La Patrie en danger‹ und ›Henriette Maréchal‹, Turgenev mit beinahe allen Stücken, zuletzt mit der Uraufführung der Komödie ›Ein Monat auf dem Lande‹ am 13. 1. 1872 (russischen Kalenders).

87

Karltbad – Kaltbad am Rigi.
zum dritten Mal – zuvor: 1845, als er seine Schwester Caroline auf der Hochzeitsreise begleitete, und 1851 in Begleitung seiner Mutter nach Italien.
Tournee durch l'Orne und Calvados – vgl. ›Bouvard et Pécu-

chet‹, Kapitel I, das »Gut in Chavignolles, zwischen Caen und Falaise«: »Sie fuhren ins Calvados und waren begeistert.«

Drumont – Edouard, 1844–1917, Publizist und später antisemitischer Scharfmacher in der Affaire Dreyfus, hatte in einer Besprechung vom 8. 4. 1874 Flaubert über Goethe gestellt.

Pelletan – Camille, 1846–1915, Publizist, Politiker, 1880 mit Clémenceau Herausgeber der Zeitschrift ›Justice‹, Minister der Radikalen Sozialisten, hatte im ›Rappel‹ vom 15. 5. eine positive Besprechung veröffentlicht.

Auch aus Deutschland ... keinen – dank Turgenevs Bemühungen waren es schließlich vier: von Paul Lindau (›Die Gegenwart‹, 5. 9. 1874), Julian Schmidt (›Preußische Jahrbücher‹, Heft 5), Karl Frenzel (›Nationalzeitung‹) und Ludwig Pietsch in der ›Schlesischen Zeitung‹, 25. 12. 1874/1. 1. 1875.

seit ›Salammbô‹ – erschienen November 1862.

›Éducation sentimentale‹ – 17. November 1869.

Aber die Decius ... – die Decier,, römisches Plebejergeschlecht, 4.–3. Jahrhundert v. u. Z. Publius Decius Mus, Konsul und Kriegstribun, rettete durch den eigenen Tod den Sieg des Vaterlandes; dem Beispiel des Vaters folgte der Sohn gleichen Namens 295 v. u. Z., ebenso der Sohn selbigen Namens in der Schlacht bei Ascalum 279 v. u. Z.

88

nicht dem Karlsbad, wo Sie sich langweilen – vgl. das PS.

die jettatura – ital., der böse Blick.

Haller und Rousseau – Beschreibung der Bergwelt in der ›Nouvelle Héloise‹, IV, 17. Brief; Albrecht von Haller, 1708–1777, ›Die Alpen‹ (1729).

presto – ital., zügig, schnell.

Zolas ›Conquête‹ – war, wie in Rußland üblich, zuerst in einer ausführlichen Inhaltsbeschreibung mit Textbeispielen in den ›Petersburgskie vedomosti‹ erschienen; im Herbst folgte in den ›Birževyja vedomosti‹ der vollständige Text.

unrühmlicher Säbel, Polizeisäbel – General MacMahon.

89

Perrin – Emile, hier für: die Comédie Française.

Duquesnel – Félixe, 1832–1915, Co-Direktor des Théâtre de l'Odéon.

Direktor dieser subalternen Bühne – Emil Weinschenk.
nach dem von Zola – *›Héritiers Rabourdin‹*, Premiere am Théâtre de Cluny: 3. November 1874.
die Auflösung der Kammer – vgl. Turgenevs Befürchtung, MacMahon, seit 1873 Präsident der Republik, werde das Parlament auflösen und als Diktator regieren; die Ausarbeitung einer neuen Verfassung durch die Dreißigerkommission zog sich bis Ende Februar 1875 hin.
der alte Gaillard – Napoléon-Louis Gaillard, 1815–1902, Schuhmacher von Beruf, Kommunarde, hatte 1871 nach Genf fliehen müssen, wo er sich der Fabrikation von Schuh- und Lederwaren zuwandte. In Carouge im »Café de la Commune« richtete er ein Museum der Pariser Commune ein.

90
Buloz' Blatt – die ›Revue des Deux-Mondes‹.
›Histoire d'un diamant – Roman von Paul de Musset, 1804–1880, des Bruders von Alfred de Musset, erschien in der Revue am 1. September 1874.
Nadar – Gaspard-Félix, 1820–1910, berühmter Photograph in Paris, porträtierte mehrfach auch Flaubert und Turgenev.
ein Vorwort zu ›Manon Lescaut‹ – Prévosts Roman erschien 1875 in einer Ausg. mit einem Vorwort von A. Dumas-fils.

91
»Hieran erkenne ich dich« – aus dem Theaterstück ›La Tour de Nesle‹ von Alexandre Dumas.
Herrn Lindau – Paul Lindau, dessen Flaubert-Aufsatz aus der ›Gegenwart‹ Turgenev geschickt hatte.
›Salammbô‹ – in deutscher Übersetzung: Frankfurt am Main, 1863, übersetzt von Ritschl.
Madame Cornu – Hortense, 1812–1875, Patenkind der Königin Hortense, Spielgefährtin Napoléons III.
Streit zwischen Jeromisten und Loulousianern – um die Führung des Hauses Bonaparte, nach dem Tode Napoléons III. An der Spitze der Jeromisten: Prinz Napoléon, 1822–1891, Sohn des Königs Jérôme und Bruder von Prinzessin Mathilde; deren Gegner: Prinz Louis, der Sohn Napoléons III., damals 18 Jahre alt. Die Rückkehr Frankreichs zur Monarchie war durchaus nicht ausgeschlossen. Prinz Napoléon, 1879 zum Haupt der Familie und zum Erben der dynastischen Ansprüche proklamiert, erklärte zwar, die Republik

anzuerkennen, widerrief den Verzicht auf Thronansprüche 1883, ging 1886 ins Exil in die Schweiz.

Bazaine – Marschall Achille Bazaine, 1811–1888, war auf der Insel Sainte-Marguerite gefangengesetzt und in der Nacht vom 9. auf den 10. Oktober 1874 von dort geflohen, lebte danach in Spanien.

O Barbaren! – im franz. Original: »O Welches!« in Anspielung auf Voltaires ›Discours aux Welches‹ (1764), in dem Voltaire diesen – aus dem Deutschen (welsch) entlehnten – Ausdruck benützt zur Beschreibung eines Menschentyps ohne Geschmack, ohne Sinn für das Schöne.

92

unser Liebesmahl – das »Dîner des Cinq«.

Montigny – Adolphe, 1805–1880, Direktor des Théâtre du Gymnase.

93

In diesem Sommer – am 23. August 1874 hatte Flaubert Turgenev und Familie Viardot in Bougival besucht.

95

zum alten Hugo – Victor Hugo, 1802–1885, wohnte seit 1874 wie Caroline Commanville in der Rue de Clichy.

96

Die Sache – nichtöffentliche Aufführung des pornographischen Stücks ›A la feuille de rose, maison turque‹ von Guy de Maupassant und Robert Pinchon, im Atelier des Malers Maurice Leloir. Turgenev hatte am 13. April russische Freunde zu Gast.

97

Geldsorgen schwerster Art – Anfang Juli schien der Bankrott von Ernest Commanville nicht mehr abzuwenden. Flaubert bangte um das Wohl seiner Nichte Caroline, aber auch um Croisset, das notfalls hätte geopfert werden müssen.

G. Pouchet – Georges, 1833–1894, Arzt, enger Freund Flauberts, damals Direktor des meeresbiologischen Laboratoriums in Concarneau.

Sobald Sie in Bougival sind – aus Karlsbad zurück kam Turgenev am 18. Juli.

99

Madame alles zu sagen – Turgenev schickte Flauberts Brief vom 30. Juli am 13. August an George Sand: »Ich mache mir um so größere Vorwürfe, Ihnen seit langem nicht geschrieben zu haben, als Sie aus einer Passage seines Briefes sehen werden – daß er nicht aufhört, an Sie zu denken ... Ein Wort von Ihnen würde ihm sehr wohl tun – und wenn ich denke, daß ich diesen Brief schon zehn Tage in meinen Händen halte – ah, wirklich, ich empöre mich gegen mich selbst und meine Faulheit und meinen Egoismus.«

100

Deauville – dort besaß Flaubert, aus dem Erbe seiner Mutter, einen Bauernhof, der jährlich zwischen 5 und 6 Tsd. Francs abwarf. Flaubert verkaufte den Hof am 14. September.

101

eine Legende – ›La Légende du St. Julien-l'Hospitalier‹.

102

Auch ich ... dreißig Seiten – die Erzählung ›Die Uhr‹.

mein großer Roman – ›Neuland‹.

in meinem neuen Haus – Anfang November 1874 hatte Turgenev in Bougival ein Grundstück erworben und bauen lassen, das Haus war zum September 1875 bezugsfertig, aber noch nicht möbliert.

Feuilleton von Madame Sand – ›Voyage chez M. Blaise‹, ›Le Temps‹ vom 10. Oktober 1875.

Zola in seiner russischen Zeitschrift – dem ›Vestnik Evropy‹ Im Februar und März 1875 hatte Turgenev dem Herausgeber M. M. Stasjulevič Zola als Frankreich-Korrespondenten empfohlen, zwischen 1875 und 1880 schrieb Zola über sechzig Berichte aus Frankreich. Der Aufsatz über die Gebrüder Goncourt erschien in Heft IX, 1875.

103

Saint-Simon, Claude Henri, 1760–1825, einer der ersten Theoretiker des Sozialismus.

Le Siècle, Le Temps – liberale Zeitungen.

104

Flamarande – Roman von George Sand, in der ›Revue des Deux-Mondes‹ bereits am 1. 5. 1875 erschienen; Flaubert bezieht sich auf die Buchausgaben beider Titel, die er Mitte Januar erhielt.

105

Freitag – dem 5. Mai, zum »Dîner des Cinq«.

am Sonntag – zur Vernissage des alljährlichen Salons, den Turgenev schon vor der offiziellen Eröffnung besichtigt hatte.

Jeokhanan – vgl. die ›Hérodias‹.

meine brave Frau – die Félicité, d. h. die Erzählung ›Un cœur simple‹.

106

Madame Brainne – Léonie, Witwe des 1864 gestorbenen Journalisten Charles Brainne, mit ihrer Schwester, Madame Lapierre, und Madame Pasca einer der »drei Engel« Flauberts.

Buch von Renan – ›Les Dialogues et fragments philosophiques‹, 1876.

107

seit heute morgen ... Patmos – griech. Insel, Zufluchtsort des Apostels Johannes. – Turgenev hatte Paris Ende Mai verlassen, Stationen der Reise: Wiesbaden, Berlin, St. Petersburg, Moskau. In Spasskoe blieb er 1876 bis zum 29. Juli, kehrte am 6. August nach Bougival zurück.

mein Bruder – Nikolaj Sergeevič, 1816–1879.

mein Verwalter – Nikita Kičinskij, Verwalter Turgenevs, hatte, wie Turgenev errechnete, den Besitzer von Spasskoe um etwa 130 000 Francs, d. h. ein Viertel seines Vermögens bestohlen. Vgl. Brief *110*.

Tod von Madame Sand – George Sand war am 6. Juni 1876 gestorben.

und ich hatte das Recht dazu – nach allem – ein Nachruf Turgenevs auf George Sand erschien dennoch in der russischen Presse, und zwar in der Tageszeitung ›Novoe vremja‹ vom 15. Juni 1876. Turgenev hatte dem Herausgeber, Aleksej Suvorin, am 9. Juni 1876 einen zwei Seiten langen Brief geschrieben, den Suvorin als Nachruf ins Blatt setzte.

Fertigstellung von ›Saint Julien‹ – Turgenev hatte die russische Übersetzung übernommen und in St. Petersburg mit M. M. Stasjulevič für den ›Vestnik Evropy‹ vereinbart.

Tscherkesse Hassan – türkischer Offizier, gebürtiger Tscherkesse, hatte in der Nacht vom 15. auf den 16. Juni den türkischen Kriegsminister *und* den türkischen Außenminister ermordet.

108

Adrien Marx – Schriftsteller, 1837–1906, Journalist der Flaubert wie Turgenev verhaßten Zeitung ›Le Figaro‹.

Prinz Napoléon – Joseph Charles Paul, 1822–1891, Bruder von Prinzessin Mathilde, ein Bonaparte mit republikanischer Vergangenheit, 1876 in der Deputiertenkammer Gegner der Jesuiten und Ultramontanen.

unsere Freunde – aus dem Kreise der Fünf: E. de Goncourt, Daudet und vor allem Zola.

»die stolze Schwäche . . .« – Racine, ›Iphigénie‹, I/1.

Band von Renan – hatte Turgenev vor der Abreise nicht gelesen.

Fromentin – Eugène, 1820–1876, Maler; der zitierte Band, einzige Schrift Fromentins, befaßt sich mit der Malerei »Belgique–Hollande« (Untertitel).

Mallarmé – Stéphane, 1842–1898, Lyriker.

›Vathek‹ – Erzählung des englischen Autors William Beckford, 1751–1844, erschien, französisch geschrieben, 1786 in London. Neu-Edition 1876, mit einem Vorwort von Mallarmé.

Daudets Premiere – des Stückes ›Frommont jeune et Risler aîné‹, Uraufführung in Paris am 18. September 1876.

Les Frênes – das Anwesen in Bougival.

109

Zola, russische Zeitschrift – George Sand und ihr Werk, ›Vestnik Evropy‹, 1876, Heft VII.

Zola kann Madame Sand nicht beurteilen – Turgenev am 3. Juli 1876 an Zola: M. Stasjulevič »avait reçu votre article sur George Sand et en paraissait enchanté. Il n'est pas impossible que j'écrive plus tard un à propos du vôtre, où je ferai de la polémique amicale. Je suis très curieux de lire votre article.« Von der »polémique amicale« nahm Turgenev später Abstand.

mein verteufelter Roman – ›Neuland‹.

Angelegenheiten des Orients – am 30. Juni 1876 hatten Serbien und Montenegro der Türkei den Krieg erklärt, in den Rußland als Garantiemacht Serbiens hineingezogen wurde: Russische Kriegserklärung an die Pforte: 24. April 1877.

110

Roman, muß in zwei Monaten fertig sein – ›Neuland‹ erschien in der Januar- und der Februar-Ausgabe des ›Vestnik Evropy‹ 1877.

der »Papagei« – ›L'Histoire d'un cœur simple‹.

soll am 1. November erscheinen – vgl. Brief *122* und Anmerkung, die Übersetzung Turgenevs erschien erst im April-Heft 1877.

Artikel jenes Herrn – P. Gérin, am 16. Juli 1876: Flaubert war über diesen Artikel empört, »fuchsteufelswild ... so sehr steckt er voller Gemeinheiten und persönlicher Angriffe« (Ende Juli 1876 an Mme des Genettes).

die Sixtinische Madonna – die in der Dresdener Gemäldegalerie hing.

111

Auch ich bin fertig! – mit dem ›Cœur simple‹.

115

Man trifft sich bei mir – ob Turgenev an diesem Treffen teilgenommen hat, ist nicht mehr zu ermitteln.

117

In Erwartung dieses Vergnügens – Turgenev war vom 20. bis 22. September bei Flaubert zu Gast in Croisset.

118

Anrede – vgl. Brief *25* (el hombre debe ser feroz).

Magny – Besitzer des Restaurants, in dem beide Bekanntschaft schlossen.

Pellé – Chef des Restaurants d'Adolphe & Pellé, das Turgenev auf Empfehlung Flauberts ab 1875 aufsuchte, halb so teuer wie das Café Riche und Chez Véfour.

Die strittige Frage – ob man Huhn mit oder ohne Senf ißt.

119

Dickköpfiger Mensch – vgl. den Ausgang der Wette, *118*.

Flavius Josephus – jüdischer Geschichtsschreiber, 37–100, den Flaubert las zur Vorbereitung der ›Hérodias‹.

120

Lord Byron – der beherrschende Dichter für Turgenevs Jugendwerk, vor allem der Gedichte. Turgenev übersetzt 1836 ›Manfred‹ ins Russische.

121
Theaterfeuilletons des braven Zola – in der Zeitung ›Le Bien Public‹, in denen Zola als Wortführer und Programmatiker des Naturalismus auftrat, ständiges Ärgernis für Flaubert.
›*L'Assommoir*‹ – Roman von Emile Zola, erschien in der ›République des Lettres‹ ab 13. April 1876. Buchausgabe: Januar 1877.
Der junge Guy de Maupassant – veröffentlichte seinen Essay ›M. Gustave Flaubert‹ am 23. Oktober 1876 anonym (Guy de Valmont); die »hübsche Zeile« am Schluß: »Wenn er mit seinem großen Freund Ivan Tourguéneff spazierengeht, wirken beide wie ein Paar Giganten.«
das berüchtigte Stück – ›A la feuille de roses‹, vgl. Brief *96*.
Novenen – bei Katholiken: neuntätige Andacht, in Anlehnung an die neun Tage zwischen Chr. Himmelfahrt und Pfingsten.

122
Der ›Europäische Bote‹ ließ mich wissen – Turgenev am 11. November an den Herausgeber, M. M. Stasjulevič: »Ich habe Ihnen die Übersetzung der Flaubertschen Legende noch nicht geschickt, weil ich sie noch nicht abgeschlossen habe; *ihm* habe ich gesagt, sie sei fertig – aber sie könne nicht unter meinem Namen (als Übersetzer) vor meinem eigenen Roman erscheinen und sei daher auf Februar verschoben worden: im Fall einer Rückfrage: ne me démentez pas.«
guter Übersetzer – Elena Ivanovna Blaramberg, 1846–1923, Schriftstellerin, publizierte unter dem Pseudonym E. Ardov, eng befreundet mit einer Tochter Pauline Viardots, lernte Turgenev 1871 in St. Petersburg kennen, verkehrte in den 70er Jahren oft im Hause Viardot, war 1877 bei Turgenev zu Gast in Spasskoe.
›*Hériodade*‹ – Turgenev verwendet neben ›Hérodias‹ den Titel ›Hérodiade‹.
L'Assommoir – vgl. hierzu Brief *130* und Anmerkung.

123
Abendessen mit Zola und Goncourt – gemäß Goncourts Tagebuch am 27. November 1876.
Goncourt, Roman – ›La fille Elisa‹, erschien 1877.
hübscher Schlamassel hier – der Prozeß gegen den Grafen Eugène Lebègue de Germini, einen frommen Würdenträger, Herausgeber der ›Revue Catholique‹ etc., der in einem

Pissoir auf den Champs Elysées mit einem jungen Juwelier erwischt worden war. Der Graf wurde am 24. 12. 1876 wegen Verstoßes gegen die öffentliche Moral zu zwei Monaten Gefängnis verurteilt.

Wir werden Krieg haben – meint den Russisch-Türkischen Krieg, der sich u. a. nachteilig auf den Rubelkurs und damit Turgenevs finanzielle Situation auswirkte.

»was immer man sagt« – Molière, ›Les femmes savantes‹, III. Akt, 2. Szene, Trissotin.

124

wie Cathos und Madelon – Molière, ›Précieuses ridicules‹.

Artikel von Renan – ›Prière sur l'Acropole‹, am 1. Dezember 1876 in der ›Revue des Deux-Mondes‹.

Montégut – Emile, 1826–1895, Kritiker, Übersetzer; sein Aufsatz über ›Les nouveaux romanciers‹ enthielt eine Eloge auf ›Madame Bovary‹.

Regierungswechsel – auf Minister Dufaure, der am 2. Dezember gestürzt war, folgte am 12. Dezember Jules Simon.

Ausstellung – nach der Weltausstellung 1876 in Philadelphia wurde die dritte Weltausstellung 1878 in Paris vorbereitet. Deutschland hatte sie für Berlin reklamiert.

125

tugendhafte Familienreise – zu seiner Tochter, vom 16. bis 18. Dezember.

Ich reise am 15. Februar – Turgenev unternahm diese Reise nach Petersburg erst Anfang Juni.

russische Literatin – ›Un cœur simple‹ wurde nicht ins Russische übersetzt. ›Hérodias‹ übersetzte Turgenev selbst, allerdings erst im März 1877.

129

an Monrose erinnert – Louis, 1811–1883, Schauspieler der Comédie Française, wird als »etwas traurig«, leidend geschildert.

Laurium – Laurion, im südlichen Attika, berühmtes Silberbergwerk der Athener.

Catulle – Catulle Mendès, 1841–1909, Schriftsteller, Dramatiker, in jenen Jahren Redakteur der ›République des Lettres‹, über den Flaubert sich mehrmals heftigst ärgerte. Das Theaterstück, um das es geht: ›La Justice‹.

Ich habe Zola geschrieben – am 5. Januar 1877: »Ich komme

um vor Begierde, es zu lesen, und ich versichere Ihnen, daß mein Entschluß heroisch ist.«

130

eine kleine Dummheit – die Erzählung ›Der Traum‹, erschienen am 20. und 21. Januar 1877; russisch: 1. 1. 1877 im ›Novoe vremja‹.

Der erste Teil meines Romans – ›Vestnik Evropy‹, 1877, Heft 1; wie Flaubert an ›Madame Bovary‹ wurde Turgenev nach wie vor an den ‹Aufzeichnungen eines Jägers‹ gemessen.

Zola, ›Assommoir‹ – nach Lektüre des Buchs schrieb Turgenev am 9. Februar 1877 an M. M. Stasjulevič zwar vom »außergewöhnlichen Erfolg« des Romans in Frankreich, »Aber es ist ein absolut unübersetzbares Werk. Jemand hat gezählt, daß die Wörter ›foutre‹, ›merde‹, ›pisse‹, ›fesses‹ usw. in diesem Roman 720mal vorkommen. Aber ein riesiges Talent!« So auch am 4. 2. an Pietsch: »Das ist ein ganz wüstes Buch – das Wort *›merde‹* kommt ein dutzendmal vor – ›en toutes lettres‹ – aber es steckt ein großes Talent darin. – Den Deutschen wird es doch zu stark vorkommen. – Ich auch habe es mit einem Gemisch von Abscheu und Bewunderung gelesen; – endlich nahm doch der Ekel überhand. – Aber es ist – ›un signe du temps‹ – wie die Franzosen sagen; hat auch einen enormen Erfolg.«

131

vielleicht schon in acht Tagen – Flaubert schloß ›Hérodias‹ in den ersten Februartagen ab, verlegte danach seinen Wohnsitz wieder nach Paris.

133

Pouchets Rat – Turgenev wollte Pouchet konsultieren, nachdem sich neben der Gicht Komplikationen mit den Nieren und der Blase eingestellt hatten (Brief vom 24. 2. 1877 an P. V. Annenkov).

Saint-Saëns – Camille, 1835–1921, Komponist. Premiere der Oper ›Le Timbre d'argent‹ war am 23. Februar 1877 in der Opéra; Flaubert hatte ihn 1873 gehört, als er mit Pauline Viardot musizierte.

Massenet – Jules, 1842–1912, Komponist; Premiere der Oper ›Le Roi de Lahore‹ war am 27. April 1877.

134

Ausgabe vom 13. April – d. h. zum 1. April nach russischem Kalender, im Aprilheft. Turgenevs Übersetzung von ›Hérodias‹ erschien schließlich doch im Mai-Heft.

kleines Vorwort geschrieben – mit folgendem Wortlaut: »Gustave Flaubert, der berühmte Autor von ›Madame Bovary‹, ‹Salammbô‹ und der ›Éducation sentimentale‹ – einer der bemerkenswertesten Vertreter der modernen französischen Literatur –, hat mir drei Erzählungen oder ›Legenden‹, die er geschrieben, zur Kenntnis gegeben (›Saint-Julien‹, ›Un cœur simple‹ und ›Hérodias‹), die Anfang Mai in Paris erscheinen sollen. Angerührt von ihren vielfältigen Schönheiten, habe ich zwei von ihnen: ›Julien‹ und ›Hérodias‹ nach dem Manuskript übersetzt und biete sie dem ›Vestnik Evropy‹ an. Diese Legenden werden bei den russischen Lesern einige Überraschung hervorrufen, die so etwas nicht erwarten von einem Manne, der zum Meister der französischen Realisten und Erben von Balzac erklärt wurde. Aber ich denke, daß die farbige und zugleich harmonische und elegante Poesie dieser Legenden ihr Ziel erreichen und bei den Lesern jedes Vorurteil bannen wird. Mögen sie in jeder ein Gedicht in Prosa sehen, das sie in Wirklichkeit sind.
Ich meinerseits habe dieser Arbeit all mein Mühen und Können gewidmet. Es war dies ein »love's labour«, eine Liebestat; möge es keine verlorene Liebesmühe sein – »love's labour lost«. Ivan Turgenev, Paris, Februar 1877.

135

zweite Verschiebung – trat nicht ein. Im April erschienen die *›Trois contes‹* im Verlag Charpentier.

136

Chamerot – Georges, 1845–1922, Schwiegersohn Pauline Viardots, Mann von deren Tochter Claudie, der die Druckerei seines Vaters übernommen und dort die ›Trois contes‹ gedruckt hatte, – für Charpentier, den Turgenev um Fahnen des Bandes gebeten hatte.

›Bouvard et Pécuchet‹ – Roman, an dem weiterzuarbeiten die ›Trois contes‹ 1875 gehindert hatten.

138

›Neuland‹ zu Ende gelesen – als Buch, das Anfang Mai bei

Hetzel erschienen war: Flaubert hatte bereits den Vorabdruck in der Zeitung ›Le Temps‹ verfolgt. Am 2. April 1877 schrieb er an Mme des Genettes: »Gestern habe ich etwas gelesen, das ich sehr kraftvoll finde: Terre vierges von Turgenev. Das ist ein Mann! Es erscheint in einem Monat.«
die Übersetzung – von Henri Durand-Gréville.
die beiden kleinen Alten! ... – Fimuška und Fomuška, ›Neuland‹, Kapitel XIX.

139
›Feuille de rose‹ – von G. de Maupassant, das am 18. Mai 1877 offenbar nochmals aufgeführt wurde, wo, nicht ermittelt.
werde ich abreisen – nach St. Petersburg, am 29. Mai 1877.

140
Ihre Manuskripte zurück – von ›Saint-Julien‹ und ›Hérodias‹, nach denen Turgenev übersetzt hatte.
Zola – publizierte im Heft IX des ›Vestnik Evropy‹ einen Bericht zum angegebenen Thema, ›Die französische Presse‹.

141
seit gestern wieder hier – 1877 war Turgenev nur in St. Petersburg, vom 3. Juni bis 6. Juli; er war am 9. Juli in Paris eingetroffen.

142
mit der Medizin fertig – Kapitel III des Romans, das. vgl. Brief *113*, ursprünglich Kapitel II war.

143
Ausflug in die Basse-Normandie – im September, gemeinsam mit Edmond Laporte.
gern bei den Wahlen – nach Auflösung der Kammer am 25. Juni waren für den 14. Oktober 1877 Wahlen angesetzt.
L'Ordre moral – Partei der Klerikalen unter Führung des Duc Albert de Broglie, die im Parlament die Monarchisten in den Hintergrund gedrängt hatte, obgleich, gegenüber den Republikanern, in der Minderheit, in der Provinz sehr einflußreich und von den »MacMahonianern« unterstützt. – Die Wahlen vom 14. Oktober gewannen, dank Gambetta, die Republikaner.

144

das neue Medikament – Salicylate, Wortspiel: sal-ate.

meinen Bruder nicht gesehen – worauf Turgenev seinem Bruder am 17./29. Juni 1877 einen Brief schrieb, in dem er seine finanzielle Situation offenlegte: 1) hatte Turgenev durch die Unterschlagungen seines Verwalters rund ein Viertel seines Vermögens eingebüßt; 2) hatte sein Schwiegersohn, Gaston Bruère, die Mitgift seiner Tochter Paulinette fast ganz durchgebracht, ihm drohe der Bankrott; 3) könne er, Turgenev, angesichts der »endgültigen Abkühlung des Publikums meinen Arbeiten gegenüber« auf keine nennenswerten Einkünfte aus literarischer Tätigkeit rechnen: »die schönen Tage von Aranjuez sind längst vorüber«. Nun hatte Turgenev von seinem Bruder, aus dem testamentarisch festgesetzten Erbteil von 100 000 Rubel, ein Darlehen von 15 000 bereits erhalten, auf das er jährlich 9 % Zinsen zahlte – eine Summe, die aufzubringen ihm unter den geschilderten Umständen schwerfiel. Turgenev bat seinen Bruder um eine Art ›Umschuldung‹: das Testament auf 85 000 Rubel abzuändern und ihn von der Last der Zinsen zu befreien.

kleine Novelle von Zola – ›Une histoire d'amour‹, vom 3.–8. Juli.

145

die letzten 200 tausend Francs – die nötig waren als Bürgschaft für Ernest Commanvilles Fabrik in Dieppe.

›Le Nabab‹ – Roman von Alphonse Daudet, in Fortsetzungen in der Zeitung ›Le Temps‹.

Madame Gras – Witwe, die versucht hatte, das Vermögen ihres jungen Liebhabers an sich zu bringen, indem sie ihm Schwefelsäure ins Gesicht geschüttet hatte, um bei ihm einzudringen.

der junge Guy – de Maupassant.

sein ursprünglicher Name – russisch: chalat, khalat.

148

am Abend desselben Tages – am 25. August 1877 in Paris.

149

Dr. Sée – Arzt in Paris, der ein selbst gefundenes Natrium-Salizylat annoncierte – und Turgenev verschrieb, das sein Leiden zumindest zeitweise linderte.

150

Tod von Papa Thiers – am 3. September 1877. Turgenev hatte sich nach Paris begeben, um der Beerdigung beizuwohnen, wurde jedoch vor dem Hause Thiers' von Soldaten, die nur geladene Gäste vorlassen durften, aufgehalten und kehrte nach Bougival zurück.

151

tags zuvor dort – zu einem Treffen mit einem Fräulein Poltoračkaja, war am selben Tag nach Bougival zurückgekehrt.

inter nos – latein., unter uns.

veneris causa – latein., der Liebe halber; in Paris war Juliet Herbert, 1829–1909, ehemals Erzieherin von Flauberts Nichte Caroline in Croisset, eine der letzten großen Lieben Flauberts.

reise am Sonntag ab – zur Reise in die Normandie, vgl. Brief *143*.

152

Octave Feuillet – 1821–1890, Schriftsteller, Dramatiker.

Heirat von Mademoiselle Viardot – Marianne, hatte sich am 15. Juli mit dem Komponisten Gabriel Fauré verlobt, die Verlobung Ende Oktober jedoch wieder aufgelöst.

154

»Bayard« – Beiname MacMahons, des Präsidenten der Republik und Generals, der den Wahlkampf der Konservativen – der Partei des Ordre moral – unterstützte.

156

daß diese Regierung bleiben würde – die Wahlen vom 14. Oktober hatten die Republikaner im Parlament (320, gegen bislang 360) eindrucksvoll bestätigt, de Broglie mußte zurücktreten.

157

illico – ilico, latein.: an dem Orte, daselbst, übertragen: auf der Stelle.

Vater Pouchet – Mediziner, Physiologe, 1800–1872, Vater von Flauberts Freund Georges Pouchet. Enthüllung der Büste war am 22. November in Rouen.

158
habe soeben ›Nabab‹ gelesen – von A. Daudet, die Buchausgabe.

159
Zola, Stück für Sarah Bernhardt – meint ›Renée‹, ein Stück, das jedoch erst 1887 uraufgeführt wurde. Sarah Bernhardt, 1844–1923, begann ihre Karriere in jenen Jahren in Paris.
einen aufrichtigen Brief schreiben – an Daudet schrieb Turgenev über ›Le Nabab‹ am 24. Dezember 1877: »Wenn ich Ihnen bisher nichts zu Ihrem Buch gesagt habe – so weil ich das ausführlich tun und mich nicht mit einigen banalen Sätzen begnügen wollte. Ich vertage das alles bis zu unserem Wiedersehen, das bald stattfinden wird, wie ich hoffe, denn Flaubert kommt in diesen Tagen zurück – und unsere Dîners werden wieder aufgenommen. Ich beschränke mich darauf, das eine zu sagen: es ist das bemerkenswerteste Buch, das Sie gemacht haben, und das unausgeglichenste; wenn ›Fromont und Risler‹ darzustellen ist durch eine gerade Linie: , muß ›Le Nabab‹ so beschrieben werden:  – und die Spitzen des Zickzacks können nur durch ein *Talent erster Ordnung* erklommen werden. Ich bitte Sie um Verzeihung, daß ich mich so geometrisch ausdrücke.
Ich hatte einen sehr langen und sehr heftigen Gicht-Anfall« usw.
Glucks Orpheus – Anspielung auf den II. Akt der Oper, in der Pauline Viardot eine der wichtigsten Rollen ihrer Laufbahn gesungen hatte.
Jules Simon – aus Simons Rede vom 15. Dezember 1876: »Wir sind zutiefst Republikaner und zutiefst konservativ.«

160
eine Regierung – vgl. Brief *156*. MacMahon (»Bayard«) trat als Präsident der Republik erst 1879 zurück. Dezember 1877 entließ er die Regierung des »Ordre moral« unter de Broglie und berief den gemäßigten Republikaner Dufaure.
de profundis – latein., aus der Tiefe; vgl. Psalm 130, 1.
um diese Zeit nach Paris – Januar bis Mai 1878 lebte Flaubert wieder in Paris.

161
Madame Mazeline – Jehanne, geb. Heuzey, aus Rouen gebür-

tig und mit Flaubert bekannt, Malerin, Gelegenheitsdichterin.

162

Herzog von Angoulême – 1573–1650, Sohn Karls IX., Gouverneur der Provence. September 1877 hatte Flaubert Mme des Genettes um Angaben über ihn gebeten: »Meine beiden Biedermänner wollen seine Lebensgeschichte schreiben! Amüsanter Gedanke!«

164

der dicke Chanykov – Nikolaj Vladimirovič', 1819–1878, Geograph und Ethnologe, Orientalist, Diplomat, eng befreundet mit Turgenev, lebte seit 1860 in Paris.

166

Verkauf Ihrer Bilder – Turgenev, leidenschaftlicher Kunstsammler, war genötigt, einen Großteil seiner Bilder 1878 zu verkaufen. Die Auktion fand am 20. April statt.

Madame Pasca – Alix Pasca, 1835–1914, Schauspielerin, einer der »drei Engel« Flauberts.

169

wähnte Sie in Deutschland – den Plan einer weiteren Kur in Karlsbad hatte Turgenev Flaubert offenbar mitgeteilt, vgl. weiter *170*. Mitte Juni zog Turgenev nach Bougival, reiste Anfang August nach Rußland.

Ihre rednerischen Triumphe – auf dem Internationalen Kongreß für Literatur in Paris, unter Vorsitz von Victor Hugo, war Turgenev Vizepräsident und hielt eine Rede, die am 19. Juni 1878 in der Zeitung ›Le Temps‹ gedruckt wurde.

H. Martin – Henri, 1810–1883, Schriftsteller, Historiker, Politiker, Mitglied der Akademie der Wissenschaften seit 1871, wurde 1878 in die Académie Française gewählt. Gegenkandidat war Hippolyte Taine.

171

Guy de Maupassant – 1850–1893, den Flaubert als seinen Schüler ansah, starb an den Folgen der Syphilis. Er war Sohn der Schwester seines Jugendfreundes Alfred Le Poittevin, Laure Le Poittevin, geb. 1821, die 1846 Gustave de Maupassant geheiratet hatte, während im selben Jahr Alfred Fräulein de Maupassant ehelichte.

Nach der Ausstellung – der Weltausstellung 1878 in Paris.
›*Le Bien Public*‹ – Zeitung, in der Zola die mehrfach erwähnten Theaterfeuilletons publizierte, hatte das Erscheinen eingestellt.
›*Le Voltaire*‹ – politische Tageszeitung, 1878 von Menier gegründet.
›*Catulles Capitaine Fracasse*‹ – Mendès hatte den Roman für die Oper bearbeitet, die, vertont von Emile Pessard, am 2. Juli 1878 in Paris im Théâtre Lyrique uraufgeführt worden war.
Flaute am politischen Horizont – Stillhalten vor allem der Republikaner, um die Atmosphäre der Weltausstellung nicht zu beeinträchtigen.
den Triton spielen – baden; Tritonen in der griech. Mythologie: untere Meeresgötter.

172
in Karlsbad ein Brief – Turgenev war nicht nach Karlsbad, sondern direkt nach Rußland gereist, am 8. August in St. Petersburg eingetroffen und blieb bis spätestens 17. September.
Madame Régnier – Marie, 1840–1887, Schriftstellerin, Dramatikerin, publizierte unter dem Pseudonym Daniel Darc. Weshalb Turgenev sich nach ihr erkundigte, ist ungeklärt.
Sic – von Flaubert unterstrichen.

173
8. September – Datierung dieses Billets (in der franz. Ausgabe: »approximative«) ist fraglich. Turgenev befand sich um diese Zeit in Rußland.

174
Sind Sie es – Zitat aus ›Rhadamiste et Zénobie‹, 1711, von Crébillon, III. Akt, Szene 5.
Reisen, nach England – vom 20. bis 28. Oktober.
wie ein dreijähriges Baby – 9. November 1878: 60. Geburtstag Turgenevs.

175
wollte gerade wieder an Madame Viardot schreiben – während der letzten Jahre wurde Pauline Viardot, während der Abwesenheiten Turgenevs, für Flaubert zur Kontaktperson, vgl. auch Brief *142*.

Am 22. August 1878 hatte Flaubert an Pauline Viardot den nachstehenden Brief gerichtet:
»Chère Madame Viardot, Ich bin sehr beunruhigt über Turgenev. Es sind bald zwei Monate, daß ich keine Neuigkeiten von ihm habe. Wo ist er? Wann kommt er zurück? Es wäre sehr freundlich von Ihnen, wenn Sie mich über seine Pläne informieren würden. Meine Nichte erinnert sich an Ihr Souvenir. Meine Grüße, bitte, an M. Viardot. Und was mich betrifft, chère Madame, so erlauben Sie mir, Ihnen die Hände zu küssen. Ganz der Ihre. Gustave Flaubert.«

Etretat – Sitz der Familie de Maupassant, wo Flaubert, zusammen mit Guy de Maupassant am 10. bis 12. Oktober dessen Mutter Laure besuchte.

176

Chanykov – war am 15. November 1878 gestorben.

Goncourt, Lokalkolorit – für den Roman ›Les Frères Zemganno‹, der im Zigeunermilieu spielt.

Ein spanisches Sprichwort – Queda el rabo por desollar.

179

solche Geldsorgen, Kümmernisse – Ende 1878 hatte sich die finanzielle Lage von Ernest Commanville erneut verschlechtert.

Charpentier (der junge) – hatte Flaubert eine Luxusausgabe des ›St. Julien‹ versprochen. Stattdessen erschien, ill. v. Georges Clairin, die Erzählung ›Dans les nuages. Impressions d'une chaise‹ von Sarah Bernhardt.

Thomas Diafoirus – Molière, ›Le Malade imaginaire‹, II. Akt.

180

ein Haus auf dem Land fertig – Zolas Haus in Médan.

›L'Assommoir‹ aufgeführt – Dramatisierung des Romans, Uraufführung am 18. Januar 1879.

Wirbel, seine russischen Artikel – Zola hatte Turgenevs Anregung, über die Presse in Frankreich zu schreiben, aufgegriffen und im Heft IX des ›Vestnik Evropy‹ u. a. die neue französische Romanproduktion behandelt. Eine Zusammenfassung dieses Berichts brachte die ›Bibliothèque universelle et Revue suisse‹, worauf die französische Presse, voran der ›Figaro‹, Zola scharf angriff. Zola antwortete im ›Figaro‹ vom 22. Dezember mit dem vollen Wortlaut seines inkriminierten Berichts, womit er Öl ins Feuer goß.

Ulbach, Louis, 1822–1889, Schriftsteller, Literat, Bibliothekar.
Claretie – Jules, 1840–1913, Journalist, Schriftsteller.

181

Pouyer-Quertier – 1820–1891, Auguste-Thomas, Politiker der Rechten, Abgeordneter seit 1857, unter Thiers Finanzminister, ab 1876 im Senat; für Flaubert Inbegriff des Bourgeois.
Dalloz vom Moniteur – Paul Dalloz, 1829–1887, Herausgeber des ›Moniteur‹; ihm hatte, im Auftrag Flauberts, Ernest Daudet das Manuskrikpt des ›Château des Cœurs‹ zur Veröffentlichung gegeben, ohne Erfolg.
Votum vom Montag – am 5. Januar 1879 hatten Ergänzungswahlen zum Senat den Republikanern auch im Senat eine Mehrheit und damit der Partei des Ordre moral eine weitere Niederlage beigebracht.

183

Tod meines Bruders – Nikolaj Sergeevič Turgenev war am 19. Januar 1879 gestorben.
250 000 Francs – entsprachen der Summe von 100 000 Rubel in Silber.
in 10 Tagen auf dem Weg nach Moskau – Turgenev reiste erst am 20. Februar nach Rußland, kehrte Anfang April nach Paris zurück.
Vater der Erbin – Porfirij Konstantinovič Maljarevskij, gest. 1896, Vater der Frau Nikolaj Turgenevs.
Ich war einmal im Gefängnis – vom 28. April – 28. Mai 1852, verhaftet wegen seines Gogol-Nachrufs, der verboten worden war.
Ihrer Sammlung – von Materialien zu ›Bouvard et Pécuchet‹.

185

Haxen gebrochen – am 25. Januar war Flaubert in seinem Garten in Croisset auf Glatteis gestürzt.
der Figaro – meldete den Unfall am 28. 1. 1879.
Villemessant – Jean Hippolyte Auguste, 1812–1879, Journalist, 1854 Gründer und seitdem Herausgeber des ›Figaro‹.

186

aber auch Ihretwegen – vgl. die Briefe *187 f.*
te volente aut nolente – latein., ob du willst oder nicht.

187

willige ein – Sylvestre de Sacy, 1801–1879, Schriftsteller, seit 1836 Bibliothekar der Bibliothek Mazarine, Mitglied der Académie Française, lag im Sterben; seine Stelle hatte H. Taine Flaubert angetragen, was diesen seiner finanziellen Nöte enthoben hätte (freie Wohnung in Paris, 3000 Francs Jahresgehalt). Turgenev reiste eigens von Paris nach Croisset, um Flaubert zur Annahme des Angebots zu bewegen.

Ferry – Jules, 1832–1893, Anwalt, Politiker der linken Republikaner, die mit Gambettas Union républicaine die Mehrheit bildeten; Minister der instruction public 1879 im Cabinet Waddington, als Minister Nachfolger von Flauberts Freund Baudry.

188

Baudry – Frédéric, 1818–1885, Philologe, Freund Flauberts, Kandidat Gambettas für den Bibliothekarsposten.

Senard – Antoine-Marie-Jules, 1800–1885, Anwalt, Verteidiger Flauberts in dessen Prozeß um ›Madame Bovary‹, liberaler Politiker, 1848 Präsident der Nationalversammlung.

Gambetta – Léon Michel, 1838–1882, Staatsmann, Führer der republikanischen Linken, vor allem nach der Abwehr des ›Reaktionsversuchs‹ der Bonapartisten 1877, einflußreicher Politiker in Frankreich, obwohl ›nur‹ Präsident der Deputiertenkammer, Minister erst 1881.

Laporte – Edmond – 1832–1906, Besitzer einer Spitzenfabrik nahe Croisset, mit Flaubert eng befreundet seit 1868, Bürge für E. Commanville, pflegte Flaubert nach dessen Unfall im Januar.

189

Madame Adam – Juliette, 1836–1936, einflußreiche Person der III. Republik, führte einen der wichtigsten politischen Salons in Paris, schätzte Flaubert sehr; Herausgeberin der ›Nouvelle Revue‹, in der nach Flauberts Tod das Romanfragment ›Bouvard et Pécuchet‹ erschien.

Madame Pelouze – Frau des Chemikers Théophile Pelouze, Besitzerin des Schlosses Chenonceaux, wo Flaubert mehrmals zu Gast war, Mäzenin und Enthusiastin der Literatur, hatte Flaubert zur Rettung E. Commanvilles, 1878 die Summe von 50 000 Francs vorgestreckt, weshalb Flaubert ablehnte, in dieser Sache erneut bei ihr vorstellig zu werden.

Grévy – Jules, 1807–1891, liberaler Politiker, nach Abdankung MacMahons 1879 Präsident der Republik.

190
mögliche Genesung – Sylvestre de Sacy starb am 14. Februar 1879.

194
Madame Charpentier – Marguerite, Ehefrau des Verlegers.
schreibe Gambetta – Turgenevs Brief an Gambetta ist nicht überliefert.
beide Posten – zur Disposition stand auch ein Posten an der Bibliothèque Nationale, den der Philosoph und Archivar Jules Auguste Soury, 1842–1915, erhielt.

196
Ihre Abreise – Turgenev verließ Paris am 15. Februar.
Senator Cordier – Alphonse, einflußreicher Senator im Dep. Seine Inférieure.

198
Artikel des ›Figaro‹ – vom 15. 2. 1879, der Flaubert »rote Tränen« vergießen ließ (Brief an Caroline vom 22. Februar), in dem ein ›Aristophane‹ in bester Regenbogenpresse-Manier die gescheiterten Bemühungen Turgenevs, insbesondere dessen ›Begegnung‹ mit Gambetta im Salon von Juliette Adam, wiedergab.

199
Monsieur Turgenev ... zurückgekehrt – Meldung in der Zeitung ›Le Temps‹ vom 7. 4. 1879. Turgenev war am 5. April, zurück aus St. Petersburg, in Paris eingetroffen.
Wie schon im August 1878 hatte Flaubert sich Ende März 1879 an Pauline Viardot gewandt:
»Chère Madame, Könnten Sie mir Neuigkeiten von Turgenev geben? Sein Schweigen beunruhigt mich. Es ist jetzt schon ein Monat, daß er mir, gemäß unseren Verabredungen, hätte schreiben müssen; und ohne es zu wollen, denke ich an die russische Pest.
Ich nutze die Gelegenheit, chère Madame, Ihnen die Hände zu küssen und Sie zu bitten, mir zu glauben, ich bin Ihr sehr ergebener Gustave Flaubert.«

200

Popelin – Claudius-Marcel, 1825–1892, Dichter, Maler, Emailleur, befreundet mit Prinzessin Mathilde; ihm hatte Flaubert am 4. April das genannte Porträt zur Aufnahme in die Ausstellung des Salons empfohlen; die Jury entsprach der Empfehlung.

M. Cloquet – Jules, 1790–1883, Mediziner, Chirurg, bester Freund des Vaters von Flaubert in Rouen.

Dank an Viardot – Louis, den Flaubert um Protektion für seine Nichte Caroline gebeten hatte; L. Viardot war Mitglied der Jury der Commission des Beaux-Arts.

201

Themistokles – von dem der Satz überliefert wird: »Schlage mich, aber höre (erst) zu.«

Paul Viardot – Sohn Pauline Viardots, 1857–1941, Violinist.

Gesellschaft zum Schutz russischer Künstler – 1877 auf Initiative Turgenevs gegründet, der zugleich ihr Sekretär war; »Künstler« meint die russischen Maler, die sich in Paris aufhielten.

Abendessen, das Zola gab – am 24. April 1879, bei dem der hier wiedergegebene Plan entstanden war.

203

Die 3 Kapitel – Turgenev hatte Flaubert vom 4. Mai abends bis zum 6. Mai morgens in Croisset besucht; Flaubert hatte ihm die Kapitel über die Literatur, die Politik und die Liebe vorgelesen.

205

dort ein Zimmer – in Bougival, wo Turgenev ein Zimmer für seinen verstorbenen Bruder Nikolaj vorgesehen hatte.

209

Telegramm nicht klar – Brief *209* ist nicht die Antwort auf Turgenevs Telegramm vom 5. Juni, das verlorengegangen ist.

210

nach London – Turgenev reiste am 15. Juni 1879 nach England, wo ihm am 18. Juni in Oxford die Ehrendoktorwürde der dortigen Universität (als Doktor of Civil Right) verliehen wurde. Er kehrte am 22. Juni nach Paris zurück.

Ihre Angelegenheiten – meint die erwartete Ernennung Flauberts zum »außerordentlichen« (surnuméraire) Bibliothekar an der Mazarine-Bibliothek in Paris; Flaubert hat sich an dieser neuen Wirkungsstätte nie blicken lassen.

212

Treuebruch im Juni – die Verabredung für den 14. Juni, die Turgenev wegen seiner Reise nach Oxford nicht eingehalten hatte.

Kapitel über die Philosophie – Kapitel VIII des Romans.

letztes Kapitel – Nr. IX, über die Religion.

213

Stern der Tapferen – Turgenev war im August 1879 der Titel eines ›officier de l'instruction publique‹ zuerkannt worden, Flauberts Nichte Caroline hatte ihm dazu gratuliert. Auf die Frage, was dieser Titel bedeute, antwortete Turgenev am 26. August: »Cela donne le droit de porter un ruban violet; – violet, pas rouge« – und er werde dieses Band an seine Ehrendoktor-Robe heften, die von sehr kräftigem Rot sei, die Farben paßten wunderschön zusammen.

214

eines Ihrer Werke – Juliette Adam plante in ihrer ›Nouvelle Revue‹ die Veröffentlichung einer Arbeit Turgenevs: ›Monsieur François (Souvenir de 1848)‹, die Turgenev selbst ins Französische übersetzte; hierfür nahm er Flauberts Hilfe in Anspruch. Russischer Titel dieser Erinnerung an die Revolution von 1848: ›Der Mann mit der grauen Brille‹.

215

Die ersten Feuilletons – ›Les Rois en exile‹, in Fortsetzung in der Zeitung ›Le Temps‹ veröffentlicht, ab 15. 8. 1879.

216

lese Ihnen mein Kapitel vor – am 15. September 1879; Flaubert am 17. September an Caroline: »Le Moscove a été enthousiasmé de mon chapitre.«

217

›Nana‹ – Roman von Emile Zola, erschien, in Fortsetzungen, ab dem 15. Oktober 1879 in der Zeitung ›Le Voltaire‹.

218

Renans neuer Band – ›L'Église chrétienne‹, Paris, Lévy, 1879 (Oktober), Band VI der ›Histoire des origines du christianisme‹.

219

Madame Arnoux – ›Éducation sentimentale‹, Teil I, Kapitel 4.

ubi plura nitent in carmine – Horaz, ›De arte poetica‹, Vers 351: »Wenn in einer Dichtung vieles leuchtet.«

220

die Alboni – Marietta, 1826–1894, italienische Sängerin, berühmte Altistin.

widerstreitende Erinnerungen – meint die Bekanntschaft mit Madame Schlésinger, die für die Mme Arnoux das Modell gewesen sein soll.

Ihre Nihilisten – in der Zeitung ›Le Temps‹ veröffentlichte Ivan Jakovlevič Pavlovskij, 1853–1924, russischer Journalist, Paris-Korrespondent der Zeitung ›Novoe vremja‹, Erinnerungen an seine Haftzeit: ›En cellule: impressions d'un nihiliste‹. Turgenev schrieb zu I. Ja. Pavlovskijs Erinnerungen ein kurzes Vorwort.

224

Ihr Paket – die von Flaubert korrigierten Fahnen; Turgenev hatte sie am 2. Dezember an Flaubert geschickt.

225

am nächsten Freitag – Turgenev besuchte Flaubert am 12. Dezember in Croisset; Flaubert beging seinen 58. Geburtstag, Turgenev reiste am nächsten Tag nach Paris zurück.

227

Roman in 3 Bänden ... Tolstoj – ›Krieg und Frieden‹ in der Übersetzung von Irina Paskevič, 1879 in St. Petersburg gedruckt und im Vertrieb des Verlags Hachette. Turgenev bemühte sich nach Kräften um die Publizität Tolstojs, er schickte den Roman, außer an Flaubert, u. a. an Maupassant, Zola, Daudet (die Freunde), an H. Taine, Renan, Anatole France, A. Theuriet, E. Arbout.

229
mein Kapitel – über die Religion, Kapitel IX.

230
Roman von Tolstoj – Turgenev schickte diesen Brief Flauberts in Auszügen am 24. Januar 1880 an Lev Tolstoj.
letztes Kapitel – über die Erziehung, blieb Fragment.

231
zweiter Roman – ›Anna Karenina‹, russ. 1878 als Buchausgabe.
Flaubertus dixit – latein., Flaubert hat gesprochen.
verlasse Paris – am 3. Februar 1880.

232
der Briefwechsel mit Madame Viardot – bekannt sind lediglich zwei Briefe von Pauline Viardot an Flaubert, vom 23. und 29. Februar 1880.
Berufung Du Camps – Maxime Du Camp wurde am 25. Februar 1880 in die Académie Française gewählt; Flaubert hat ihm zu dieser Wahl gratuliert.
Nana in einem Zug – als Buchausgabe, Paris, Charpentier, 1880 (Februar).
Maupassant ... Presseprozeß – wegen des Gedichts ›Au bord de l'eau‹, 1876 pseudonym (de Valmont), dann unter vollem Namen in der ›Revue moderne et naturaliste‹ veröffentlicht.
Brief im Gaulois – Flauberts Offener Brief, datiert auf den 16. Februar, erschien in der Zeitung ›Le Gaulois‹ vom 21. 2. 1880.
Sollooub – meint den jungen Grafen Matvej Sollogub, 1852–1894, Sohn von Vladimir S., Schriftsteller und Freund Turgenevs, der in Paris lebte. Ernest Commanville beabsichtigte, ihm Waldungen im Kaukasus abzukaufen, und war zu diesem Zweck in den Kaukasus gereist.

233
am Ostersonntag – dem 28. März 1880, bei Flaubert in Croisset, vgl. das Tagebuch Edmond de Goncourts; Charpentier versammelte seine wichtigsten Autoren um sich und Flaubert: Zola, Daudet, Goncourt, Maupassant.
Fortin – Arzt und Nachbar Flauberts in Croisset.
die Lagier – Suzanne, 1833–1893, Bekannte Flauberts und der Gebrüder Goncourt.
Pradier – James, 1792–1852, Bildhauer, in dessen Atelier

Flaubert die Bekanntschaft des Ehepaars Schlésinger gemacht hatte, Flaubert hielt ihn für einen der bedeutendsten Bildhauer seiner Zeit.

›Vie moderne‹ – Journal, publizierte von Februar bis Mai 1880 Illustrationen zum ›Château des Cœurs‹, die Flaubert empörten.

gegen die Botaniker – über deren Wirken Flaubert – ohne Erfolg – für sein Kapitel X von Georges Pouchet und Baudry Auskunft erbeten hatte. Der Botanik ist im Fragment des Romans nur eine halbe Seite gewidmet.

235

zur Enthüllung des Denkmals – zur Enthüllung des Puškin-Denkmals in Moskau hielt Turgenev am 19. Juni 1880 seine berühmte Puškin-Rede.

Victor Gaiefsky – Vivtor Gaevskij, 1826–1888, Literaturhistoriker und Anwalt in St. Petersburg, gehörte mit Turgenev zu den Gründern des Literaturfonds; Herausgeber eines letzten Bandes mit Schriften von Turgenev und 1884 einer ersten Sammlung von Turgenevs Briefen.

236

Feuilleton einer Zeitung – nämlich ›Golos‹ (Die Stimme), St. Petersburg vom 2./14. Mai 1880.

des Romans, der ihn umgebracht hat – ›Bouvard et Pécuchet‹, der in der ›Nouvelle Revue‹ VII (15. Dezember) und folgenden erschien, gleichzeitig mit den Erinnerungen Maupassants, ›Gustave Flaubert dans sa vie intime‹, 1880.

andere Angelegenheit – meint die Beerdigung und, vor allem, die Bemühungen, um die Errichtung eines Flaubert-Denkmals, um die sich Turgenev kümmerte, z. B. in Briefen an die Freunde, und für die er auch Victor Hugo gewann.

dem Andenken Flauberts gewidmet – ist 1881 ›Le Chant de l'amour triomphant‹, übersetzt von Turgenev und Pauline Viardot, erschienen in Nr. XI der ›Nouvelle Revue‹.

Personenregister

Adam, Juliette 183, 183–84, 186–87, 188, 189, 190, 191, 201, 203, 206, 208
Alboni, Marietta 205–06
Arnauld de l'Ariège, Madame 186

Badinguet → Napoléon III.
Balzac, Honoré de 128
Baudry, Frédéric 182, 183, 185, 187, 189
Bayard → MacMahon
Bazaine, Achille 97
Bernardin de Saint-Pierre, Jacques Henri [96]
Bernhardt, Sarah 156–57, 173, 174, 175
Blanchard, Edmond Théophile 52
Bonaparte, Mathilde → Mathilde
Bonenfant, Louis [50]
Bouilhet, Louis 33, 35, 36, [62], [69–70], [71], [73], [83], 93, [94], [95], [97]
Brainne, Léonie 108, 162
Bruère, geb. Turgeneva, Paulinette 23, 51, 53, 57, 58
Bruère, Jeanne 53, 54, 57
Bullock, William Henry 77
Buloz, Francois 95, 128
Byron, George Gordon 123

Cambronne, Pierre Jacques Etienne de 61
Carvalho, Léon 73, 79, 80, 81
Catulle → Mendès
Cervantes, Miguel de Cervantes-Saavedra [17–18], 129
Chamerot, Georges 140, 154
Chanykov, Nikolaj Vladimirovič 161, 170
Charpentier, Georges 85, 120, 140, 141, 173, 174, 175, 182, 183, 189, 190, 192, 216
Charpentier, Marguerite 141, 182, 183, 186, 187
Cicero 53, [75]
Clairin, Georges 174
Claretie, Jules 174
Cloquet, Jules 193
Colange, Emile 35–36, 98, 112
Commanville, Caroline, geb. Hamard 24, 29, 40, 49, 50, 67, 76, 80, 81, 82, 84, 98, [99], 100, 105, 106, 113, 117, 122, 123,

126, 128, 132, 135, 136–37, 143, 147, 155, 156, 157, 160, 163–64, 165–66, [171], 173, 176, 177, 179, 181, 192, 199, 200, 204, 206, 207, 211, 212, 214–15, 217, 219
Commanville, Ernest [Mein Neffe] 50, 80, [99], 100, 101, 102, 113, 114, 123, 128, 143, 155, 163–64, 165–66, [171], 173, 199, 210, 211, 214, 216, 217–18, 219
Cordier, Alphonse 190
Corneille, Pierre 175
Cornu, Hortense 96
Crébillon. Prosper Jolyot [168]

Dalloz, Paul 175–76
Daudet, Alphonse [86], 113, 121, 127, 141, [148], 152, [155–56], 157, [158], 159, 164, 166, 170, [173], 174, 193, [199], 203, [210], 213, 216
Drumont, Edouard 88
Du Camp, Maxime 25, 32, 35, 38, 39, 41, 213, 217
Dumas-père, Alexandre [78], [96]
Dumas-fils, Alexandre [55], 61, 81, 96
Dupanloup, Félix Antoine Philibert 50
Duplan, Jules 35, [62]
Duquesnel, Félixe 93
Durand-Gréville, Henri [141–42]

Emile → Colange
Epiketet 80
Fauré, Gabriel [154]
Ferry, Jules 181–82, 185, 190
Feuillet, Octave 152
Feydeau, Ernest 35
Flaubert, Achille 50
Flaubert, Caroline, geb. Fleuriot [die Frau Mutter] 25, 27, 29, 30, 38, 40, 46, 49
Flavius Josephus 122
Fortin, Doktor 216
Frenzel, Karl Wilhelm 82
Fromentin, Eugène 112, 114

Gaevskij, Viktor [214], [217], 219
Gaillard, Napoléon-Louis 94–95
Gambetta, Léon 182, 183, 185, 186–87
Gautier, Théophile 47, 59–60, 60, [62], 67
Germiny, Eugène Lebèque de [127], 130, 132, 133

Gluck, Christoph Willibald 157
Goncourt, Edmond de 47, [86], 105, 127, 128, 135, 163, 170, [173], 174, 193, [199], [210], 216
Goncourt, Jules de 35, 105
Gras, Madame 148
Grévy, Jules 183
Grisi, Ernesta 67–68, 68

Haller, Albrecht von 91
Hassan 110
Herbert, Juliet [151]
Horaz 32
Hugo, Victor 98, 141, 164
Husson, Adèle 30, 35, 39, 41
Husson, Emile 30, 35

Julie [194]

Lagier, Suzanne 216
La Harpe, Jean-François 29
Lamartine, Alphonse de 92
Lapierre, Charles [65]
Laporte, Edmond 182, 183
Lassouche, Bouquin de 35–36
Leloir, Maurice 99
Lévy, Michel 32
Lindau, Paul 96
Ludwig XVI. 92

Mac Mahon, Edme Patrice Maurice de [Bayard, Polizeisäbel, Holzkopf] 78, 92, 145–46, [153], [154], 157, [158–59]
Magny 121
Mallarmé, Stéphane 112
Martin, Henri 165
Marx, Adrien 111, 114
Massenet, Jules 139
Mathilde, Prinzessin [Saint-Gratien] 24, 48, 68, [77], [119], [120], 120, 139, 141, [168], [169], 199, [202]
Maupassant, Guy de [99], 125, 133, 137, [142], 148, 151, 162, 166, 169, [173], [199], 200, 204, [210], 214, 216
Mazeline, Jehanne 159
Mendès, Catulle 136, 166
Molière [128], 129, [173]

Monnier, Henry [32], [201]
Montaigne, Michel de 19
Montégut, Emile 129, 132
Montigny, Adolphe 97
Musset, Paul de 95

Nadar, Gaspard-Félix 96
Napoléon III. [Badinguet] 66
Napoléon, Prinz 111, 140

Offenbach, Jacques 61

Pasca, Alix 162
Pavlovskij, Ivan Jakovlevič [206]
Pellé 121–22, 127, 131
Pelletan, Camille 88
Pelouze, Madame 183, 183–84, 184
Perrin, Emile 83, 93
Pietsch, Ludwig 82
Plutarch 50
Popelin, Claudius 193
Pouchet, Félix-Archimède 155
Pouchet, Georges 99, [101], 102, 138, 162
Poyer-Quertier, Auguste-Thomas 175
Pradier, James 216
Prévost, Abbé 96
Puškin, Aleksandr Sergeevič 218

Racine, Jean [112]
Raoul-Duval, Edgar 73, 123, 124
Régnier, Marie 167, 200
Renan, Ernest 47, 108, 111, 112, 114, 117, 128, 132, 141, 160, 204
Robespierre, Maximilien de 92
Rochefort, Henri de [41]
Ronsard, Pierre de 49
Rousseau, Jean-Jacques 91

Sacy, Sylvestre de [181–82], 184, 185
Saint-Saens, Camille 138
Saint-Simon, Claude-Henri 106
Sainte-Beuve, Charles-Augustin 28, 29, 35, [62]

Sand, George [Nohant] 32, 35, 51, 56, 59–60, 60–61, 63, 64, 65, 67, [69], 72–73, [76], 84, 96, 100, 101, 105, 107, 109, 110–11, 113–14
Sardou, Victorien 61, 79, [81]
Schmidt, Julian 34, 82
Sée, Doktor 150
Senard, Antoine-Marie-Jules 182
Shakespeare, William 161, 212
Simon, Jules 63, 157
Sologub, Vladimir 214
Soury, Jules Auguste **187**
Stasjulevič, Michail Matveevič [Mein Verleger] 28, [46], [85–86], [126], [130–31], 139, 143
Suvorin, Aleksej Sergeevič [31–32], [34]
Swift, Jonathan 91

Taine, Hippolyte 29, 112, 165
Themistokles 193
Thiers, Louis Adolphe 151, 165
Tolstoj, Lev Nikolaevič 210, 211, 212, 212–13
Tourbey, Jeanne de 141
Troppmann, Jean-Baptiste 41
Turgenev, Nikolaj Ivanovič [17], 46, [47]
Turgenev, Nikolaj Sergeevič 108, 146, 177–78

Ulbach, Louis 174

Vacquerie, Auguste 61
Viardot, Claudie 56, 59, 76, 97, 149, 177, [178], 202, 204, 205, [210]
Viardot, Louis 28, 38, 45, 48, 49, 56, 74, 76, 97, 176, 177, [178], 191, 193, 203, 204, 205, 207, [210]
Viardot, Marianne 56, 59, 76, 97, 149, 152, 153, 154, 177, [178], 202–03, 204, 205, [210]
Viardot, Paul 56, 97, 177, 193, 194
Viardot, Pauline 17, 28, 37, 38, 45, 47, 48, 52, 54, 55, 56, 59, 68, 70, 71, 84, 76, 83, 85, 97, 134, 144, 149, 154, 161, 169, 173, 175, 176, 177, [178], 181, 189, 191, 202, 203, 204, 205, 207, [210], 213, 215
Villemessant, Jean Hippolyte Auguste 180
Voltaire 60, 91, 97, 106

Zola, Emile 83–84, 85–86, 88, 91, 94, 105, 113–14, 117, 119, 124, 126, 127, 131, 136. 137, 138, 143, 147, 156–57, 161, 163, 165, 166, 170, [173], 174, 176, 177, 182, 186, 187–88, 189, 190, 191, 192, 193, 194, [199], [203], [204], [206], 207, [210], 213, [214], 216

Umschlagzeichnung und Einband-Entwurf: Horst Hussel
Gesetzt in der Borgis Baskerville-Antiqua
bei der Maschinensetzerei Peter von Maikowski
und Harald Weller, Berlin
Gedruckt bei der Druckerei Gerike, Berlin
Die Buchbindearbeiten besorgte die Buchbinderei
Lüderitz & Bauer, Berlin
Printed in Germany. ISBN 3 921592 51 8